テクノロジー×プラットフォームで実現する

物流DX革命

北川寛樹

日経BP

第3章

物流の業界別課題とプラットフォームの適性

第4章

次世代物流プラットフォームの担い手は誰か？

序章

「物流」というワードから、みなさんは何を最初にイメージするだろうか。

年齢や関心事によって何をイメージするかは変わると思うが、宅配便のドライバーがトラックから荷物を取り出し、配達先に運ぶ姿を思い浮かべた人も多いだろう。

新型コロナウイルス蔓延による巣ごもり需要の影響もあって、ＥＣ（電子商取引）市場の成長は加速している。スマートフォンがあればインターネット経由で、ほぼ何でも注文できる便利な時代になった。しかし、表向きにはデジタルの世界であるEC市場も、その裏では、人間によってせっせとモノが運ばれている。デジタル社会の典型的サービスに見えるＥＣも、人がモノを運ぶというアナログな行為がないと成立しない。たとえて言うと、外見は未来のクルマなのに、その内部では飛脚のように人が一生懸命に走っていた、という感じだろうか。

妙な「たとえ」かもしれないが、これを頭に入れておくと、物流やサプライチェーンをなぜ今、変えないといけないのかがとてもクリアになる。

「物流」に少し関心のある人なら、冒頭の質問に対して「物流クライシス」という言葉が頭に浮かんだかもしれない。

日本は「人口減少」と「超高齢化社会」という二つの深刻な構造的問題を抱えている。どの業種のどの企業にとっても、人手不足と高齢化は頭の痛い問題だ。中でも、物流業界は特に深刻と言える。

物流の要の一つであるトラックのドライバーについて見てみると、２０２０年度時点ですでに14万４０５８人不足していて、２０２５年度には20万８４３６人不足、２０２８年度には27万８０７２人不足するとの予測がある（鉄道貨物協会、２０１９年）。

また、ドライバーの高齢化のペースもほかの産業より速く進んでいる。その一方で、ＥＣ市場の成長による宅配便取扱件数の増加などに牽引されて、トラックドライバーの需要はこの先も減らないと見込まれている。

これらの状況から何が言えるか。

何も手を打たずに現状の状況が続くと、近い将来、物流費が高騰し、モノがちゃんと届かなくなる日がやってくるということだ。

また、人手不足と高齢化の影響は、今、例に挙げたような消費者物流（宅配便など消費者を対象とする物流）だけでなく、調達物流（製造に必要な部品・資材を調達先から工場へ搬入する物流）、生産物流（工場で生産した製品を倉庫などへ搬入する社内物流）、販売物流（製品を物流センターから、卸、小売店などへ納品する物流）にも及ぶ。もし、Ｂ２Ｂの物流が人手不足と高齢化の影響によって十分に機能を果たせなくなると、企業のサプライチェーンに甚大な影響が及ぶだろう。

つまり、物流クライシスというのは、単に物流業界の問題ではなく、日本経済の浮沈に直結する問題と捉えるべきだ。

しかし、何事にも表と裏があるように、危機にも「良い面」がある。

こうした危機意識が高まったときは、変革を実行する絶好のタイミングなのだ。

企業の中には様々な事業部門があるが、その中で「物流」は最も改革が遅れている分野であり、大企業であってもデータ化や自動化が立ち後れ、ベテラン社員のＫＫＤ（勘と経験と度胸）を頼りに旧態依然とした働き方が主流になっている。開発、製造、販売といった分野に比べると、物流だけひと昔前の働き方（ここだけいまだに昭和を引きずっている）を続けているイメージだ。

企業は物流部門の改革の必要性を認識しているものの、優先順位はかなり低い（開発、製造、販売の課題解決のほうが先）。もちろん企業によって「物流」の位置づけは異なるが、ほとんどの企業において物流部門は「傍流」で、部門長に役員クラスが就くこともなく、改革の機運が盛り上がりにくい面があった。

しかし、この数年で状況は大きく変わっている。

人手不足と高齢化の影響により、物流コストが上昇の兆しを見せていたところに、新型コロナウイルス・ショックが起き、マスクなどのモノ不足やワクチンの輸送などでも物流の大切さがクローズアップされるようになったからだ。さらに、数年前からにわかに盛り上がっているＳＤＧｓやCO_2削減などのサステナビリティのムーブメントも、物流やサプライチェーンへの関心を高める大きな要因となっている。企業は自社だけでなく、取引先を含めたサプライチェーン全体でのCO_2の排出量削減に取り組まなくてはならず、それには様々な情報をデータ化、見える化して把握するサプライチェーン・マネジメント（ＳＣＭ）が必須となるからだ。

何事も起きていない平時にトランスフォーメーションの機運を盛り上げていくのは難しいが、幸いなことに今は強いフォローの風が吹いている。これを生かさない手はない。これまで「物流」にあまり関心を示さなかった企業も、次々と考えを変え始めている。

実は、私が２０１７年にアクセンチュアに入った頃、物流を根本的に変えていこうというプロジェクトはほとんど走っていなかったが、現在では20本を超えており、日々、うれしい悲鳴を上げている。

では、物流クライシスが叫ばれる中、企業はどんな考え方で、物流を核としたサプライチェーン改革に臨めばいいのか。それを書くのが本書の目的だ。物流という分野に、サプライチェーン改革という視点でしっかりと向き合ってきた企業は数少ない。だがそこには、コスト削減だけでなく、収益拡大の非常に大きなチャンスが眠っている。物流クライシスやサステナビリティ経営に対応しながら、その潜在的なチャンスを生かせるかどうかが、これからの企業にとって生き残りの鍵となるのは必然だ。

＊　＊　＊

本書では、業界ごとに物流を束ね、そこに様々な機能をつけ加えた「次世代物流プラットフォーム」を提案する。この新しいプラットフォームの活用により、企業は物流だけでなく自社の経営、ひいてはサプライチェーン全体を劇的に改善できるうえ、無駄な企業間競争に労力を費やす必要がなくなる。さらには、最近の懸案であるCO_2排出量削減などサステナビリティ経営にも道筋がつけられるようになる。

「危機こそチャンス」の言葉通り、物流を核としたサプライチェーンの改革は、「物流クライシス」「コロナ危機」「ＳＤＧｓブーム」の追い風を受けて、今後数年間で急速に進むことは間違いない。その変化の中身を、本書で一足先にご覧いただき、自社の物流とサプライチェーンを見直すヒントにしていただければ幸いに思う。

本書の執筆に当たっては、アクセンチュアの多くのスタッフに協力してもらった。以下のメンバーに感謝したい。佐藤耕太郎、小林将仁、佐藤慶治、野津原孝浩、丹羽結子。日々のお客様とのプロジェクトにおいても活躍してくれている優秀なメンバーであり、忙しい中でも時間をとってくれた頼もしいサポーターである。また、原稿を丁寧にチェックしてくれたマーケティング＆コミュニケーション部の中須藤子、佐々木雅子、編集を担当してくれた日経ＢＰの沖本健二氏にも感謝申し上げる。

北川　寛樹

パート 1

物流の常識を変える業界別プラットフォーム

第1章

物流危機の真実

企業にとって、さらには日本経済にとって、物流は基礎的な土台であり（モノを運ぶという意味も込めて）経済の「足腰」と言える。序章でも触れたように、現在、企業や経済を支えてきた「足腰」に異変が生じている。

「ロコモティブ・シンドローム（運動器症候群）」という言葉をご存じだろうか。

体の動きを担う筋肉や骨、関節などの「運動器」の機能が老化などによって低下し、立ったり歩いたりしづらくなった状態のことを指す医学用語だ。「ロコモ」と短縮されて使われることも多く、ロコモの状態に陥ると、その後、寝たきりや要介護状態になる可能性が高まる。

人間は「歩く動物」であり、歩行速度が速い人ほど寿命が長いという研究結果もある。ロコモの兆候が現れる前に予防することが健康長寿の秘訣だ。

実は、日本の物流業界は、10年以上前からロコモの兆候が現れていた。しかし、抜本的かつ有効な対策がとられないまま現在に至っている。このままの状態が続けば、モノの配達遅延が常態化するといった機能不全に陥りかねない。

原因は序章ですでに触れたように、「高齢化」と「人口減少」という、物流業界だけでなく日本経済全体に根差す深刻な構造的な問題にある。

ＥＣ普及による流通量の増加なども重なり業界全体の人手不足が加速している。具体的には、トラックドライバーの有効求人倍率は２００９年度で０・７７だったが、２０２０年度では３・３９に跳ね上がった（厚生労働省「一般職業紹介状況（２００９、２０２０年度）」）。また、低賃金、付帯業務負荷、拘束時間、若者のクルマ離れ、免許制度改正、顧客からの要求の高度化など様々な課題により、トラックドライバーの人口が低迷している。さらに、２０１８年６月には働き方改革関連法案が可決され、２０２４年からは自動車運転業務に対する罰則付き時間外労働規制（施行後当面は特例として９６０時間）が適用され、人手不足に拍車が掛かる見込みだ。

こうした環境変化を受けて人件費は年々上昇を続けており、それに伴って物流費の高騰も予想される。物流費では人件費が約５割を占めるからだ（全日本トラック協会「トラック運送事業の運賃・原価に関する調査（２０１１年）」）。これに加えて燃料価格の上昇も影響し、荷主企業の売上高に占める物流コストの比率は２０２０年度に５・３８％と過去２番目の水準

図表1-1　物流クライシスの構造

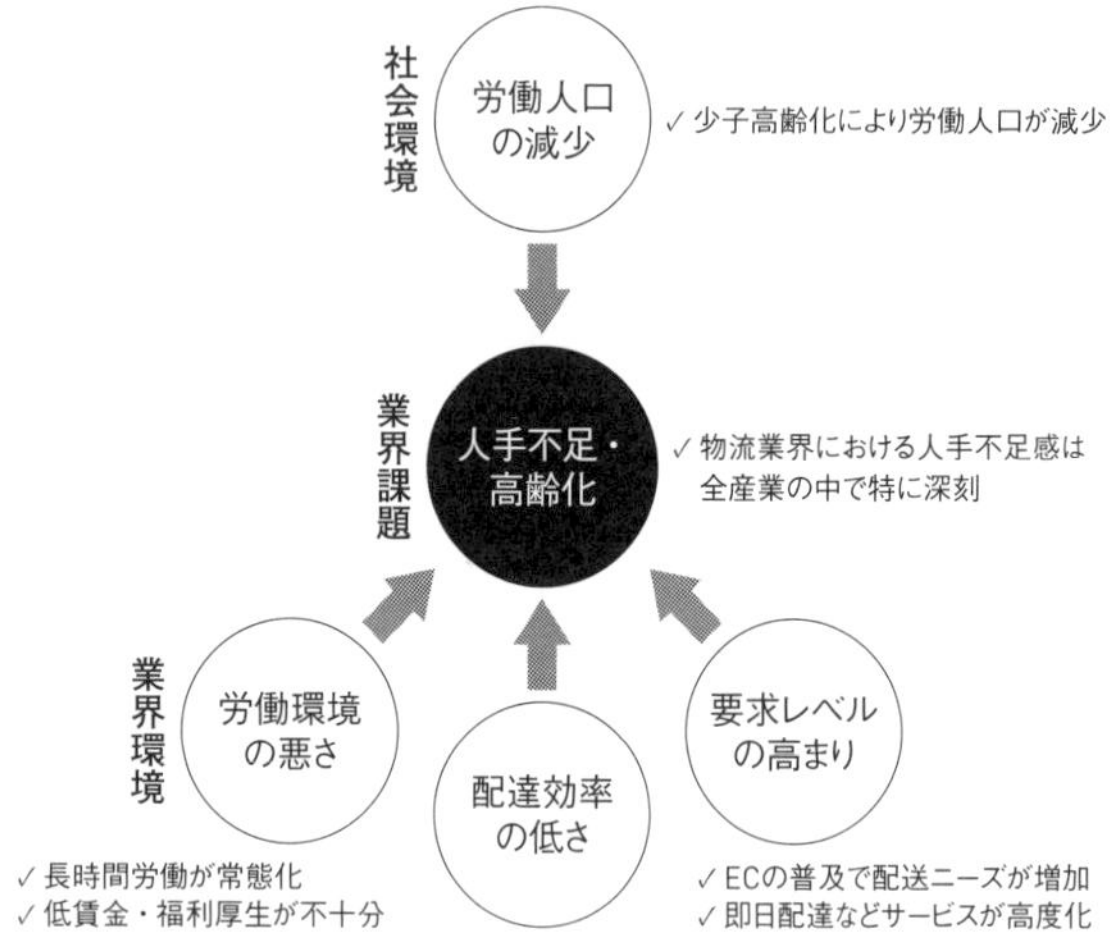

（出典）アクセンチュア作成

となり、前年度調査から0・47ポイントという大幅な上昇を示した（日本ロジスティクスシステム協会「2020年度物流コスト調査」）。今後も、この傾向は続くと見られている。

　統計を見ていると、現在、倉庫内の作業を支える労働者数も減少傾向にあり、この先もそれが続きそうだ。これは絶対数の不足によって起きる問題なので、労働単価を引き上げても解決にはつながらない。ソリューションとして考えられるのは、①外国人労働者を増やす、②物流自動化を推進する、のいずれかしかない。現状を考えると、①は日本の政策とは相容れない部分があるので、事実上、②に進むしかないだろう。倉庫自動化を進めるには、投資回収や採算性などの課題を乗り越える必要があるが、「危険を伴う作業は人から機械へ」というのは非常に合理的な考え方だ。のちほど詳述するが、自動化によって様々なデータを受動的に取得できるようになることも大きなメリットであり、何としても推し進めていく必要がある。

「高齢化」「人口減少」は重大なテーマであり、それだけで1冊の本になってしまうので、その影響と対策を本書で深く掘り下げることはしないが、人海戦術に頼っている日本の物流業界は、その影響の直撃を受けていることを頭に入れておいてほしい。

残念ながら日本の物流業界は、欧米に比べると人海戦術への依存度が高い。その大きな理由の一つは、日本人が勤勉で優秀な点にあると思う。

現場力の高さに依存し続けてきた物流業界

長年、日本の物流業界を見てきて感じるのは、現場力が非常に高いことだ。

小売店を通じて商品を消費者に販売するメーカーを例にとって考えてみよう。そこには、「①原材料・部品の調達」「②製品の生産」「③物流」「④販売」というサプライチェーンが存在し、そこを通じて商品や情報が流れていく。

図表1-2　サプライチェーンのイメージ

（出典）アクセンチュア作成

この流れがスムーズで無駄がないほど、物流が効率化されていると評価できる。どこかで過剰な在庫がたまっていたり、プロセスに時間がかかって欠品したりすると、サプライチェーンはうまく機能しない。

では、日本の現状はどうかというと、これまではサプライチェーン全体で最適化を図るという発想がそもそもなかった。メーカーで言えば、開発、調達、製造、販売といった機能別の部門ごとに最適化を追求し、それなりの成果を上げてきた。

だが、あくまでも部門内の最適化であるので、製造にとっては最適でも販売にとっては非効率というケースが無数に存在しているのが現状だ。そうしたいびつな状態のサプライチェーンを回せていたのは、各部門の有能な人々が調整能力を発揮し、なんとかやり繰りして頑張ってきたからだと言える。そして多くの場合、物流がサプライチェーンにおける様々な無理や無駄の調整弁になっている。

企業内の各部門が、全体を見ずに部分最適を追及していくと、どうしてもプッシュ型のサプライチェーンモデルになりがちだ（図表

図表1-3　プッシュ型とプル型のサプライチェーンモデル

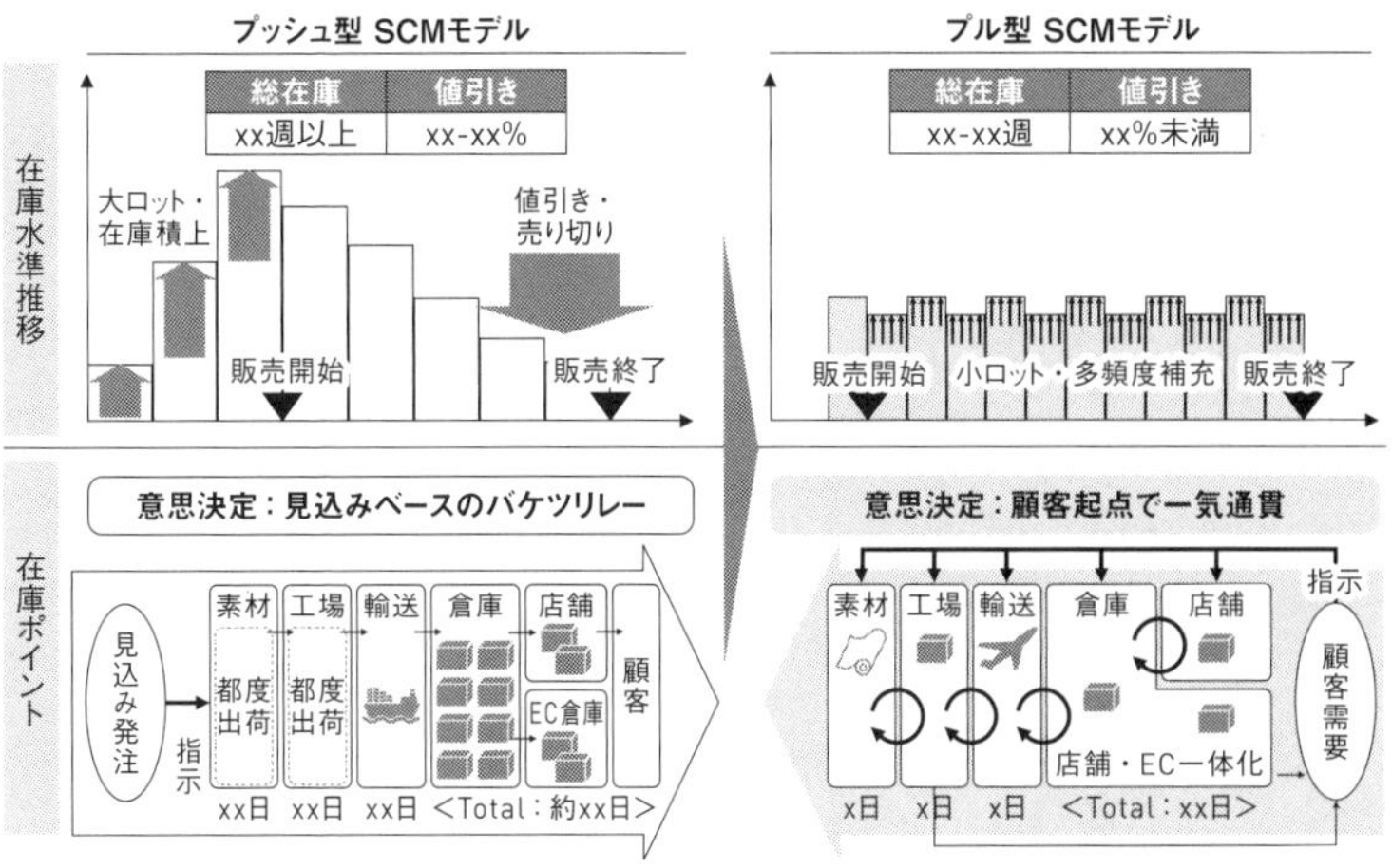

（出典）アクセンチュア作成

1－3の左）。販売開始までに見込みで大量に製品をつくっておいて、販売開始後は徐々に生産量を減らしていき、最後は値引きなどで売り切るやり方だ。プッシュ型での意思決定はいわば「見込みベースのバケツリレー」であり、各部門がそれぞれ自分たちの見込み（ＫＫＤ）で動き、「あとはよろしく！」と言って次の部門に渡していく。そこには、顧客の需要を反映した統一的なコントロールは存在しない。

この流れを逆にしたのが、プル型のサプライチェーンモデルだ（図表1－3の右）。

このモデルでは顧客の需要（需要予測データ）が起点となり、それをもとに各部門に指示が出される。そのため必要以上に在庫を抱える必要はない。顧客の需要にきめ細かく応えるため、在庫は小ロット・多頻度補充が基本となる。また、プル型では製品の生産量を平準化できるので、製造部門では生産ラインを大幅に組み替える必要がなく、非常に効率的に動ける。物流部門でも倉庫やトラックなどのアセット確保や手配のメドをつけやすく、サプライチェーン全体で効率化が図れる。ただし、プル型を実現するには、顧客需要のリアルタイムでの把握やサプライチェーンの商流の見える化やデータ化、部門間の連携などが欠かせない。

本来は、サプライチェーン全体を見渡して改革できる権限を持つ人（役員クラス）と専門の部署があり、プッシュ型からプル型への転換など、物流を核にしたサプライチェーンの全体最適を図る改革を実行するのが理想だ。だが、残念ながら、そうした役職や部署を設けている企業は数少ない。

物流ＤＸに効くコラム❶

買い物にたとえると理解しやすい「プッシュ型」と「プル型」

サプライチェーン・マネジメントは、一般家庭の日常の買い物を例にして考えると理解しやすい。買い物に行く前にまず、１週間の食事の献立を考える。これが「需要予測」であり、考えた献立の原材料をどこから買うかを決めるのが「購買計画」だ。安さを最優先に考える人もいれば、質を重視し高級スーパーや百貨店からしか買わない人もいる。買い物をするには、冷蔵庫内の空きスペースを考えて買わないと保管しきれない。これが「(原材料)倉庫のキャパシティー」であり、買ってきた食材をどう配置するのかが「棚割」、食材を使って食事をつくるのが「在庫の消費」、つくった食事を冷凍保存する際の冷凍庫内の空きスペースが「(製品在庫の)倉庫のキャパシティー」、保存していた食事を食べきれないで捨てるのが「廃棄」に当たる。そもそもの「需要予測」がいい加減だと過剰な在庫につながり、廃棄も多くなる。これが「プッシュ型」の特徴だ。逆に、家族の希望や食欲の度合いなどを考慮して綿密に献立を考え、買いだめをしないで毎日買い物に行くと、在庫や廃棄は減る。これを突き詰めていくと「プル型」になる。

メーカーの中で物流部門は一般的に、製造、開発、販売の各部門に比べると影が薄く、納品先からの強引な要求にも対応する「苦情処理的な役割」も果たさなければならない。例えば、消費財のサプライチェーンの中では、消費者という顧客を握っている大手小売り(特にバイヤー)の発言力が非常に大きい。商品にもよるが、発注を受けて翌日納品するという、いわゆる「出前一丁スタイル」に、数多くのメーカーや卸が対応している。

メーカーや卸は、そうしたイレギュラーな発注に備えて在庫を多めに持つだけでなく、実際に発注があると配送の手配や出荷作業などで様々な無理が生じる。そのうえ、大手小売りの物流拠点に商品を届けると、そこで何時間も待たされることも頻発している。物流現場からは「理不尽だ」という声も上がっているが、お客様である小売りに対して表だって改善を要求することは立場上できないのが現実だ（詳しくは、第3章「物流の業界別課題とプラットフォームの適性」の食品業界を参照）。

また、メーカー自身も、物流面をほとんど考慮することなく、製品を開発・製造する。粗い見込みで生産計画を立て、生産したら「あとはよろしく！」という感じで物流部門にバトンを渡す。本来は製品デザインの段階で、運びやすさや保管のしやすさを戦略的に考慮することが望ましい。それによって利益率は改善するはずだが、部門の垣根を越えてそうした連携に取り組めている企業は数少ない。

そもそもほとんどのメーカーは、物流部門をコストセンターと捉えており、そうした戦略的な動きを期待していない（第7章で詳述するように、ファーストリテイリングなどの成長企業は、物流をプロフィットセンターと捉えている）。物流会社に支払う料金をどれだけ削減できるかが社内の評価にもつながるため、物流業務を細切れにして物流会社に相見積もりを出させ、安値をつけたところに発注することになりがちだ。

人海戦術の限界

物流現場で働く人たちは、長年の経験とそこから得たいわば「達人的なノウハウ」で、川下（小売店）と川上（開発・製造）からくるイレギュラーな（中には無謀な）要求を、平然とさばいてきた。

欧米では、職能別に役割分担が明確に線引きされていて、現場で働く人々は職務記述書に書かれた内容以外の仕事はしない。一方、日本の物流現場で指揮を執る人たちは、物流手配、在庫管理だけでなく、時には生産調整に関することまで、1人3役、4役は当たり前で複雑な調整役をこなしている。まさに職人技と言える。

さらに、日本人はまじめなので、物流現場での盗難や職務の不履行（割り当てられた仕事をしない）の心配もほとんどない。日本の物流現場でＩＴ化や自動化がなかなか進まないのは、人に任せたほうが運用面での柔軟性が高く、総合的に見て機械による自動化より人海戦術のほうが効率が高いと企業が判断しているからにほかならない。生産調整、需給調整、サプライチェーンの管理も職人技でこなす人たちの活躍によって、サプライチェーンはうまく回っていた。

ところが、日本はすでに人口減少時代に入り、高度成長期を支えていた人たちの薫陶を受けた社員の多くが、物流現場でも定年直前くらいに差し掛かり、今後、続々と退職していく（高齢化しているのは、トラックドライバーだけではない）。

しかも、課題は人材の高齢化と後継者難だけにとどまらない。物流現場で取り扱う情報量は膨らむ一方で、もはや人の能力を超えるほどになっていることも、重大な問題だ。

ＳＫＵの急増と流通の複雑化

例えば、スーパーで扱う商品の種類は１９９０年代に比べると劇的に増加した。

物流現場では、在庫管理上の最小の品目数を数える単位のことをＳＫＵ（ストック・キーピング・ユニット）と呼ぶ。商品がセーターで、色が３色、サイズがＳ・Ｍ・Ｌなら９ＳＫＵとなる。セーターの枚数が合計で３０００枚あれば「９ＳＫＵ、３０００ピース」と表す。１種類の商品でも飲料のように６本パックにしたらＳＫＵにカウントし、キャンペーンなどで増量した洗剤や、ＥＣなどでよくあるように他の商品と組み合わせた場合も別にカウントする。

日経ビジネスの調査によると、スーパーマーケットのＳＫＵ数は、１９９７年以降の20

図表1-4　拡大を続ける日本のEC市場（B2C市場の規模）

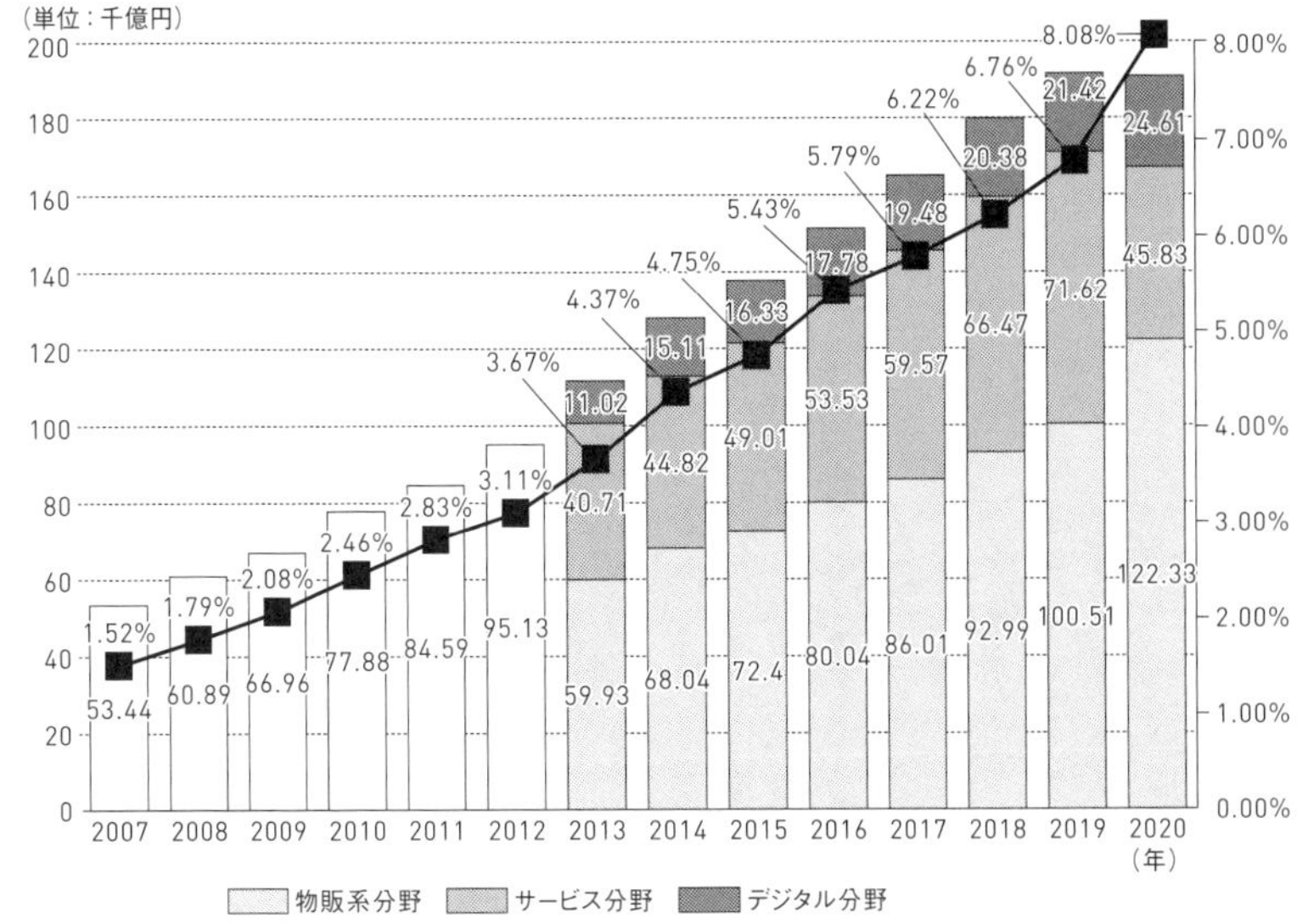

（出典）経済産業省「電子商取引実態調査」。分野別規模は2013年分から調査開始

年間で約6割増えたという（日経ビジネス2017年7月31日号「もう迷わせない！ 消費多様化の終わり」）。SKUの急増によって、消費者の選択肢は広がったが、メーカーの物流部門の作業はより複雑化し、大きな負荷がのしかかることになった。

さらには、販路としてスーパーマーケットやコンビニエンスストアなどの小売店、ドラッグストアにECも加わり、販路も増える一方だ。特にECの場合は、モノの動き方や在庫管理が店舗での販売とは異なるため、物流にかかる負担はますます大きくなる。

つまり、従来のような人海戦術を中心にした物流は、もはや限界点に達している。そのようなタイミングで、数年前からＳＤＧｓやサステナビリティを重視する機運が世界的に高まり、企業もサプライチェーン全体でのCO_2排出量削減に取り組まざるを得なくなり、経営者の関心がサプライチェーン・マネジメントにも向けられるようになった。

さらには、新型コロナウイルスのパンデミックが起こり、ワクチンをはじめとする医薬品などの安全・確実で迅速な物流の確保にも注目が集まったり、ＥＣ市場の重要性が再認識されるようになり、物流やサプライチェーン・マネジメントに対する企業側の意識が高まっている。

大きな改革というのは平時にはなかなか起こりにくいものだが、現在は強い追い風が吹いている。物流革命の機はまさに熟しつつある。

第2章

なぜ物流プラットフォームが必要なのか？

物流改革に必要な三つの視点

企業の物流への関心が高まっている今、物流改革を進めるに当たって、どのような方針で取り組むべきだろうか。

本書では物流改革のスタンスとして、次の三つの視点を強調したい。

視点1　改革の視野を物流部門からサプライチェーン全体へ広げる

一つ目は、改革の視野を物流領域に限らず大きく捉えることだ。実際、自社の物流部門だけを見て改革しても、効果はそれほど上がらない。自社だけでなく仕入先や顧客までサプライチェーンを広く見渡して、全体最適を考えていく姿勢が必要だ。

ほとんどの企業は物流部門をコストセンターと捉えているが、外部の運送会社を競わせて値引きさせるような従来型のコスト削減策はもはや通用しなくなっている。前述のように、物流業界は慢性的な人手不足の状態に陥っており、ＥＣ市場の拡大などによって配送需要は今後さらに伸びることから物流費は上がる一方だ。それよりも視野を広げてサプライチェーンの全体最適化を図ったほうが、はるかに大きなコストダウン効果や経営効率化が見込める。そこには、物流拠点や販売会社の再配置なども含まれる（自社で販社や物流倉庫を持っている企業の中には、20～30年前の状態がそのまま放置されているケースもある）。

実際、物流部門単体ではなく、サプライチェーン全体の改革を推進している企業は、力強い成長を続けている。その代表例は、アマゾン、ウォルマート、ファーストリテイリング、ニトリなどだ。これらの企業の強さの秘訣は後述するが、ＫＫＤによる大雑把な需要見込みをもとに製品を大量に製造し、大量の在庫を抱え、最後は値段を下げ、なんとか売り切ろうとする「プッシュ型」ではなく、顧客の需要をほぼリアルタイムで吸い上げ、多頻度小ロットでクイックに生産し、最適な在庫状態を保ちながら店舗に供給していく「プル型」に近づいている。

視点2　競争領域と非競争領域を分けて戦略を練る

二つ目の重要な視点は、競争領域と非競争領域を分けることだ。

図表2-1　競争領域と非競争領域を分けて戦略を考える

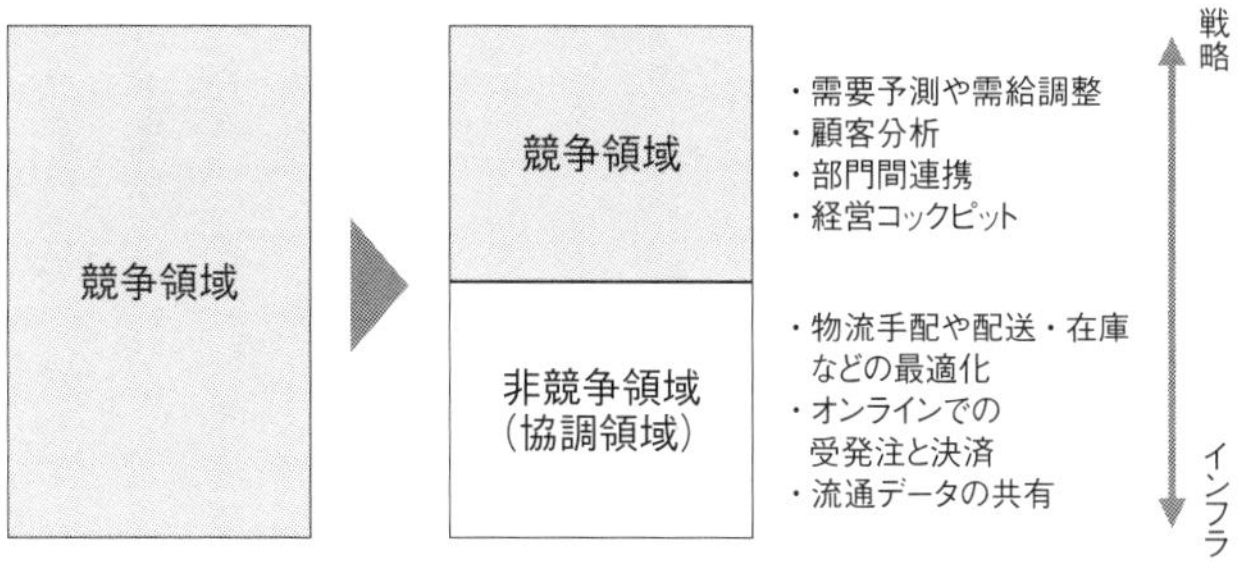

（出典）アクセンチュア作成

一口に物流といっても、業界や商品によっては、物流面での競争が必ずしもメリットにつながらないケースが数多くある。

例えば、メーカーが小売店に商品を納める場合、小売店からの発注内容（期日、数量）に従って届けるわけだが、そこに差別化できる要素はあまり見当たらない。同じ納品先に届けるのであれば、個別にトラックや倉庫を手配して別々に商品を納入するより、複数社の物流を一つにまとめたほうがはるかに効率的だ。

企業には当然、「競合他社に負けたくない」という意識がある。そのため、ライバル企業が納品先からの厳しい要求（例えば、発注翌日納品）に対応しているとわかれば、自分たちも負けじと対応しようとする。業界全体が成長している時代は、その部分で多少無理をしてコストがかかってもほかで取り戻せるので、トータルでは利益を確保できた。しかし、経営環境が激変する中、特に成長が鈍化していたり、縮小に転じていたりしている業界では、ほかで取り戻す余裕がなくなってきている。そうした業界では、図表2―1のように「なんでもかんでも競争」ではなく、「競争領域」と「非競争領域」をしっかりと見定めて戦略を考え、行動してほしい。成長市場でなければ、納品先企業への製品の配送、受発注や決済といった物流の基本機能は「非競争領域」に当てはまることが多い。

非競争領域ではライバル企業との無用な戦いは避けて協調し、絞り込まれた競争領域（戦略性の高い分野）に経営資源を振り向けていくことが、自社にとってもライバル企業にとってもメリットになる。さらに、各企業が絞り込まれた競争領域においてレベルの高い競争を繰り広げていけば、業界自体の質も上がっていく。ポイントは、経営者が非競争領域を認識して不毛な争いを避け、ライバル企業と協調できる勇気を持てるかどうかだ。

視点3　物流を社会インフラと捉える

そこで、次の三つ目の視点が重要となる。それは、「物流は、水や電気のように社会の基礎をなすインフラである」という視点だ。

例えば、企業や飲食店などが水を必要とする場合、川から水を引いて浄水しなくても、公共の水道網を活用できる。「○○の天然水」など付加価値の高い水が必要な飲料メーカー（「水」が競争領域である場合）は、独自に地下水をくみ上げるなど自前で水の調達が必要だが、飲食店の開店時などにその都度、水源から自前で水道管を敷設しないといけないとしたら、非効率きわまりない。水を競争領域と考える飲食店はかなり少ないだろう。

個別にインフラを整備することはきわめて非効率であるうえ、物流クライシスで運び手不足が加速することを考えると、大きな社会的ロスにつながりかねない。この社会的課題に対して、これから詳しく解説する業界別の「次世代物流プラットフォーム」は有望な解決策の一つになり得る。様々な物流やサプライチェーンに関する機能を持つプラットフォームを業界ごとにつくり、誰でも利用可能にするという発想（つまり、プラットフォーム化によるシェアリング・エコノミーの発想）が、物流を取り巻く様々な難題の解決策を導き出すと著者は考えている。

配送機能のシェアで労力とコストを最小限に

いきなり「次世代物流プラットフォーム」と言われても、戸惑うかもしれない。まずは、身近な存在となった「ウーバー・イーツ」を思い浮かべてほしい。

ウーバー・イーツというプラットフォームには、多数の飲食店と配達員、そして顧客である消費者が登録している。このプラットフォームが持っている機能は、顧客から注文を受けて飲食店に発注する「受発注機能」、料理を運ぶ「輸送機能」、顧客から代金を受け取り手数料を差し引いて飲食店と配達員に支払う「決済機能」、さらには、最短の時間で届くように配達員に配達を割り当てる「マッチングの最適化機能」などだ。

２０２０年１月以降、新型コロナウイルスの影響で人々が外出や外食を控えたため、ウーバー・イーツは飲食店の新たなインフラとして急速に広がった。もし、飲食店が自前で宅配サービスを始めようとしたら、受注の仕組みの構築、配送員の採用、宅配バイク購入、交通事故対応などでコストと手間がかかってしまう。売上規模が大きくない限り割に合わない。大手チェーン店から中小零細に至るまで、飲食店はウーバー・イーツというプラットフォームを通じて配送機能をシェアし、労力とコストを最小限に抑えることで新たな収入源を得ることができた。

プラットフォーム化を核に物流革命が起きる

ここで一つ思考実験をしていただきたい。飲食店にとって、宅配機能は差別化要因なのだろうか。もし、差別化要因だとしたら、それは具体的には何だろうか。

例えば、宅配ピザチェーンは各社とも自前の宅配機能を持っているが、配送サービスに差はあるのだろうか。配送を「競争領域」と捉えるなら、自社でその機能を保持するのは理にかなっている。だが、差別化要因にあまりなっていない、つまり「非競争領域」と判断する場合、ウーバー・イーツのようなプラットフォームを利用する選択肢があれば、自前で宅配機能を持つのは不合理だ。

ウーバー・イーツはＢ２Ｃだが、著者はＢ２Ｂの領域で、ウーバー・イーツのように業界を束ねた、そして物流を核にした様々な機能を持つプラットフォーム（「次世代物流プラットフォーム」）の実現を目指している。

飲食店業界と同様に、物流の基本機能を「非競争領域」としたほうが合理的な業界は少なくない。しかし、現状ではウーバー・イーツのようなプラットフォームがないため、各社がばらばらに物流を手配してモノを運んでおり、非効率きわまりない。そうした業界に、誰でも利用できる「物流プラットフォーム」という選択肢を提供することが狙いだ。

これは机上の空論ではない。後述するように、今多くの業界が物流プラットフォームの形成に向けて実際に動き始めている。この動きが、これから3～5年以内に日本で起きる物流革命、もっと言えば、会社単体ではなく業界全体を巻き込んだサプライチェーン・マ

図表2-2　次世代物流プラットフォームへの3つの段階

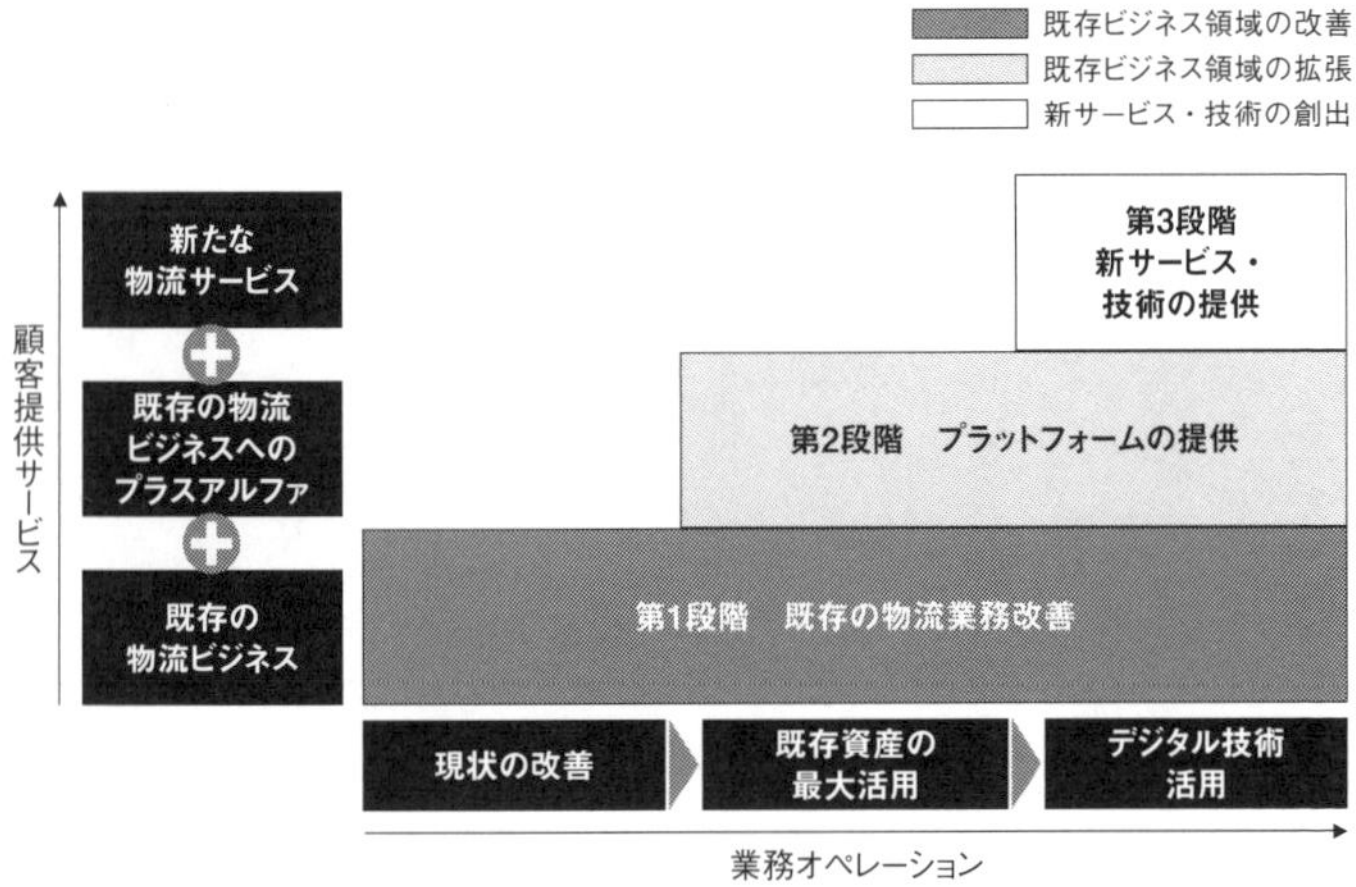

（出典）アクセンチュア作成

ネジメント（ＳＣＭ）革命の柱の一つになると予測している。

ここからは、近々、全貌を現すであろう「次世代物流プラットフォーム」の解説とともに、今後企業が採るべき物流・サプライチェーン戦略の方向性を示していく。

物流領域の革新は、図表2‐2のように3段階で進んでいくと考えられる。

第1段階は、「①既存の物流業務改善」。既存の物流ビジネスに対して、業務オペレーションの視点をもとに簡略化・省力化し、荷主物流業務のクラウドソーシングや、クラウド化された倉庫管理システム（ＷＭＳ）や輸配送管理システム（ＴＭＳ）の導入が進んでいく。

第2段階「プラットフォームの提供」では、既存の物流ビジネスに付加要素を加え、既存資産の効率的活用やデジタル技術の活用によりプラットフォームの提供を行う事業者が登場する。このプラットフォームで提供するサービスは、「荷主間」マッチング、「荷主と配送業者」マッチング、「荷主と倉庫」マッチング、「荷主と配送先」マッチング、「配送業者間」マッチングなどだ。自社倉庫を持たず、ＩＴシステムを活用して稼働していない空き倉庫などの遊休スペースと利用者をマッチングするオープン・ロジや、荷主と近隣の配達員をアプリ上でマッチングし、一般人（ギグワーカー）がすき間時間を活用して集荷・配送する物流版ウーバー「ＤＩＡｑ（ダイヤク）」などがこれに当たる。

ここからさらに発展したのが第3段階「新サービス・技術の提供」だ。この段階では、既存の物流ビジネスではなく、新たな物流サービスを定義し、提供する。プラットフォーム基盤をベースとし、従来は処理が煩雑なためマニュアル処理で対応していた領域で、デジタル技術を活用した新サービスを提供する。プラットフォームというのは器であり、そこに様々な機能が盛り込まれていく。つまり、iPhoneにアプリを追加していくイメージだ。様々な企業（サービスプロバイダー）との提携を通じてファンクションを増やしていけば、プラットフォームの利便性はどんどん高まっていく。

本書で提示する「業界別次世代物流プラットフォーム」は、この第3段階の発展形であ

図表2-3　三つの段階の概要

第1段階　既存の物流業務改善

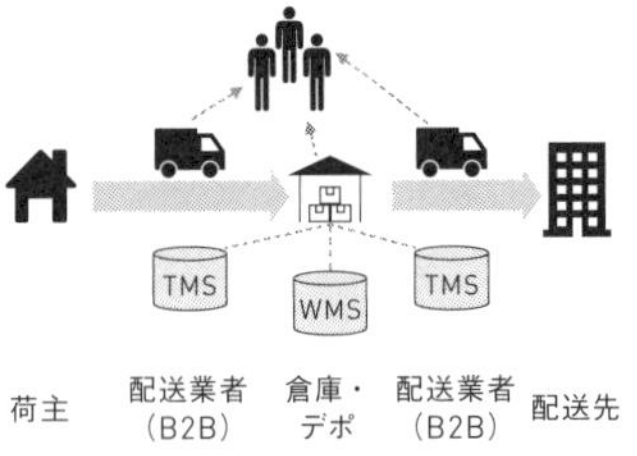

・**既存の物流ビジネス**に対して、業務オペレーションの視点をもとに簡略化・省力化し、以下のようなサービスを提供

①荷主物流業務をクラウドソーシング
②クラウドシステム（WMS、TMS）を提供

第2段階　プラットフォームの提供

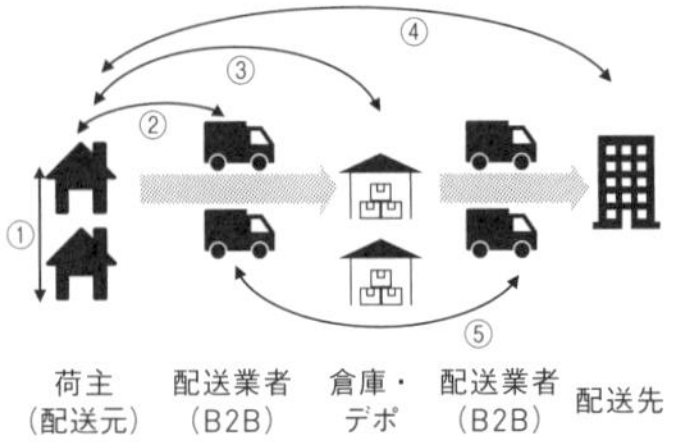

・**既存の物流ビジネスに付加要素**を加え、既存資産の効率的活用やデジタル技術の活用によりプラットフォームを提供

・プラットフォームを提供する際に、以下のいずれかのマッチングをすることで実現

①「荷主間」マッチング
②「荷主-配送業者」マッチング
③「荷主-倉庫」マッチング
④「荷主-配送先」マッチング
⑤「配送業者間」マッチング

第3段階　新サービス・技術の提供

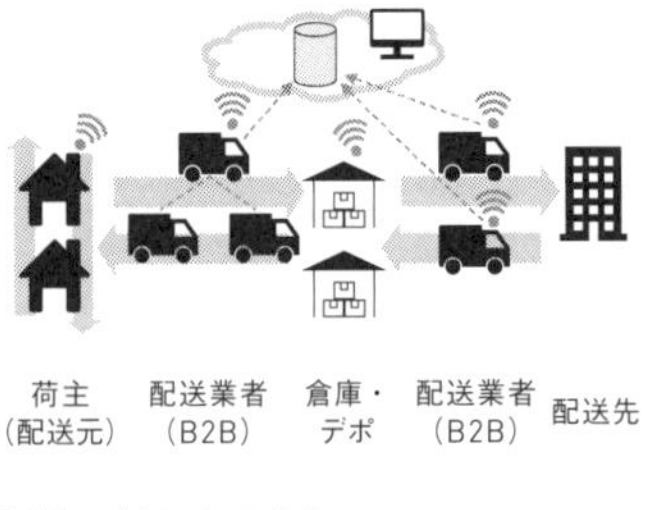

・既存の物流ビジネスではなく、**新たな物流サービスを定義**し提供する

・**プラットフォーム基盤をベース**とし、**デジタル技術**を活用して荷主へ汎用サービスを提供

・従来は**処理が煩雑なためマニュアル処理で対応していた領域**で、デジタル技術を活用した新サービスを提供する

（出典）アクセンチュア作成

り、業界ごとに荷主を束ねて、スケールメリットと効率性を数段高めたものだ。近年、多くの業界で、デジタルやクラウド技術を生かした数多くのサービスが生まれ、その中には物流効率化に役立つ様々な新サービスも登場している。次世代物流プラットフォームは、荷主企業のニーズに応じてこうした機能を次々と加えて、時代とともに形を変え進化させていくことが可能だ。

現在、荷主企業の間では、消費者ニーズや販売形態の多様化・複雑化などに対応するため、商流や顧客情報のデジタル化やデータ化のニーズが高まっているほか、物流効率化に向けた共同化のニーズも徐々に出てきている。また、近年のサステナビリティ経営の浸透も、企業にサプライチェーン・マネジメントや物流の重要性を再認識させる役割を果たし、物流革新を強く後押しする要因になっている。

物流ＤＸに効くコラム❷

カーボンニュートラル実現に物流効率化は不可欠

経済産業省は２０２０年12月25日、「２０５０年カーボンニュートラルに伴うグリーン成長戦略」を策定し、政府の成長戦略会議に報告した。これは、温暖化ガス排出量を

２０５０年に実質ゼロにする工程表であり、自動車や洋上風力発電など14の重点分野を定め、数値目標や課題への対応策をまとめたものだ。この重点分野の一つに「物流・人流・土木インフラ産業」も位置づけられ、「スマート交通などの導入、グリーン物流、交通ネットワークなどの効率化、建設現場の施工の効率化やＥＶ・ＦＣＶ建設機械などの普及促進、道路設備の省エネ化・高度化、ＥＶ給電システムの研究開発、港湾利用でのゼロエミッション化による物流・人流における環境負荷の低減などを進めていく」と記載された。物流分野では、日本のCO_2排出量の約７％をトラック（営業用・自家用計）が占めており、物流分野におけるCO_2排出量の削減はきわめて重要と指摘されている。「CO_2排出量の削減のためには、物流事業者のみの取り組みでは限界があり、荷主事業者との連携も重要」で、「事業者が行う省エネの取り組みが適切に評価される仕組みへの移行が課題」としている。

　具体的な対策としては、トラックから鉄道へのモーダルシフト、共同輸配送、輸送網集約の推進、トラックの荷待ち時間の削減などによるドライバー不足の解決、物流で使うパレットや伝票などの標準化、サプライチェーン全体での輸送の効率化、デジタル化や荷主・事業者連携による生産性や積載効率の徹底的な向上、荷主と輸送事業者が行う省エネの取り組みを適切に促す評価のあり方の検討、自動化機器・システムや再生可能エネルギー設備の導入、庫内作業や荷待ちの削減、災害の発生や感染症の流行においても途切れることのないサプライチェーンの構築などが列挙されている。

これらの対策の大部分は、次世代物流プラットフォームによって実現可能なことだ。その意味でも、次世代物流プラットフォームの導入環境は整ってきている。

荷主企業の二つのニーズ

デジタライゼーションの進展や消費者ニーズの変化に伴い、先進的な荷主企業が物流に求めるニーズも高度化している。それは、「デジタル化に対するニーズ」と「サービス品質に対するニーズ」の大きく二つに分けられる。「デジタル化に対するニーズ」は、サプライチェーン上の倉庫（在庫）や輸送に関連する様々なデータを可視化する「ＳＣＭの見える化」や、電話・ファクス・メールなどのアナログ手配からスマホなどのデジタルデバイスを活用した「オンライン手配と一元管理」、物流資産（トラック・倉庫・コンテナ）の契約を固定化するのではなく必要時に物流サービスを利用できる「物流のアズ・ア・サービス」などだ。

図表2-4　物流の現状と三つの新しい動き

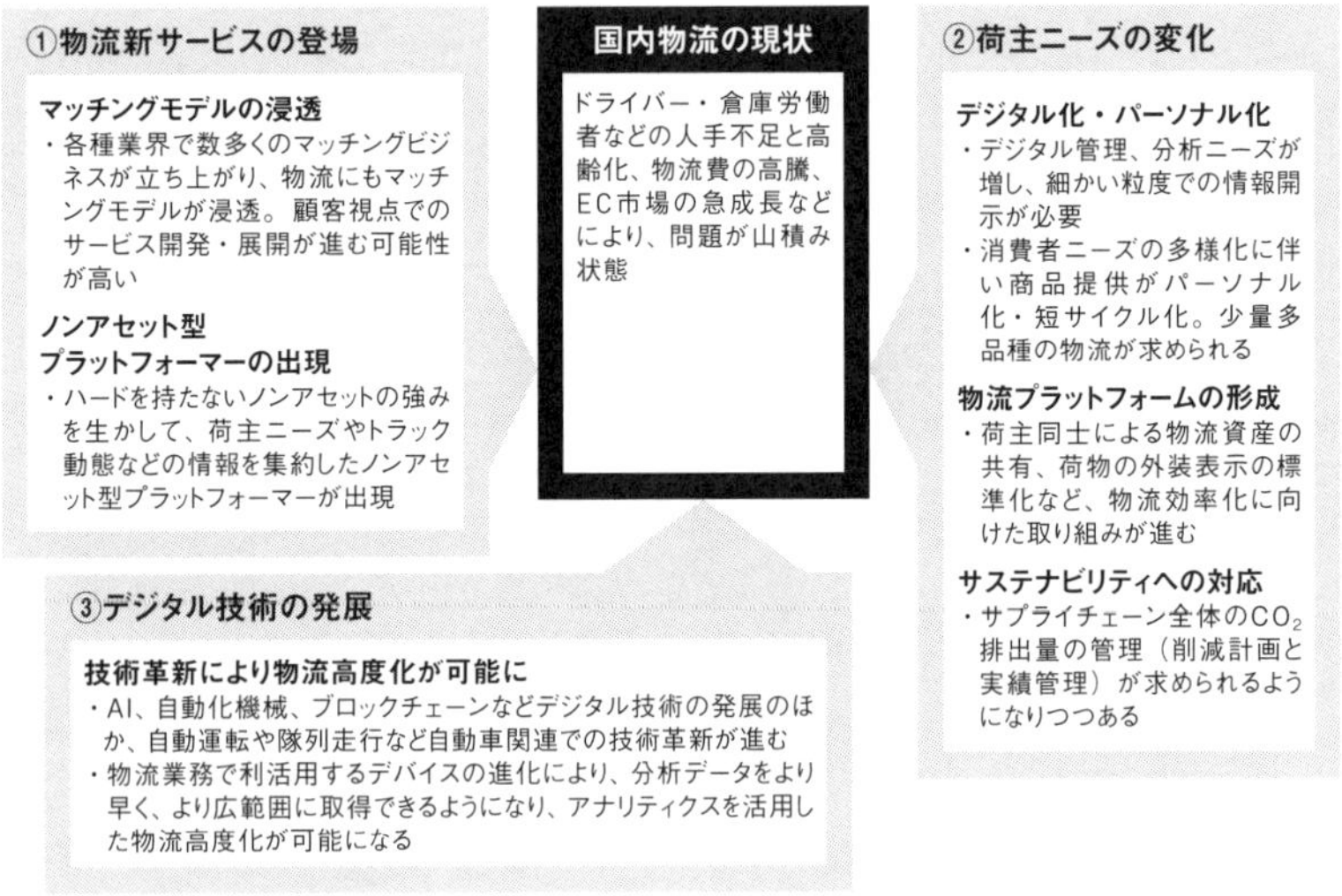

（出典）アクセンチュア作成

「サービス品質に対するニーズ」は、EC販売などで小口化・多様化する顧客ニーズに応えるための「小ロット配送の短サイクル化と、輸送状況・在庫確認のリアルタイム性」や、卸の介在に伴う契約形態・伝票処理などの「複雑性の簡素化・自動化」、食の安心・安全や特定患者の疾患情報管理など「トレーサビリティーの担保や機密性の高い情報管理」などがある。

こうした動きのベースにあるのは、「物流に活用できる技術の急速な発展」だ。デジタライゼーションが進展しても変化しない物流領域はあるものの、物流業界においても今後大きな技術革新が起きることが予測され、次に挙げる八つの技術トレンドが注目される。それは、ＡＩ、ＩｏＴネットワーク、アナリティクス・ビッグデータ、ロボティクス、モビリティ（自動運転やドローンなど）、スマートデバイス、ブロックチェーン、プロダクトイノベーション（従来にない製品開発手法や加工技術、新原料など）だ。クラウド技術やＡＩ、ブロックチェーンなどのデジタル技術が発展したほか、物流業務で利活用できる技術が進化したことで、データをより早く、より広範囲に取得できるようになり、アナリティクスを活用した物流高度化が可能になってきている。

これまで、業界別物流プラットフォームは、構想することはできても、実際には技術レベルや荷主ニーズ・危機意識が伴わず、現実にはなかなか前に進まなかった。しかし、図表2-4のように、国内物流の危機的な現状を背景に、①物流新サービスの登場、②荷主ニーズの変化、③デジタル技術の発展という条件が揃ったことで、今や機は熟し、業界別物流プラットフォームは実現に向けて一気に動き始めている。

プラットフォームの二つの段階

業界別次世代物流プラットフォームのベーシックな機能は、商品の発送に関する「受発

図表2-5　業界と物流ファンクションの関係

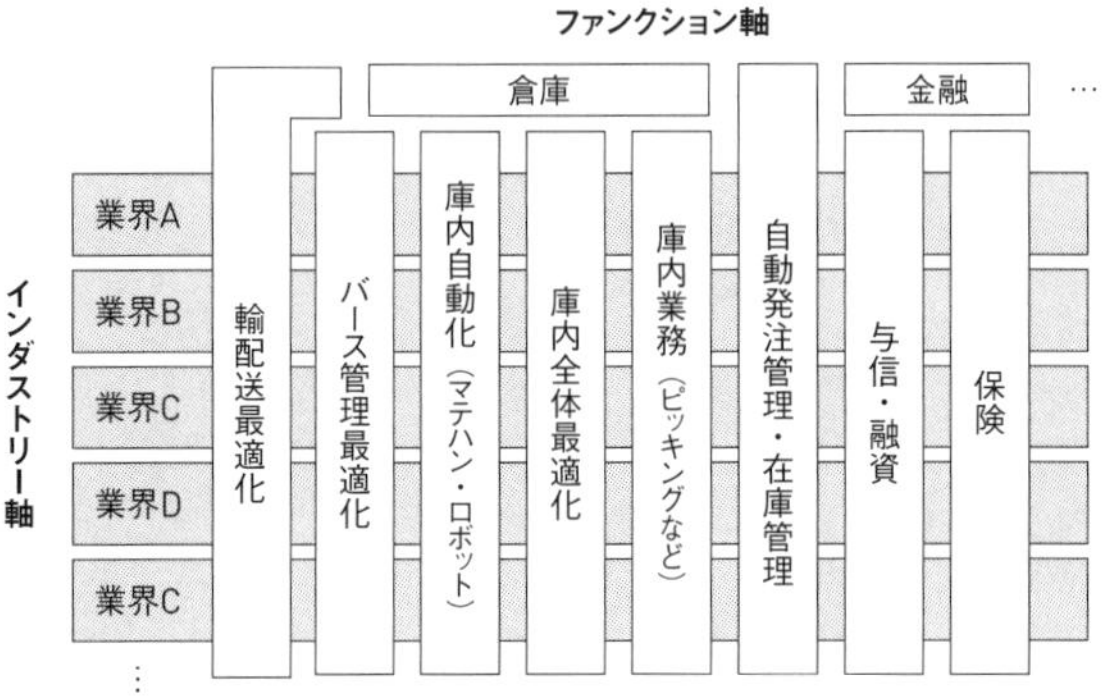

- 参画プレーヤー、ビジネスモデル、データモデル、商習慣などの観点から、基本的にインダストリー単位でプラットフォームは成立する
- 一方、ファンクション単位のデジタルソリューションは業界を横断するファンクションプラットフォームとなり得る
- 一つのインダストリーにおいては、**複数のファンクションをいかに組み合わせてプラットフォームを構築するか**がポイント

（出典）アクセンチュア作成

注機能」や、商品を預かって管理したり、発注元に届けたりする「在庫・輸送機能」などだ。プラットフォームにこの機能を持たせるために、物流会社や倉庫会社など物流に関するアセット（トラック、倉庫、配送員など）を持つ企業に参加してもらい、アセット情報をプラットフォームに公開してもらう。そのうえで、トラックの予約受付サービスや倉庫のバース（荷降ろし場）管理などのソフトを開発しているベンチャーなどとも連携して、配送の効率化と最適化を図る。これまで企業が個別に行っていた物流を、プラットフォームを通じて一つに取りまとめ、物流と受発

注情報などの商流を一体的に運用する狙いがある。

これが初期段階だ。ここまでだと、物流のデマンド情報だけをもらって配送を効率化しただけであり、まだ「次世代」のプラットフォームとは言えない。その理由は、サプライチェーンの中のあくまで物流の部分を切り出して、効率化しただけだからだ。

実は、この初期段階は、３ＰＬ（サード・パーティー・ロジスティクス）が本来の機能を果たしていれば実行可能なはずだ。３ＰＬとは、外部の物流専門事業者に自社の物流関連業務を任せることを指し、３ＰＬ事業者は荷主の立場になって包括的に業務を受託する。国土交通省の物流政策大綱では、「荷主に代わって、最も効率的な物流戦略の企画立案や物流システムの構築について包括的に受託し、実行すること」と定義されている。

物流DXに効くコラム❸

日本の３ＰＬの現状と課題

３ＰＬは、サード・パーティー・ロジスティクスを略した言葉だ。１ＰＬ（ファースト・パーティー・ロジスティクス）は自分の会社でロジスティクスを行うこと、２ＰＬ（セカンド・パーティー・ロジスティクス）は、物流専門事業者へロジスティクスを部分的に委託することを指す。そして、３ＰＬは包括的にロジスティクスを物流専門事業者へ委託する物流業務形態のことだ。

「包括的」というところがポイントで、事業会社の物流部門を丸ごと外部の物流事業者にアウトソーシングするイメージだ。物流業務には人や設備（倉庫、トラックなど）、物流特有のシステム（ＷＭＳやＴＭＳと呼ばれるもの）が必要なため、すべてを自社で賄おうとすると膨大なコストがかかってしまう。２ＰＬのような部分的外注でもコストは多少抑えられるが、複数の外注事業者の中からコストの安さで選ぶことが多い。その結果、ばらばらに依頼することによる管理業務の煩雑さのほか、事業者変更による一貫性や連携の欠如、サービス品質の維持管理が難しいといった課題がある。

それを解決する方法として登場したのが３ＰＬだった。本来は、購買領域である原材料の調達（サプライチェーンの上流）から製造した商品の販売（サプライチェーンの下流）に至るサプライチェーン全体の物流を請け負い、荷主の立場にたってサプライチェーンの全体最適を図っていくのが３ＰＬの使命だ。荷主企業は、煩わしい物流業務を外部の専門家に委託することによって、自社の戦略的な業務（商品開発やマーケティング、製造技術、製造など）に専念できる、というのが３ＰＬ側のうたい文句となる。３ＰＬのサービスを提供しているのは大手物流企業だ。

図表2-6　3PLの概念図

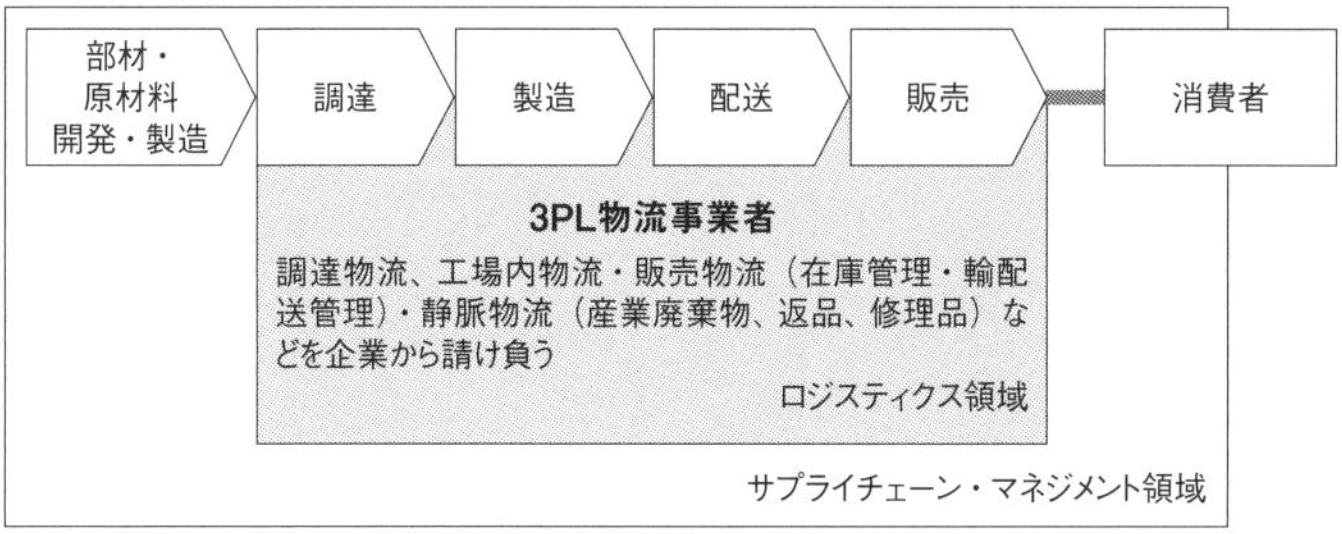

（出典）日本通運ホームページなどをもとにアクセンチュア作成

現在の日本の３ＰＬにこのような対応ができているかというと、残念ながらできていない。その原因は３ＰＬと委託企業の両方にある。まず、３ＰＬ側の問題は、本来の３ＰＬとしての「包括的業務委託」という定義に合うレベルのサービスを提供できていない点が挙げられる。３ＰＬが本来の役割を果たすには、業務を委託してきた企業の経営に深く関わる必要があり、物流だけでなくサプライチェーン全体の課題解決にプロフェッショナルとして主導的に取り組む経営パートナーである必要がある。だが、現状では３ＰＬ側にその能力が欠けていると言わざるを得ない。一方、委託企業側にも課題がある。３ＰＬ事業者をあくまで物流を担う外部業者としてしか認識しておらず、サプライチェーン・マネジメントの鍵を握る製造・販売の計画情報（例えば、生産計画、販売キャンペーン情報、製品の優先順位）などを開示しないことが多い。また、物流部門の責任者の権限が小さく、仮にサプライチェーンの改革を進めようとしても簡単にはできない。結局、改革の意思があっても小手先のコストダウンに終わってしまうことが多い。実際のところ、日本の３ＰＬは、「各荷主の要望にばらばらに対応した個別物流機能最適」にとどまっている。そのため、スケールメリットによるコスト削減効果がそれほど得られない。

　物流で大きなコスト削減効果を得たいなら、より多くの物流量を取り込んでマッチングや効率化の機能を駆使して最適化するとともに、物流拠点の再配置や削減、開発・生産・販売の各部門との連携やデータ共有化などに踏み込んでいかなければならない。その点、同じ業界の有力企業を束ねていく業界別次世代物流プラットフォームであれば、大きなコスト削減効果が期待できる。

　このように、業界別物流プラットフォームの形成とともに、３ＰＬ事業者のさらなる進化も、日本企業のサプライチェーン改革において重要な課題になっている。

　プラットフォームの初期段階でも、ある程度の効率化は見込めるが、次世代と呼ぶには、視点の一つ目で述べたように原材料調達や製造などサプライチェーンの上流を含めた全体での最適化が図れる仕組みであるべきだ。

図表2-7　物流プラットフォーム（初期段階）のイメージ

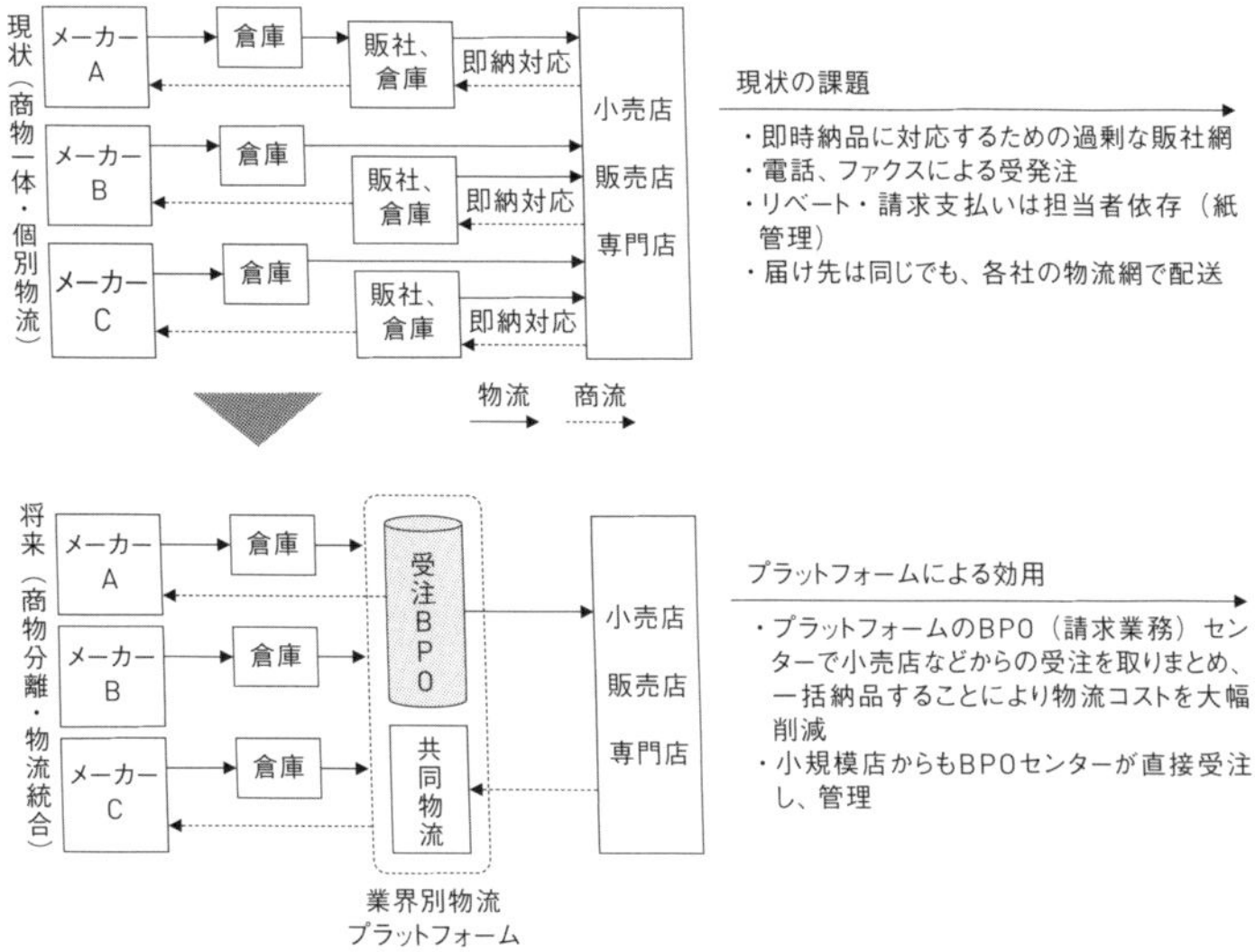

（出典）アクセンチュア作成

これまでは、設計・開発、部品調達、製造、物流、販売といった部門ごとに最適化が図られてきた。しかし、サプライチェーン全体で見ると最適化されているどころか組織の壁は高まり、情報は一層分断された。その結果、様々なしわ寄せが物流に来ることになったが、ベテラン社員の経験や調整能力によってなんとか帳尻を合わせて、今までは乗り切ってきた。

この分断状態をなくすには、逆転の発想が必要だ。「お荷物」だった物流をサプライチェーンの中核（ハブ）にして、サプライチェーン全体の改革とデータ化・自動化を進めると、経営の「見える化」が一気に進み、組織の壁は崩れていく。そのときのポイントは、データの取得・収集・分析などをできる限り自動化、システム化し、なるべく人を介在させないことだ。

これまでのように人力に頼っていると、各部門からのデータ収集や集計など業務プロセスを回すだけで手一杯になってしまい、本来人が担うべき高度な業務（データに基づく判断、イノベーションの発想に基づく改善など）に時間が割けず、仕事の質が損なわれてしまう。定型業務は可能な限り自動化、システム化していき、人の役割の高度化を進めることで恒常的にイノベーションを喚起する「正の連鎖」を生み出すことを目指すべきだろう。

例えば、サプライチェーン上にある様々な情報を自動で収集し、ＡＩ（人工知能）を駆使してより精度の高い需要予測を出し、それを調達計画、生産計画、在庫計画などに自動的に反映させるような仕組みをつくる。需要予測を人の勘や経験で行うのではなく、データやエビデンスをベースにＡＩを使って行う。

製品の需要予測の精緻化は、サプライチェーン改革の最も重要なポイントの一つだ。精度が高まった段階で、需要予測の変動に応じてサプライチェーン上の各部門の様々な計画が自動的に調整されるようにする。そうなれば、計画や予測の作成に人がほぼ関与することなく自律的に製品がつくられ、必要量が在庫になり、小売店やユーザーに届けられるよ

図表2-8　「負の連鎖」を脱して「正の連鎖」を目指す

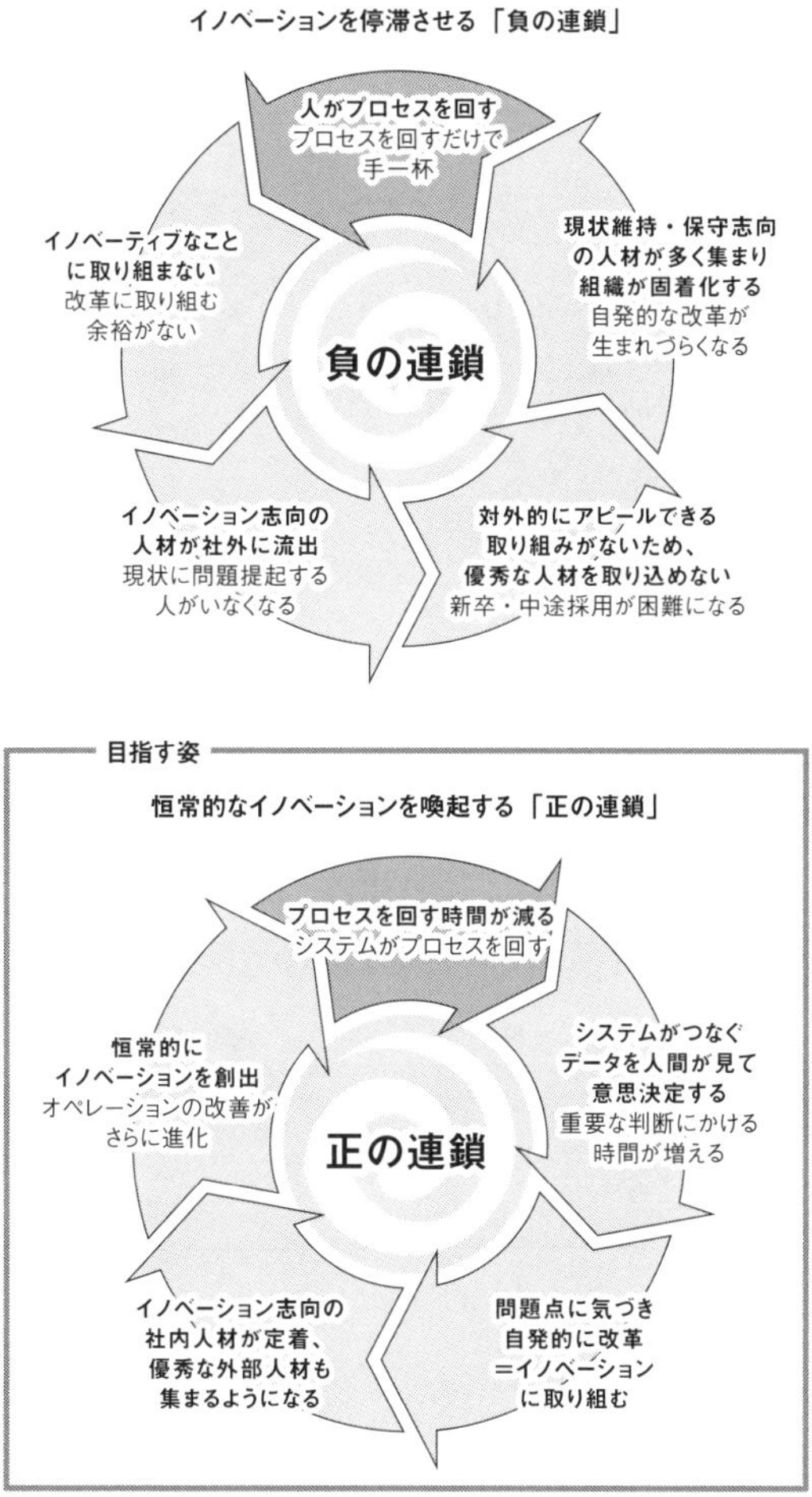

（出典）アクセンチュア作成

うになる。ただし、何らかの突発的な需要増や需要減などをシステムが察知した場合にはアラートが発せられ、その対策を人中心で考え実行していく。これが最終的に目指す姿だ。

これは飛行機のコックピットにたとえるとわかりやすい。サプライチェーン上の様々な数値情報（実績、計画など）がプラットフォームで自動的に収集され、コックピットの複数のモニターに分析結果（予測など）が映し出され、経営者はそれを見ながら操縦桿を握るというイメージだ。

次世代物流プラットフォームが目指すもの

サプライチェーンは、開発、調達、製造、販売といった機能ごとに情報が分断されているケースが非常に多いが、次世代物流プラットフォームでは、「物流＝サプライチェーンのハブ」と位置づけ、物流のデータ化を通じて分断されたサプライチェーンの情報をつないでいくことにより、

①サプライチェーンの見える化を実現
②川上と川下の情報連携
③共同化による物流効率化

④発注、在庫管理、ファイナンス機能連携による効率化
⑤他業界・周辺機能との連携によるエコシステムの実現

を達成していくことを目指す。

また、プラットフォームは業界別につくられていくべきだろう。なぜなら、各業界に特有の課題（ペインポイント）があるからだ。プラットフォームを設計するうえでは、それらの解決に向けて機能を充実させていくことが欠かせない。そして、次の段階では、業界別プラットフォームの一部が、必要に応じて他のプラットフォームに乗り入れたり、業界をまたいでプラットフォームが形成されることも考えられる。

単に物流領域だけではなく、サプライチェーン・マネジメント全体をサポートすることが次世代物流プラットフォームの役割だ。

「エクセル利用＝データ化」ではない

プラットフォームというのは、様々な機能が盛り込まれた器であり、そのメリットを最大限生かすには、プラットフォームを利用する企業側にも努力が必要だ。その努力の中で最も重要なのは、データ化だ。

様々な企業との連携によって次世代物流プラットフォームの機能を充実させていけば、そこからは受発注情報、トラックや倉庫の空き情報を含む物流関連のアセット情報、入出荷情報、決済情報、在庫情報、販売時点管理情報のほか、CO_2排出量情報、顧客の商品別発注計画、商品別需要予測など、大量の情報をほぼリアルタイムで入手できるようになるだろう。その際、プラットフォームを利用する企業には、テクノロジーを使って大量のデータを処理・活用する能力が求められる。例えば、ＡＩの活用もその一つだ（第9章「さらに広がるＡＩの適用範囲」参照）。

ＤＸ（デジタルトランスフォーメーション）という言葉が、当たり前のように使われるようになったが、その本質を理解できている人はまだ少ない。それなりの大企業であっても、「うちは紙ではなく、データを全部エクセルに打ち込んでクラウドに保存していますから、データ化は進んでいます」と胸を張る役員クラスの人がいる。エクセルファイルにデータがあり、クラウドに保存されていたとしても、その数字にどんな意味があるかをわかるようにしたうえで、プログラムによってそれを自動的に取り出せるようにして分析などに使えなければ、データ化しているとは言えない。

プラットフォームに蓄積・収集される販売実績や顧客の発注計画などをＡＩで分析して確度の高い需要予測を出せれば、原材料・部品調達や製造計画などに生かすことで「プル

図表2-9　次世代物流プラットフォームの社会的意義（建材業界の例）

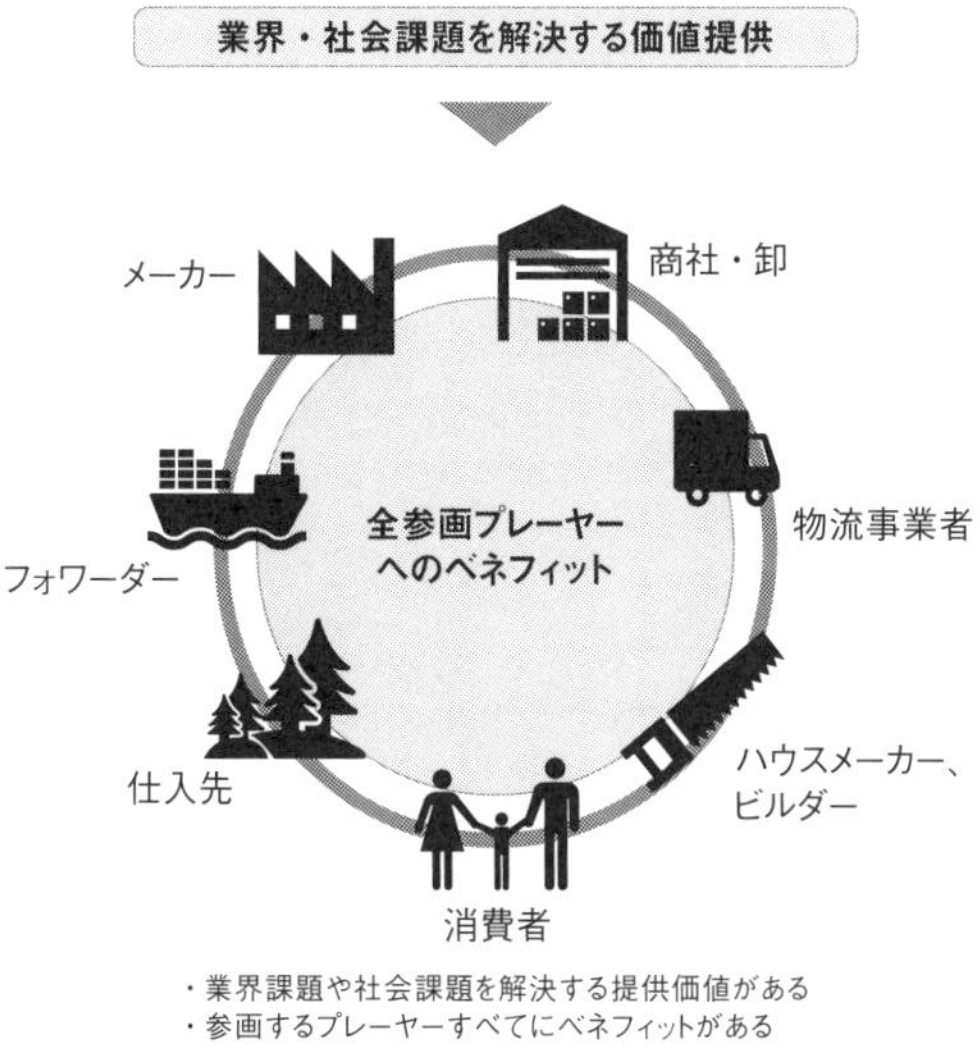

（出典）アクセンチュア作成

型」のサプライチェーン・マネジメントが可能になり、その効用は莫大なものになる。ただし、ＡＩによる需要予測を軌道に乗せるためには、少なくとも3～4年のデータ蓄積と運用開始後のアルゴリズムの修正などが必要であり、ＡＩを入れればすぐに実践で使えるようになるわけではない。つまり、ＡＩ導入の下準備としてデータ蓄積を早急に始めることが、どの企業にとっても喫緊の課題と言える。

次世代物流プラットフォームは、サプライチェーンの上流企業（資源、資材、部品を提供する企業）、最終製品を製造するメーカー、卸、その先の小売りなど全プレーヤーと合意しながら構築していくのが理想だ。しかし、各企業にはそれぞれの言い分や戦略として隠したい情報もあり、全企業の合意形成を待ってスタートしようとすると頓挫するだろう。そのため、プラットフォームの構築を目指す第三者的な立場のプレーヤーが業界の主要プレーヤーに参加を呼びかけ、「全体最適思考」と「協同精神」を持ってプラットフォームの構築を進め、業界内にオープンな姿勢で徐々に広げていくのが望ましい。図表2-9に示したように、プラットフォーム自体に業界・社会課題の解決に資するという大義があり、参画する全プレーヤーにベネフィットがあるように設計することが欠かせない。

　業界別プラットフォームという発想や行動ができるのは「和」を重んじる日本人だからこそであり、日本発で世界に通用する業界別プラットフォームを実現できるのではないかと考えている。

日本文化を生かした協同とデジタル活用を一気に加速させる

　ＳＮＳなどの急速な普及によって、人と人とのつながりは、リアルな関係から様々なデジタル・アプリケーションを介したつながりにシフトしつつある。この動きはプライベートな人間関係だけではなく、ビジネスの世界でも起きていることだ。すでに様々な領域で、デジタル化、自動化、ＡＩ化の挑戦は始まっており、技術基盤は整いつつある。物流は様々な企業や業界をまたぐものであり、デジタル技術を活用することで物流やサプライチェーンが効率化されれば、その恩恵は日本経済全体に及ぶ。

　デジタル技術は、物流に対する企業の戦略を根本から変える可能性がある。デジタル技術の活用を通じて従来は見えなかったデータやプロセスが見えるようになると、どこがまずいのか、何を変えていくべきなのかが一目瞭然となるからだ。また、デジタル技術はライバル企業との「物流の共同化」の促進にもつながる。ブロックチェーンのようなデジタル技術でセキュリティーや匿名性が担保されれば、「見えない相手との情報共有」が可能になり、共同化のハードルが下がるからだ。

　物流領域に関するプラットフォーム構想は、２０１７〜２０１８年頃から出始め、その後、実証実験を兼ねたトライアルがいくつかの業界で進められ、２０２１年になってようやく動き出したところだ。具体的には図表2-10の下段のような業界で動きが見られる。

　プラットフォームを利用する企業にとっては、品質とサービスレベル（この際、発注翌日納品などの過剰サービスは排除すべきだが）が確保されていれば、誰と共同化されているかは問題ではない。プラットフォームが提供するサービスは物流だけにとどまらず、プラットフ

図表2-10　物流プラットフォーム構想の歩みと最新動向

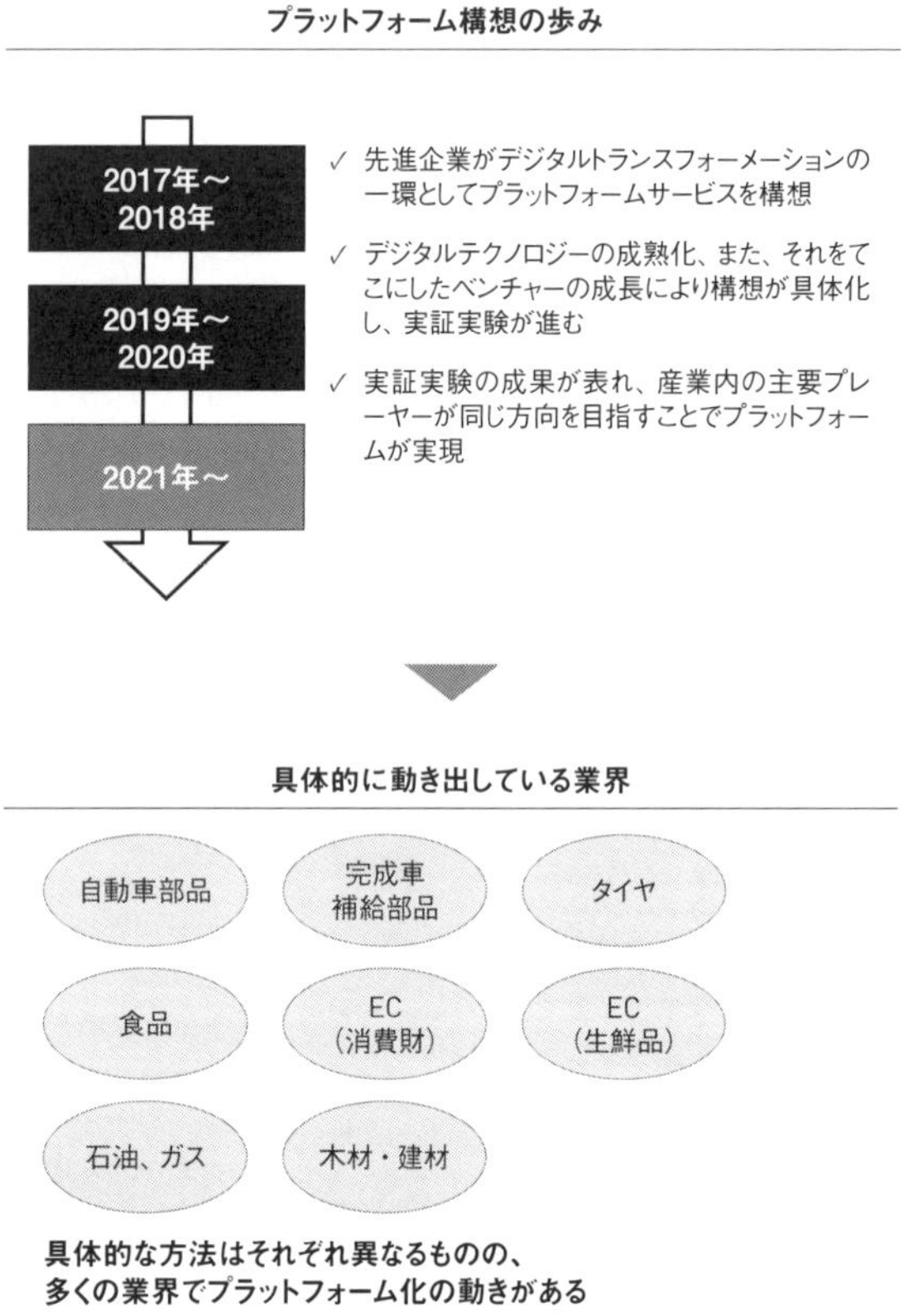

（出典）アクセンチュア作成

ォームの利用企業が業務効率化を図れるように様々なサービスや機能を取り揃える。

このようにプラットフォームの機能を充実させていくのも、同業種の企業に幅広く参加を呼びかけ束ねていくのもプラットフォーマー（プラットフォームの運営者）の役割だ。

プラットフォームが提供するサービスや機能は、プラットフォーマーがすべて自前で提供するのではなく、様々な企業に参加を呼びかけて連携し、サービスや機能提供の緩やかな連合体「エコシステム」をつくっていくことを想定している。「1機能1社」というような固定的な運用はせず複数の企業の参加を促し、デジタルを活用したマッチング機能を駆使して、最適な品質とリーズナブルなコストを両立したサービスを提供していく。

ここまで、次世代物流プラットフォームとは何かについて見てきたが、読者の中には、「コンセプトはわかるが、競合他社と同じプラットフォームに乗るのは難しそう」という声があると思う。確かに、すべての業界でこのようなプラットフォームが受け入れられるとは考えていない。

次章以降では、次世代物流プラットフォームが適した業界と適さない業界、そして、誰がプラットフォーマーになり得るかについて見ていく。

第3章 物流の業界別課題とプラットフォームの適性

ここまで次世代物流プラットフォームの概略について説明してきたが、すべての業界にこの仕組みが適しているとは考えていない。次世代物流プラットフォームに適した業界というのは、次に挙げる三つの条件のいずれかを満たしたところだ（二つ以上満たしていれば、最適と言える）。

その条件とは、「①成長が鈍化もしくは縮小している業界」「②業界における物流の社会的意義が高い」「③旧態依然として、中間流通のプレーヤーが数多く存在する」の三つだ。

次世代物流プラットフォームが適する業界の3条件

1─成長が鈍化もしくは縮小している業界
2─物流の社会的意義が高い業界
3─旧態依然として、中間流通のプレーヤーが数多く存在する業界例えば、今市場が急速に伸びているＥＣは、取り扱う商品分野にもよるがこの３条件に当てはまらないことが多い。ＥＣのように売り上げが右肩上がりで伸びている業界では、企業間競争が非常に激しく、競合他社との連携がそもそも経営者の発想になく、ライバル企業との協業や情報共有に拒否反応を示す企業も少なくない。また、業績がいいので、単独でも物流への投資余力もある（物流ＤＸに効くコラム❹参照）。「①成長が鈍化もしくは縮小している業界」とは真逆だ。

このように必ずしもすべての業界が適しているわけではないことを頭に入れたうえで、三つの条件について説明しよう。

条件1　成長が鈍化もしくは縮小している業界

「①成長が鈍化もしくは縮小している業界」は、総じて利益率が低く、コスト削減のニーズが高いケースが多い。そうした場合、物流を非競争領域と割り切ってライバル会社と機能やサービスをシェアする発想が受け入れやすくなる。例えば、タイヤ業界はその典型で、年々市場が縮小している。この数年は新型コロナウイルスの影響もあって市場は低迷し、２０２１年の国内販売金額はついに１兆円を割り込み９７１９億円となった（経済産業省生

図表3-1　自動車用タイヤの販売本数と販売金額の推移

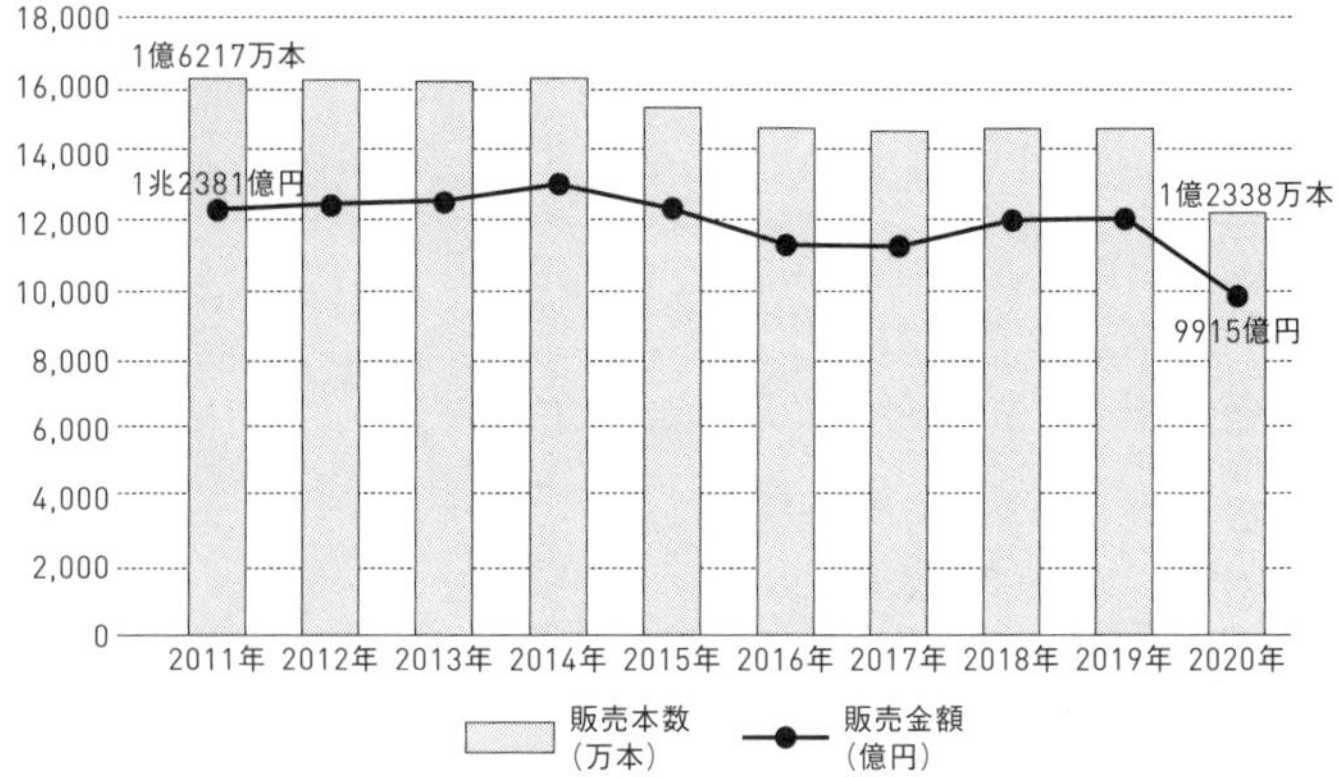

（出典）経済産業省「生産動態統計年報」よりアクセンチュア作成

産動態統計、２０２１年４月速報)。

　こうした縮小市場では、物流を競争領域として捉えてライバル会社同士でしのぎを削り合っても、誰の得にもならない。逆に、この先の市場の縮小を見込んで、思い切った効率化が求められる。タイヤ業界に限らず、様々な業界の大手企業は、全国に自前の物流・販売拠点を構えていて、販売先への供給体制を独自に整えている。

　ここに「業界別物流プラットフォーム」を導入できれば、それまで抱えていた問題が一気に解決し、大幅な効率化、コストダウンを図ることができる。プラットフォームを通じて物流は共同化され、受発注や決済もプラットフォームが窓口となって一元的にコントロールするため非常に効率的だ。例えば建材業界であれば、建築資材を共同で運ぶだけでなく、資材の見積もり機能、現場の工事の進捗管理アプリの提供、工事実績に応じた与信など様々なファンクションを加え、これらをスマホやタブレットで簡単に利用できるようにすれば、プラットフォームに参加する企業にとってのメリットも大きくなる。

業界別プラットフォームが成功できるかどうかのポイントは、「①どれだけ多くの企業が参加するか」「②これまで競い合ってきたライバル企業と組めるか」の２点だ。①については、業界の危機感の大きさに左右される。②については、ここ数年で企業の考え方が少しずつ変わってきているように感じる。マーケティングでライバル会社と火花を散らして戦っているビール業界でも、従来は「ライバルと組むなんてとんでもない」という姿勢だったが、数年前から北海道などで大手４社が共同配送を手がけるなど、状況が変わり始めている。

物流ＤＸに効くコラム❹

ＥＣ業界でプラットフォーム化が進まないわけ

日本の物販系分野におけるＥＣ化率（２０２０年は８・08％）は米国（14・０％、２０２０年第4四半期）や中国（31・6％、同）に比べるとまだ遅れているが、それでもＥＣ市場は着実に成長を続けている（経済産業省「電子商取引に関する市場調査」）。アマゾンや楽天などの巨大ＥＣプラットフォーマー、各メーカーの自社ＥＣ、ユニクロなどのＳＰＡのＥＣ、スーパーマーケットやコンビニエンスストア、ドラッグストアのＥＣ、ウーバー・イーツのような外食宅配ＥＣなど、実に多種多様なプレーヤーがいる。さらに新品ではないが、フリマアプリのメルカリのように中古品売買で消費者同士をつなげていくプラットフォームもあり、業界構造は複雑だ。

　ＥＣのように成長の真っただ中で、個別戦略に差別化の余地が大きく、それに向けて対策を実行している状況では、ＥＣ業界を取りまとめる次世代物流プラットフォームの構想を掲げたとしても、総論賛成・各論反対モードになり、物事がなかなか進んでいかない。私自身も以前、あるＥＣの幹部に話を持ちかけたことがあるが、「ライバルに情報を知られたくないので、同じプラットフォームに乗ることはあり得ない」と全否定されてしまった。当面の間、次世代物流プラットフォームへのプレーヤー側のニーズは低そうだ。

条件2　物流の社会的意義が高い業界

二つ目の条件「②物流の社会的意義が高い業界」の端的な例は、医薬品業界だろう。薬の配送は、単に運ぶだけでなく、温度管理や偽物の混入を防ぐためのトレーサビリティーなど、品質管理が欠かせない。

新聞報道などで知った人も多いと思うが、ファイザー製の新型コロナウイルス・ワクチンの輸送では、保存温度をマイナス75度前後に保つ必要があった。しかも、限られたワクチンを無駄にしないためにも、トレーサビリティーを確保し、接種場所に確実に届くようにする必要があった。ファイザーのワクチンほどではないが、どんな薬にも保管温度や消費期限などの規定（医薬品の適正流通基準、ＧＤＰ）があり、それが守られずに使用されると、その薬の効能が十分現れないおそれがある。最適な品質のまま、薬を必要とする人のもとに着実に届けることがなによりも重要だ。

このように「社会的意義の高い物流」の場合は、物流領域で企業間が優位性を競うのではなく、「非競争領域」と位置づけ、業界各社が手を取り合って「物流の質」を担保する仕組みをつくる流れをつくりやすい。競争は新薬の研究開発のほうでやればよく、しかも

図表3-2　医薬品4社の共同物流の事例

ビフォー

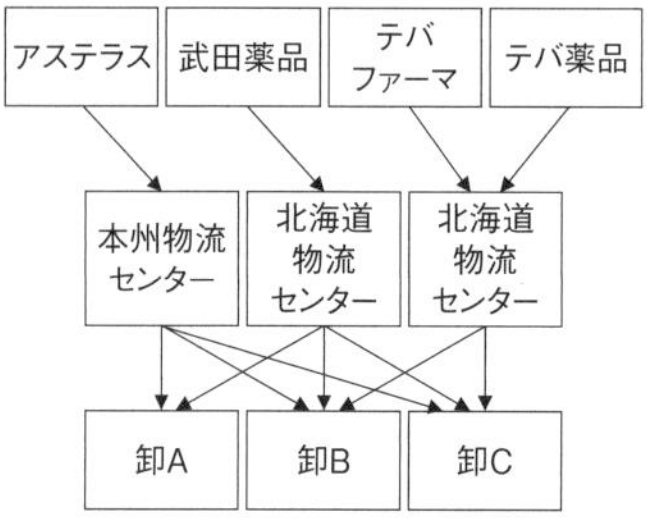

概要

アステラス製薬、武田薬品工業、武田テバファーマ、武田テバ薬品の4社が連携して、医薬品業界の事業継続の観点から、物流拠点の集約化を図り、共同物流センターを開設。これを成功させるには、標準化が不可欠だった。

医薬品適正流通基準（GDP）の発出を踏まえて、保管、荷役、輸送といった物流機能の標準化を図り、さらには温度管理などの品質管理基準に関しても統一を図った。

アフター

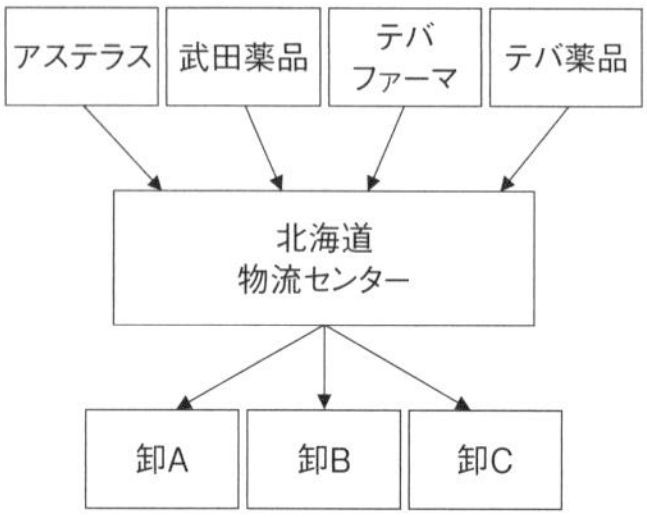

物流共同化の効果

・災害時の物流機能の混乱・麻痺による医薬品の供給不足解消
・トラックドライバーの不足などで迫られる輸送の効率化を実現
・CO_2排出量の削減と生産性向上を実現
・GDPを考慮した保管・輸送時の品質確保

（出典）各社発表内容をもとにアクセンチュア作成

薬は、バイオ医薬品といった一部の高額医薬品と低価格医薬品に二極化しており、コスト削減も非常に重要なポイントになっている。低価格医薬品は利益率が低く個別に流通させると割に合わないので、非競争領域として物流を共同化したほうが理にかなっている、と考える人が増えている。

図表３-２に示したのは、２０１８年ロジスティクス大賞（日本ロジスティクスシステム協会）を受賞した、アステラス製薬、武田薬品工業、武田テバファーマ、武田テバ薬品の４社の取り組みだ。４社で北海道に共同物流センターを開設して、物流拠点の集約化を図っただけでなく、保管、荷役、輸送といった物流機能の標準化、温度管理など品質管理基準の統一、ＧＤＰ対応、CO_2削減などを目指した。当然、これらの課題に個別で対応するのに比べて、コストを抑えられているはずだ。

ちなみに、このケースのポイントは、「本州に比べて北海道の市場はかなり小さい」「だが、薬は人命に関わるものなので確実に届ける仕組みが不可欠」という事情から、製薬大手が動いたことだ。利益の薄い地域で、各社ばらばらにＧＤＰ対応の物流をやるよりは、連携することで一気に効率化を図り、コストを抑える狙いがあったわけだ。

先述した高額医薬品と低価格医薬品の二極化のため、特に医薬品卸会社からは、低価格医薬品は非競争領域にして流通にあまりコストをかけたくない、という声が多い。その意

図表3-3　医薬品業界の物流プラットフォームによるサービス提供イメージ

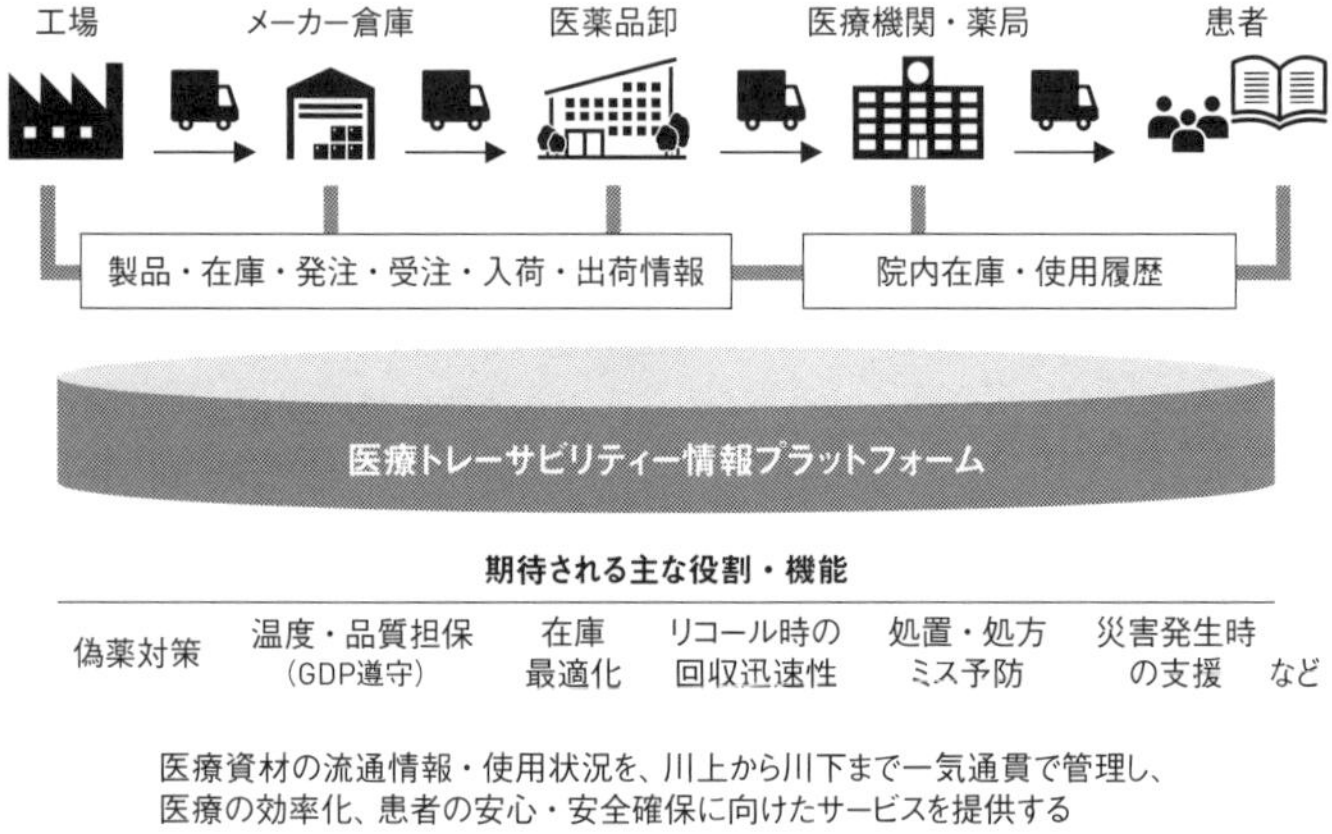

（出典）アクセンチュア作成

味では、医薬品業界でのこうした取り組みは需要の小さい地域での共同物流だけでなく、首都圏を含めた全国レベルでの業界別物流プラットフォームに発展する可能性を秘めている。医薬品業界ではそれを志向した「医療トレーサビリティー情報プラットフォーム」を立ち上げ、安心安全の物流の仕組みと情報網を構築し、これを土台にして様々なプレーヤーと連携しようと動いている。

医薬品業界では、医療費の高騰、ＢＣＰ（事業継続計画）対応、偽薬防止、在庫の最適化、出荷から患者への処方まで連携したトレーサビリティー、安心安全なサプライチェーンの構築など、様々な項目が社会課題となっている。これらの課題解決のためには、製薬企業1社だけが努力しても解決は難しい。だからといって、政府が音頭をとって引っ張っていこうにも、縦割り行政などがネックとなって簡単にはいかない。民間と政府の連携が不可欠であり、医薬品のサプライチェーンに関わっている全プレーヤーが連携しなければ実現できない。

注目すべきは全プレーヤーをつないでいるのが「物流」である点だ。調達された原料や資材は工場に運ばれ、工場で製造された薬は卸に運ばれ、卸から病院や薬局に運ばれていく。そうして運ばれた薬は医師によって処方され、薬剤師が患者への説明を行い患者の手元に届く。これらの活動のそれぞれについて情報連携し、全体最適化を図っていくことが、医薬品業界のプラットフォームが目指すところだ。

現状では、ここに登場する製薬会社、医薬品卸、病院、薬局などのプレーヤーがそれぞれ自分たちに最適な形で物流の改善活動を行っているが、それらは全体最適を意識したものではない。また、今の状態で全体最適を目指そうとしても、サプライチェーンの各所で情報が分断されているため不可能だ。

その結果、同じような薬が過剰に在庫されていたり、逆に必要な薬が十分に在庫されていないといった偏在が起きたり、あるいは貴重な薬が使用されないまま大量に廃棄されたりといったことが起きている。薬の物流情報がサプライチェーンの各段階で分断されているため、日本の社会全体でどこにどれだけ在庫され、どこでどのように使われ、どれだけ未使用のまま廃棄されているかという実態がまったく見えていないのが実情だ。

次世代物流プラットフォームによって、サプライチェーン上の様々なプレーヤーの情報をつなげ、機密性を保ちつつ見える化すれば、そうした問題を解決できる。他のプレーヤーには見えないセキュアな環境を構築すれば、誰もが安心して情報を提供できる。なお、医薬品物流の場合、特定の領域の情報は政府が管轄し、指揮命令ができるようにする必要がある（例えば、新型コロナのワクチンの流通など）。

ここまでの話を踏まえると、医薬品業界における次世代物流プラットフォームにおいて情報連携が必要なのは

・薬の需要情報（予測を含む）
・薬の在庫情報（在庫基準や基準に対しての保持情報など）
・物流への指示情報
・運ぶ際の品質情報
・各企業、地域での薬の保有情報
・病院、薬局での使用、在庫情報

などだ。こうした情報連携によって、「無駄な在庫が地域によって偏在していないか」

図表3-4　医薬品業界の次世代物流プラットフォームのファンクション例

- 病院や薬局の薬をオーダーする処理をAIで自動化
- 品質基準を下回りそうなものに対して自動的にアラート情報を出す
- 出荷、検品などの処理をIoTを使って簡素化
- 月末締めの請求、支払い処理などを簡易化し、主要業務への集中を促す

など

（出典）アクセンチュア作成

「偽薬は混入していないか」「品質保持ができていない薬はないか」「配送は効率的にできているか」などの課題に対しての、解決策を打ち出せるようになる。「物流＝サプライチェーンのハブ」となり、流通の各段階で分断されている情報が物流プラットフォームを通じてつながることで、その業界の課題解決が可能になる。この点が次世代物流プラットフォームの特長と言える。

さらに、情報連携だけではなく、各プレーヤーのニーズの大きさに応じてプラットフォームの「ファンクション」を充実させることで、関与するプレーヤーの業務を効率化し、負担を減らしていくことが可能となる。医薬品業界では、図表3－4のような「ファンクション」が想定される。

医薬品業界の例は、顕在化した社会課題に根差した対応だが、まだ道半ばの段階だ。今後多くのプレーヤーと連携し、分断されている情報をサプライチェーン全体に

つなげたうえで、業界全体の改善を促す仕組みになることが期待されている。こうした取り組みは医療費の抑制にもつながり、最終的には消費者（患者）のメリットとなる。単に製薬企業や卸の経営改善が目的ではなく、非常に大きな社会課題の解決につながるという大義がある点が、プラットフォームへの企業の参加を促すうえで重要だ。

条件3 旧態依然として、中間流通のプレーヤーが数多く存在する業界

三つ目の「③旧態依然として、中間流通のプレーヤーが数多く存在する業界」の典型例は建材業界だろう。国土交通省によると、２０２０年の新規住宅着工戸数は前年比９・９％減の81万５３４０戸で４年連続の減少となった（その意味では「①」の条件も満たしている）。また、建築需要の縮小に加えて、建材類についてはインターネットを通じた直販やホームセンター・家電量販店による販売も増えていて、市場環境は今後も厳しい状況が続きそうだ。住宅メーカーも建材・住設機器メーカーも、少子高齢化が進む日本において、この先市場が縮小していくことはもちろん認識している。

大手住宅メーカーの売り上げは企業単体で見ると大きいように感じるが、日本の住宅市場全体で見ると、大手を合計してもたかだか建築需要の20％くらいしかない。残りの80％

図表3-5　中間流通が多い業界へのプラットフォーム適用イメージ（建材業界の例）

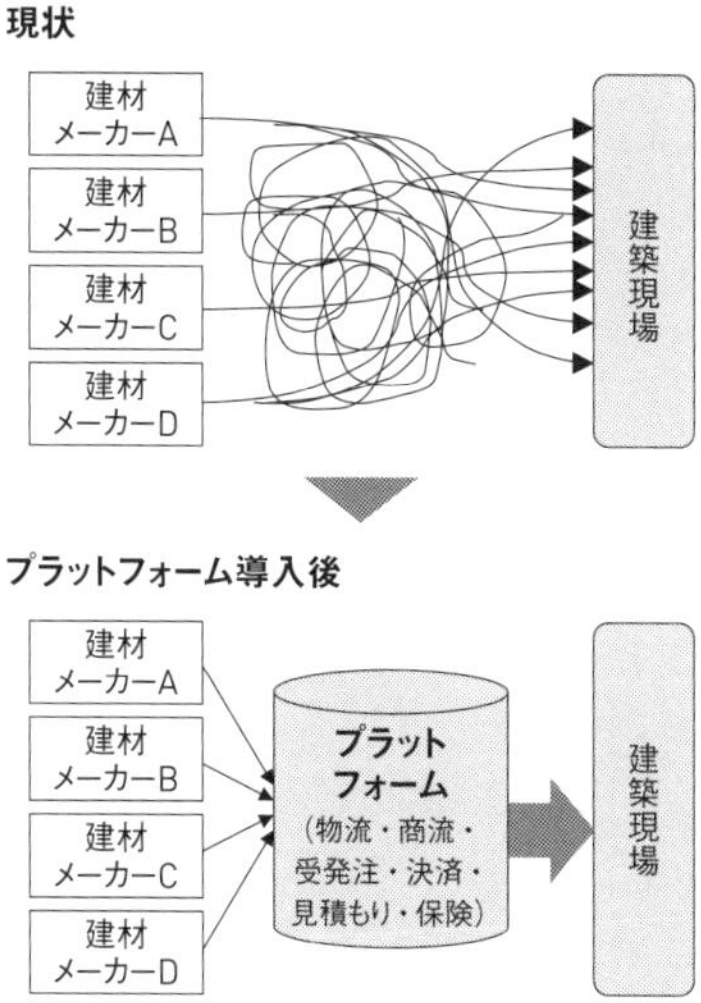

（出典）アクセンチュア作成

は、地場の中小工務店が占めている。中小工務店には長年取引のある地場の問屋がたくさんあり、その先には地域をまとめる問屋がいて、それが窓ガラス系、床材系、水回り系など資材や設備ごとにばらばらにある。非常に複雑で細分化された流通構造になっており、当然、物流も細切れになっている。このような非合理的な流通にかかるコストは、消費者が支払う建築費にすべて乗せられている。

　建材業界は、商流と物流がともにサプライチェーンの川下から川上まで多段階の経路を通る複雑な流通構造となっている。物流は建材や住設メーカーから始まり、一次卸や二次卸のほか、特定の建材の種類だけを扱う専門卸、建材の加工を手がける卸など多数のプレーヤーを経て、建築現場に運ばれる。サプライチェーン上に流通在庫も散在し、業界全体で非常に非効率なマネジメントとなっている。

実は、建材業界では、物流に関して全プレーヤーが困っている。中間で商流に入っている企業は、建材をすぐ運べるようにトラックを準備しているが、注文の減少でトラックが余ってきている。大手運送会社に頼めばいいじゃないか、と思う人がいるかもしれないが、建設資材は長尺のものもあれば、小さいもの、重いもの、軽いものもあれば、割れやすいものもあり、運び方が難しい。いろんなパターンがあって効率が悪いため、大手運送会社に敬遠されている。つまり、建材の物流はあまりやりたくない、というのが運送会社の本音だろう。

だからこそ、こうした業界に「業界別次世代物流プラットフォーム」という概念を持ち込むと、受け入れられやすく、なによりも流通経路が非常にすっきりする（図表3-5参照）。コンピューターやテレビの裏側のごちゃごちゃに絡まった配線コードを束ね、最終的には1本だけにするイメージだ。

プラットフォームには、建材メーカーだけでなく従来の中間流通企業の参加も想定しているが、受発注や決済がプラットフォーム経由で一本化されれば、一部、従来の業務が必

図表3-6　建材業界の物流の現状と将来イメージ

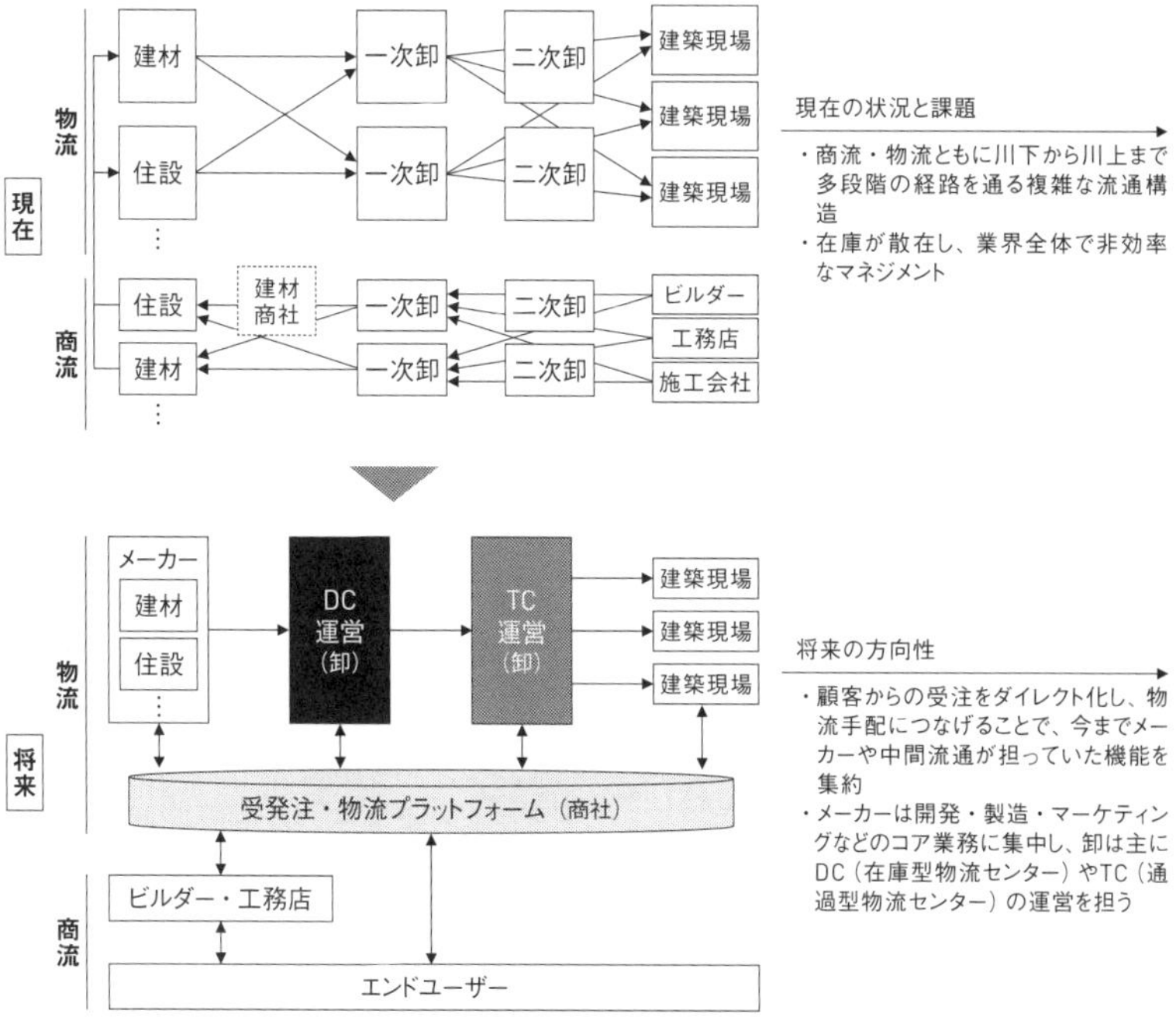

（出典）アクセンチュア作成

要なくなるケースもあり得る（例えば、発注の誤りを調整する「違算《いさん》」業務）。

ここまでの話をまとめると、建材業界のように、ここで挙げた三つの条件のうち二つ以上に当てはまる業界が、「業界別次世代物流プラットフォーム」に最も適している業界と言える。

図表３-５のプラットフォームの適用イメージをさらに具体的に示したのが図表３-６だ。この物流プラットフォームでは、顧客（ホームビルダーや工務店、施工会社、消費者など）からの受注をダイレクトに受けてメーカーに発注し、建築現場に物流を手配する。今まで卸や建材商社などの中間流通が担っていた機能をプラットフォームに集約して、流通を大幅に簡素化することでかなり大きな効率化が可能だ。それによってコストが抑えられれば、当然、消費者にとっても恩恵がある。

現在の中間流通の一次卸や二次卸は、プラットフォームの機能提供に参加してＤＣ（在庫型物流センター）運営やＴＣ（通過型物流センター）の役割を担うか、あるいはプラットフォームとは距離を置くところも出てくるだろう。建材市場のシェアをプラットフォームが１００％押さえられるわけではないため卸がすぐに淘汰されるわけではないが、将来的に建材業界でプラットフォームがデファクト・スタンダード（事実上の標準）になれば、プラットフォームと距離を置く卸にとっては厳しい時代となるだろう。

業界別に物流・サプライチェーンの課題（ペインポイント）を見ていく

物流やサプライチェーンの構造や課題は、業界によってかなり異なるため、「次世代物流プラットフォーム」は業界別に整備していくことが望ましいと著者は考えている。プラットフォームを具体的に設計する際には、まず、各業界が物流やサプライチェーンに関して抱えている課題（ペインポイント）について整理しておく必要がある。

すべての業界を網羅しているわけではないが、ここでは「ＥＣ」「医薬品」「日用雑貨・化粧品」「アパレル」「食品」「酒・飲料」「スーパー・コンビニ」「ドラッグストア」「家電量販店」の九つの業界について、流通構造とペインポイントをまとめた。

業界1　ＥＣ業界

ＥＣ市場は、２０２０年に全体で19兆円規模、物販系分野で12・2兆円まで拡大した（図表3－5）。ＥＣ市場の規模拡大に伴い、２０２０年の宅配便の取扱件数は48億３６００万個となり、5年前より約8・2億個（＋20・3％）増加した（国土交通省「令和2年度宅配便

図表3-7　EC市場規模の推移（B2C市場の規模、再掲）

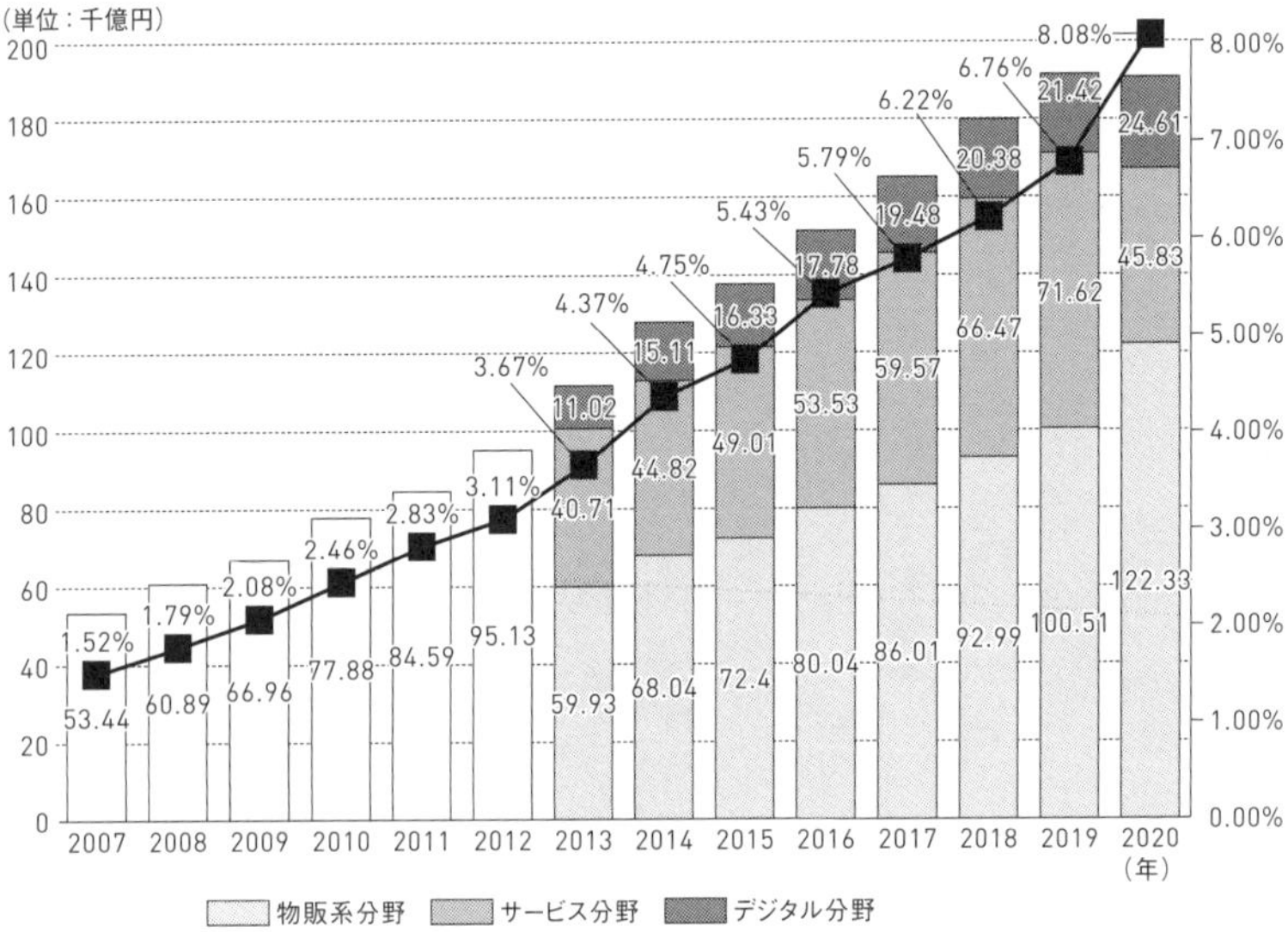

（出典）経済産業省「電子商取引実態調査」。分野別規模は2013年分から調査開始

取扱実績について」）。アパレル業界のように、店舗販売は減少傾向だがEC市場は大きく成長しているところもある。物販系EC市場の急拡大が、物流業界の人手不足が深刻化する大きな要因となっている。さらに、EC特有のセールによる配達件数の大きな変動（波動）や、ロングテール商品と販売チャネル増加が、輸配送や倉庫・保管の各業務を一層複雑にしている。

図表3-9にECの物流に関するペインポイントを業務ごとにまとめた。

具体的には、①物流の波動に

図表3-8　ECのモノの流れ

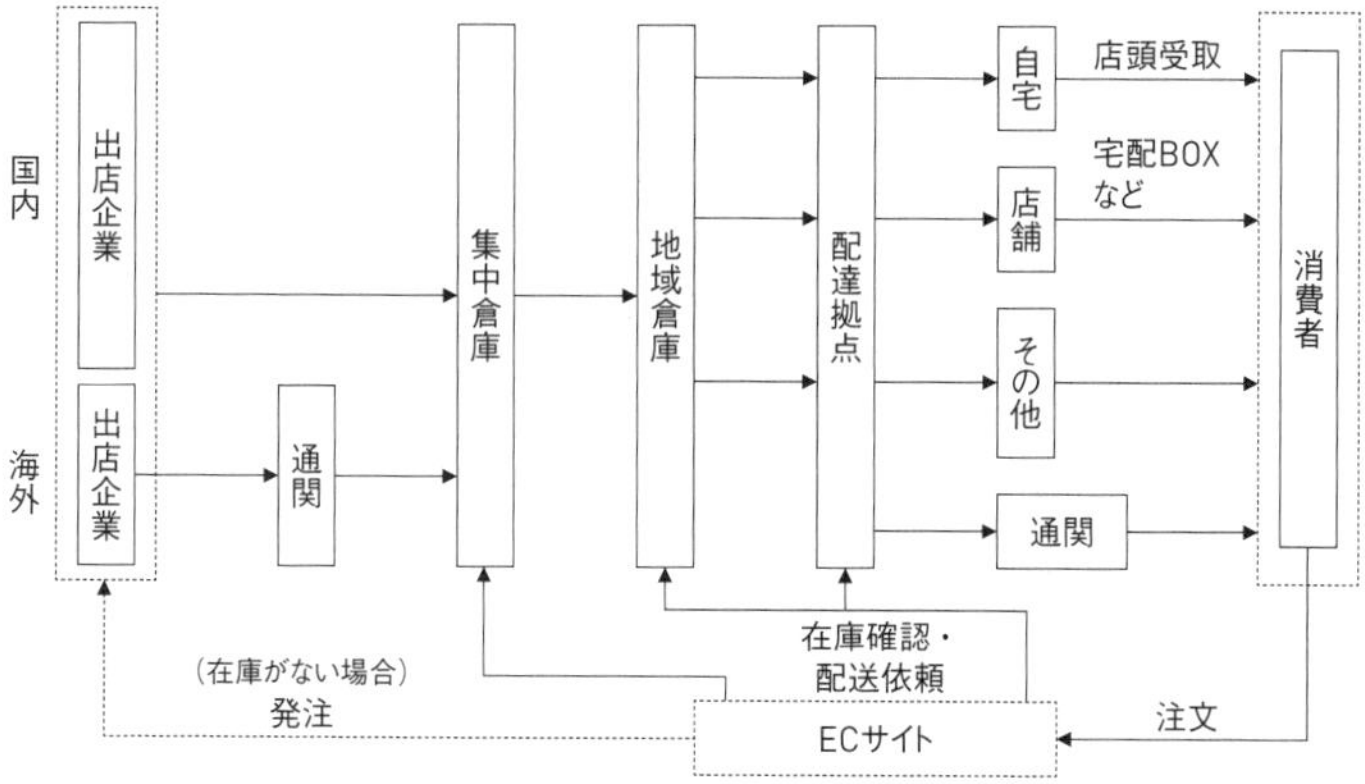

（出典）アクセンチュア作成

起因する倉庫スペースやリソースのひっ迫、②ロングテール商材への対応に伴う庫内業務の複雑化、③ECと店舗の在庫共有化が難しい、④建築基準の許認可判断が属人的、⑤ECチャネル間の在庫共有化が難しい、⑥物流波動に伴う各種手配の負荷、⑦物流業界の参入障壁が高く物流リソースが拡張できない、⑧B2C越境物流対応の難易度が高い、⑨顧客からの要望の多様化による個配対応の難度上昇、⑩不在による再配達が増加、⑪偽物流入によるブランドの毀損・機会損失などだ。

　配送の多頻度化と小口化による倉庫の格納効率の悪化や庫内業務の増加・複雑化のほか、消費者からのサービスの要望（即納、品切れの防止など）も多様化・高度化していることから、各業務のそれらへの対応が一層難しさを

図表3-9　ECのペインポイント

倉庫・保管	1	物流波動に起因する倉庫スペースやリソースのひっ迫	・ECセールなどの波動増大により需要予測の難度と振れ幅が上昇。大手ECセールでの配送件数は平時物流量の平均値を大きく上回る ・上記に起因する欠品回避のために大量の在庫を置くための広い倉庫スペースが必要となり、倉庫の維持コストが高騰。ただし、倉庫はスペース単位・期間契約のため、予測が下振れしたときの無駄は大きい ・倉庫業務を下請けに依存している企業は残業を強要できないため波動の影響に特に苦しんでいる。通常はピーク時の50%の稼働率で十分なため、人を増やすのにはリスクが伴う
	2	ロングテール商材への対応に伴う庫内業務の複雑化	・取扱商品がロングテールとなりSKUが膨大化。特に集中倉庫側の入庫コントロールの難易度が高く、格納効率が悪化
	3	ECと店舗の在庫共有化が難しい	・実店舗も保有する事業者は、売上高EC比率の高まりを受け在庫共有化による効率化を目論んでいる。従来、店舗向けはロット単位を前提とした庫内オペレーションだったが、EC向けにはピース単位のオペレーションが要求されるため、ピッキングや梱包などの業務が複雑化
	4	建築基準の許認可判断が属人的	・自動倉庫の設計をする際、防火区画をまたいでマテハン機器を設置することができないため防火区画免除の申請をするが、許認可判断が属人的（メザニンの床のメッシュの考え方など他の基準も同様）
	5	ECチャネル間の在庫共有化が難しい	・自社で運用しているECシステムと、出店しているマーケットプレイスで運用されているシステムが異なるため、両方のECで在庫共有化が困難
個配	6	物流波動に伴う各種手配の負荷	・ECセールなどに伴う波動によって、配送リソースのひっ迫が多発。大手EC事業者は物流業者への事前通知をするが、波動の振幅が大きいため、現場ではその都度トラックや倉庫探しの対応が要求される ・また、大手物流業者が総量規制を設けたことにより、大手EC（楽天、ヨドバシ、アスクルなど）は個配自前化や小規模運送会社との直接取引による独自物流網を構築するなど、代替手段を模索している
	7	物流業界の参入障壁が高く、物流リソースが拡張できない	・大手事業者が持っているプラットフォーム（顧客チャネル、配送拠点、伝票など）が参入障壁となっており、新興企業の参入が困難 ・物流業界共通の伝票がないため、荷主はシステムを物流業者ごとに合わせる必要がある。したがって、一度選定した物流業者からの切り替え難易度が高い
	8	B2C越境物流対応の難易度が高い	・越境ECが普及し、海外消費者が国内製品を購入する機会が増加。近年では過去に中国旅行者が爆買いの対象としていた日用品・医薬品などの輸出が増大している ・EC事業者は国ごと異なる規制や法律に遵守した通関手続きを行う必要があり、輸出国が増えるほど対応負荷が高まっている ・納期や品質を担保した海外のラストワンマイルの物流ネットワークを構築する難易度が高い

個配	9	顧客からの要望の多様化による個配の対応難度の上昇	・即配やコンビニ受取・宅配ボックスなど、多様な受け取り方の希望、配達状況の確認など、顧客からの要望が多様化。個配の対応難度が上昇している
	10	不在による再配達増加	・ECの普及に伴い個配件数が増加しているが、宅配便の2割が再配達されている。さらに、全体の約4%は1回の再配達では完了しない ・一部の物流事業者はこれに対応する形で配送料を値上げしているが、問題の根本的解決にはなっていない
全体	11	偽物流入によるブランドの毀損・機会損失	・インターネット上に有象無象のECが乱立。信頼性の不明瞭なECを経由した偽物流入やそれに起因するブランドの毀損・機会損失のリスクが高まっている

（出典）アクセンチュア作成

増していて、対応できる企業とできない企業との差が広がり始めている。

ＥＣマーケットの普及で、企業は店舗・ＥＣそれぞれの在庫管理が必要になり、在庫量が従来よりも肥大化している。これに対して、先進企業ではシステムや拠点を統合し、各チャネルの在庫共有化に取り組んでいる。店舗とＥＣ倉庫では管理単位が異なるため共通化が難しいが、ある先進企業では、管理をＥＣに合わせてＳＫＵ単位にすることで倉庫の共通化に取り組んでいる。こうするとＳＫＵ単位での管理工数が膨れ上がるが、自動倉庫技術を活用することでそれを乗り越えている。また、自社ＥＣと出店しているマーケットプレイスで運用されているシステムが異なるため在庫情報を共有できないという課題もある。

このほか、今後、生鮮を扱うＥＣがさらに拡大していく中で、大手小売業は低温度帯物流の市場全体のキャパシティー問題に直面すると想定される。キャパシティーの拡大ニーズと人口減少によるマーケット縮小を両にらみしなければならない状況の中で、低温度物流のプラットフォーム化、共同化は加速すると見ている。

業界2　医薬品業界

医療費、処方箋《せん》枚数は年々増加傾向にある。２０１８年度の国民医療費は43兆３９４９億円（厚生労働省「平成30年度国民医療費の概況」）に達し、人口が減少し経済成長が鈍化する一方で、高齢化の進展で医療費は伸び続けるという危険な構図となっている。

医療費の抑制に関しては、様々な取り組みが検討・推進されているが、物流領域においても、トレーサビリティーを含む物流機能の高度化により後発医薬品の普及や残薬・廃棄抑制、ヘルスケアなどの推進に貢献できる可能性がある。例えば、医薬品の残薬・廃棄問題は深刻であり、病院・薬局・個宅のそれぞれで発生している。残薬・廃棄額は諸説ある（そもそも正確に把握できていないことが大問題だ）が、約５００億～１０００億円強と推計されている。製薬会社から医療機関・薬局への物流だけでなく、処方管理や患者の服薬管理までデジタル技術を活用してデータ管理する体制が整えば、廃棄の実態が明らかになるとと

図表3-10　医薬品業界におけるモノの流れ

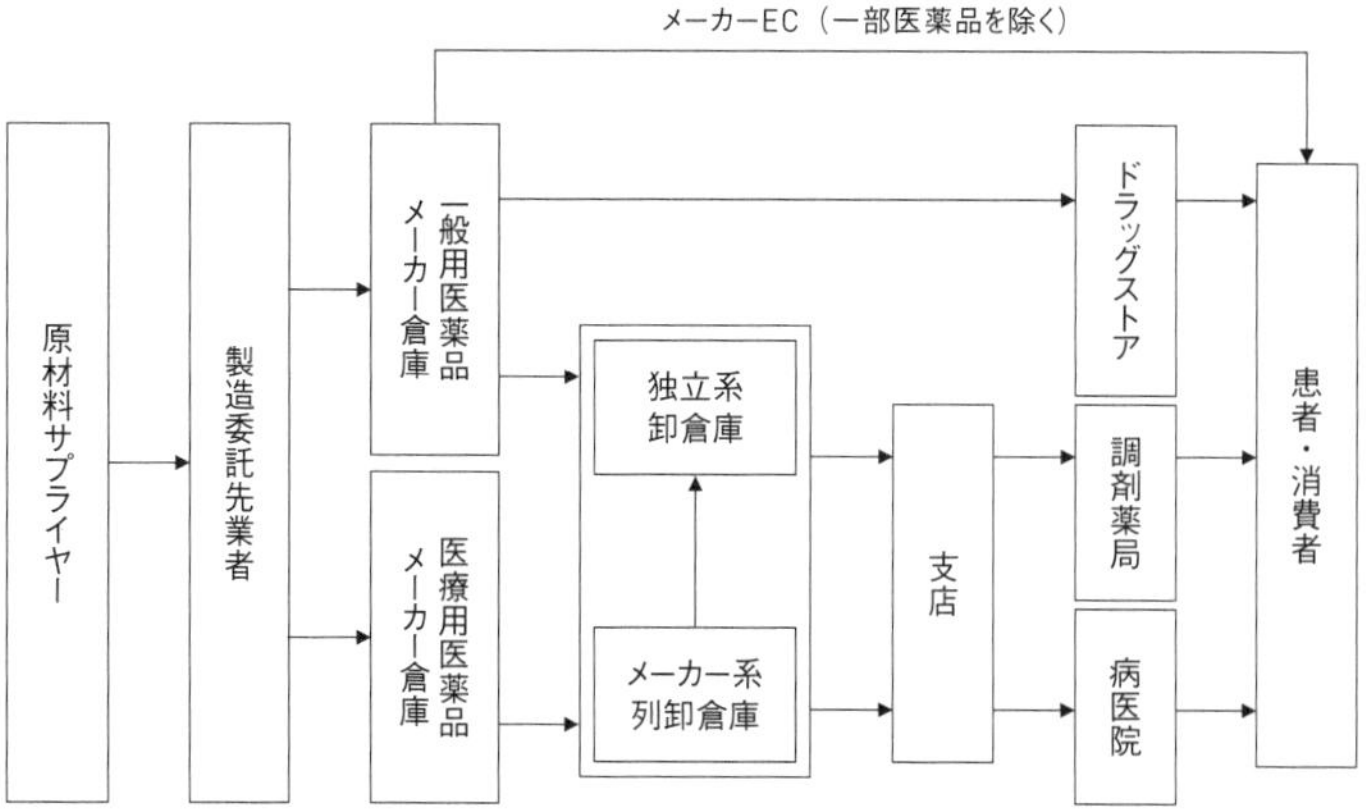

（出典）アクセンチュア作成

もに廃棄量は減少していくと考えられる。

医薬品物流における特徴は、医薬品の種類とプレーヤーに応じた物流要件が存在することだ。製品種別（医療用医薬品、一般医薬品）、プレーヤー（メーカー、卸、薬局、ドラッグストア、病院）が多岐にわたる医薬品業界では、合計13個のペインポイントが存在する。

具体的には、①3PLの固定化による物流コストの高止まり、②庫内業務効率化のノウハウがない、③倉庫内作業者の熟練度によりオペレーション精度の差が大きい、④医療コールドチェーンの現状に倉庫業法が対応できていない、⑤手間がかかり、収益性が低いため企業が参入しにくい、⑥製薬会社によるエンド・ツー・エンドの

図表3-11　医薬品業界のペインポイント

メーカー	倉庫・保管	1	3PLの固定化による物流コストの高止まり	・物流機能をほぼ丸投げしているため、物流コストに対する価格交渉力がない。RFP（提案依頼書）を出してコンペを行うが、製品特性上、業務を引き受けられる業者が少なく、結局切り替えられない ・製薬会社と物流業者の間で交わされる業務分掌やSLA（サービス品質保証）が個社ごとにばらばらであることも物流会社が固定化されている要因。業界で標準化されていれば、製薬会社が価格交渉をすることが可能になる
		2	庫内業務効率化のノウハウがない	・現状、多くの製薬会社が専用倉庫を保持しているが、今後製品数の一層の減少が予想され、倉庫1棟分を使うほどの物量ではなくなった際に、共同利用など効率的に管理・運用するノウハウがない
		3	倉庫内作業者の熟練度によりオペレーション精度の差が大きい	・庫内作業はSKUによって管理場所や扱い方が違うなど、経験がモノを言う面があるため、作業者の経験差でピッキングやパッキングなどのオペレーション精度がばらつく ・現状、担当チームの希望を出すなど品質最優先で管理しているものの、人手不足の中でいかに経験を有するオペレーターを確保できるかが懸念
		4	医療コールドチェーンの現状に倉庫業法が対応できていない	・再生医療などの物流業務ではディープフリーザータンクが使用されるが、現在の倉庫業法では超低温保管が必要な製品を一般的な倉庫で保管してはいけないというルールがある。もともと、冷蔵倉庫に関する規制は冷蔵食品用にできており、こうしたケースに対応できていない ・特に海外メーカーは既存ルールに疑問を持っており、結果的に外資系医薬品の普及の障壁になっている可能性がある
	輸送	5	手間がかかり、収益性が低いため企業が参入しにくい	・高額な医薬品は破損したときの損害賠償が大きいにもかかわらず、運賃が上がらない。また、取り扱いの手間がかかるなどの理由で収益が出にくいため、経営判断で医薬品から撤退する物流事業者が増えている ・大手物流業者の目線では、医療用医薬品に求められる物流品質は過剰であり投資対効果がないと判断される。したがって、現状の対応業者はほとんどが中小企業
		6	製薬会社によるエンド・ツー・エンドのGDP対応管理が困難	・日本がPIC/Sに加盟したことで、GDPやGMPが注目されている。これによって物流業者の医薬品取り扱い難易度が上がることが懸念される ・卸は商品をバンなどで運んでおりGDPに従った品質管理ができているとは言えない。製薬会社の立場としては患者までトータルで品質管理を行いたいが、所有権の関係上、卸倉庫以降は踏み込むことが難しい ・卸は営業利益率1%未満の企業がほとんどであり、高レベルの品質関知のために投資を要求することが難しい

卸	倉庫	7	後発医薬品の普及による在庫管理コストの増加	・後発医薬品は低薬価、少量多品種を特徴としており、売上高で医療用医薬品の10%程度にすぎないものが、物流センターの倉庫スペースの40%を超える状況。安定供給するには流通の効率化が必須
		8	過剰在庫による管理コスト・廃棄の増加	・絶対に欠品してはいけないという社会的責任、ドラッグストアや薬局からの納品期日の要求水準の高さから過剰在庫になりがち。結果、在庫管理コストや廃棄の増加につながり、1企業で年間数億円というケースもある
	配送	9	膨大な数の薬局の在庫管理・緊急出荷への対応	・約6万カ所の薬局のうち約7割を占める個人薬局をカバーするための営業所・MSを有しており、薬局の在庫管理や、時には電話・ファクスで行われる緊急出荷対応への工数が膨大になる
		10	医薬品物流業者のGDP適応の必要性	・日本のPIC/S加盟によって物流業者の医薬品取り扱い難易度が上がってくることが懸念される（温度管理、モニタリング、システム導入などが要求される） ・特に輸配送領域ではコスト負担増、トラックの確保、人材の教育が導入の壁として認識されている
		11	返品に関する品質管理の難しさと条件の曖昧さ	・月末の在庫調整などのために行われる返品は、トレーサビリティーを確保しづらく偽造医薬品の温床になるリスクがある ・廃棄を前提とした医薬品の返品がある ・トレーサビリティーの確保、医薬品の品質確保、偽造医薬品の流通防止の観点で、返品条件に関する事前の取り決めが曖昧
薬局・ドラッグストア	倉庫	12	後発医薬品の在庫管理の難しさ	・後発医薬品メーカーは流通量が少なかったり、卸によって扱い有無があったり、突然生産を打ち切ったりと扱いにくい。流通面でも管理面でも、むやみに品数を増やすことになり、ジェネリック医薬品は現場作業の負荷増加の要因となっている
	配送・販売	13	過疎地の高齢者が薬を買いに行けない	・無医地区に住む高齢者は近所に病院・薬局がなく、1人で移動するのが難しいため、受診や薬の処方を得ることが困難 ・遠隔医療自体は少しずつ進んでいるが、薬を処方してもらう場合は処方箋を郵送してもらった患者が薬局に出向かなければならない状態 ・無医地区を有する市町村は2009年の203地区から2019年の601地区に増加している（厚生労働省、2019年度無医地区等調査）

（出典）アクセンチュア作成

ＧＤＰ対応管理が困難、⑦後発医薬品の普及による在庫管理コストの増加、⑧過剰在庫による管理コスト・廃棄の増加、⑨膨大な数の薬局の在庫管理・緊急出荷への対応、⑩医薬品物流業者のＧＤＰ適応の必要性、⑪返品に関する品質管理の難しさと条件の曖昧さ、⑫後発医薬品の在庫管理の難しさ、⑬過疎地の高齢者が薬を買いに行けないなどだ。

医薬品流通の鍵を握る医薬品卸業界は、トップ4社で市場の9割以上を握っており寡占状態となっている。売上高が3兆円を超える企業もあるが、営業利益率は総じて低く1％前後となっている。そうした厳しい経営状況の中で、２０１４年7月に日本が医薬品査察協定及び医薬品査察共同スキーム（ＰＩＣ／Ｓ）に加盟したことで、ＧＤＰ（厚生労働大臣が定めた医薬品の製造及び品質管理基準）やＧＭＰ（保管時の適正な温度管理（低温、低湿）、異物の混入に関して、医薬品の適正な流通基準として定められた国際基準）が注目されている。ＧＤＰはグローバルで定められた流通基準であり、ＥＵではＧＤＰが法的規制となっている。日本ではＧＤＰの公的な規制がなく、ＧＭＰ省令（医薬品及び医薬部外品の製造管理及び品質管理の基準に関する省令）などに従うことになっている。これらによって物流業者の医薬品取り扱い業務の難易度が上がることが懸念される。

このような環境変化を考えると、物流の効率化とともに、デジタル化による管理が待ったなしの状況にあると言える。

図表3-12　日用品雑貨・化粧品業界のモノの流れ

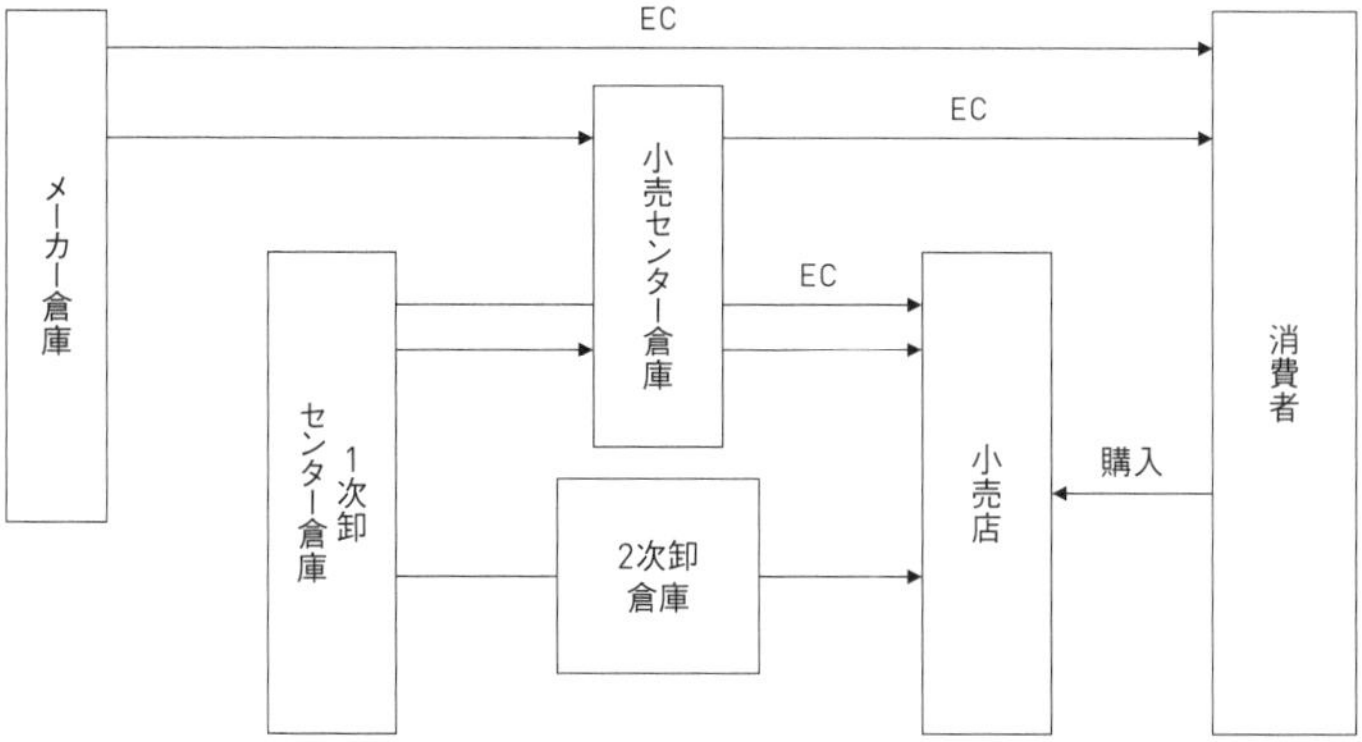

（出典）アクセンチュア作成

医薬品物流の全体最適化を目指すには、数多くある病院、薬局のデジタル化も急務だ。患者を含めたサプライチェーンの下流の部分との相互連携がなければ、効率化の効果は限定されてしまう。それを推進するには、政府、各団体などのリードもしくは理解が必要であり、規制緩和や規制変更も重要となる。

業界3　日用品雑貨・化粧品業界

日用品雑貨・化粧品は、メーカー倉庫から卸・小売りのセンター倉庫を介し、小売店舗に商品が配送される。メーカーEC、小売ECなど、各倉庫から消費者に配送されるルートも存在する。

現状では、物流効率化の限界に直面しており、

図表3-13　日用品雑貨・化粧品業界のペインポイント

輸配送	センター配送	1	物流センターのキャパシティー不足によるドライバーの長時間待機	・ピーク波動が大きく、特にピーク時には物流センターのキャパシティーがオーバーする ・卸・小売センター側と指定時間を取り決めるなどの対策も講じてはいるが、小売りによっては改善しないところもある ・物量に対し入庫時の荷捌き能力が追いつかず、ドライバーの長時間待機問題が発生 ・小売センターを運営する卸・物流専業者は庫内オペレーションが評価指標であるため、ドライバーへの対応は後回しにされる
	センター・店舗配送	2	納価での返品を許容する商慣習によるコスト増	・小売り側の発注に対し納品するも、売れ残り分の返品を納価で受け付けなければならない商慣習がある（納価より下げているメーカーもある） ・返品を許容する商慣習は、小売り側の在庫管理意識の低さにつながっており、小売りは売れ残りの返品を前提に過剰にオーダーする傾向にある ・返品商品の静脈物流に対するコストや、再販できず廃棄ロスが生じるといった課題がある（社販やアウトレットで再販の場合もある）
卸	メーカー・卸・店舗倉庫	3	小売りのセール対応のため余剰在庫が増加	・小売りのセールはブランド単位の指定が大半であり、SKU単位では指定されないことが多い。そのため特定SKUのみが売れ、他は売れ残るといったことが起きる ・需要予測は行っているが、外れた際に欠品しないよう多めに在庫を抱えるのが基本的な考え方となっている（卸・小売りともに在庫を抱えたくないため、メーカー側に在庫が蓄積される）
		4	パレット・箱サイズ、荷姿のばらつきによる非効率	・パレットの規格が標準化されていないことによる非効率がある。商品カテゴリーによる違いや国内・輸出入向けといった用途でばらばらになっている ・社内でも箱サイズが統一化されていないことに加え、得意先倉庫の仕様（ラックサイズなど）に合わせたサイズで納品を求められるため、標準化がきわめて困難な状態 ・積載率を上げるため、段ボールサイズもパレットサイズに合わせた規格にする必要がある ・サイズ・荷姿のばらつきは倉庫自動化の弊害にもなる
卸	メーカー倉庫	5	EC増による庫内業務の複雑化	EC市場伸長に伴い、下記の課題が発生 (a) ECと実店舗向けを併せた在庫管理の複雑さ ・実店舗とEC向けを同じ倉庫でオペレーションしていることから、それぞれの波動の違いを吸収しきれず複雑化・非効率化に拍車がかかっている ・実店舗向け、国内EC、越境ECで管轄が異なる場合もあり、在庫確保の調整が発生

卸	メーカー倉庫	5	EC増による庫内業務の複雑化	(b) EC向けのピッキングや流通加工の複雑さ ・チラシや、誕生日などによるプレゼントの同梱など、流通加工の手間・複雑さが発生する ・これまでケース単位で管理・出荷していたが、開梱し、ピースピッキングし、梱包するといった業務が新たに発生するため、オペレーションのノウハウが不足している
		6	小売店ごとに異なる専用伝票への対応負荷	・小売り側の伝票フォーマットが各社で異なる。メーカー各社は小売りごとに異なる対応を求められるため、コストも負荷も大きい ・パワーバランスの関係から、メーカーが単独で小売りに対し統一化を要求することは難しい
全体		7	増加傾向にあるB2C越境物流への対応の高度化	・越境ECが普及し、海外消費者が国内製品を購入する機会が増加。近年では過去中国旅行者が爆買いの対象としていた日用品・化粧品などの輸出が増加。下記課題が発生している ・国外の個人消費者向けのラストワンマイルネットワークの構築が難しい ・各国の税関手続きなど法規制へのきめ細やかな対応が増加し、オペレーションが煩雑化している
		8	偽物流入によるブランドの毀損・機会損失	・インターネット上にはECが乱立しており、出店側の信頼性も不明瞭。流通過程での偽物流入によるブランドの毀損・機会損失のリスクが高まっている
		9	一企業による物流効率化の限界	・低単価で荷姿も大きい商品（特に紙やおむつなど）は、物流費高騰の影響を受けやすく、売上高に占める物流費比率は増加傾向にある ・ドライバー、庫内作業員といった必要な人的リソースが枯渇しており、条件を良くしないと集まらなくなっている
		10	計画系と実行系業務の分断	・メーカーの販売・在庫計画が実行系業務を担う3PL側と連携されておらず、非現実的な販売・在庫計画と3PLへの無理な出荷指示を繰り返すといったサプライチェーンの情報の分断が発生している

（出典）アクセンチュア作成

３ＰＬへの物流丸投げなどを原因とするサプライチェーンの計画系・実行系の分断が発生している。また、ＥＣ市場の急拡大によって庫内業務の複雑化や、越境ＥＣ対応など、物流の難易度がさらに高まっている。

この業界のペインポイントは、①物流センターのキャパシティー不足によるドライバーの長時間待機、②納価での返品を許容する商慣習によるコスト増、③小売店のセール対応のための余剰在庫の増加、④パレットや箱サイズ、荷姿のばらつきによる非効率性、⑤ＥＣ売上増による庫内業務の複雑化、⑥小売店ごとに異なる専用伝票への対応負荷、⑦増加傾向にあるＢ２Ｃ越境物流への対応の高度化、⑧偽物流入によるブランドの毀損・機会損失、⑨一企業による物流効率化の限界、⑩計画系と実行系業務の分断などだ。

日雑・化粧品業界では、小売店・メーカーの数自体が非常に多い。これまでは、その事業所数の多さによる構造的観点（商流・契約・流通の複雑さ）から卸機能への依存度が高く、卸が重要な役割を果たしていた。しかし、この20年ほどは事業所数が減少傾向にあり企業の集約化が進んだ。その結果、従来の卸機能に依存する体質に変化が生まれつつある。

日雑・化粧品の卸売業界では、ＰＡＬＴＡＣと、あらたの2社が市場の7割を占めておりほぼ寡占状態となっている。一方、花王などに代表される卸を介さない直販モデルは、効率化と消費者情報の獲得の観点でこれまでは一定の成功を収めてきたと言えるが、

図表3-14　アパレルの業界のモノの流れ（製造小売り（SPA）を想定した物流の例）

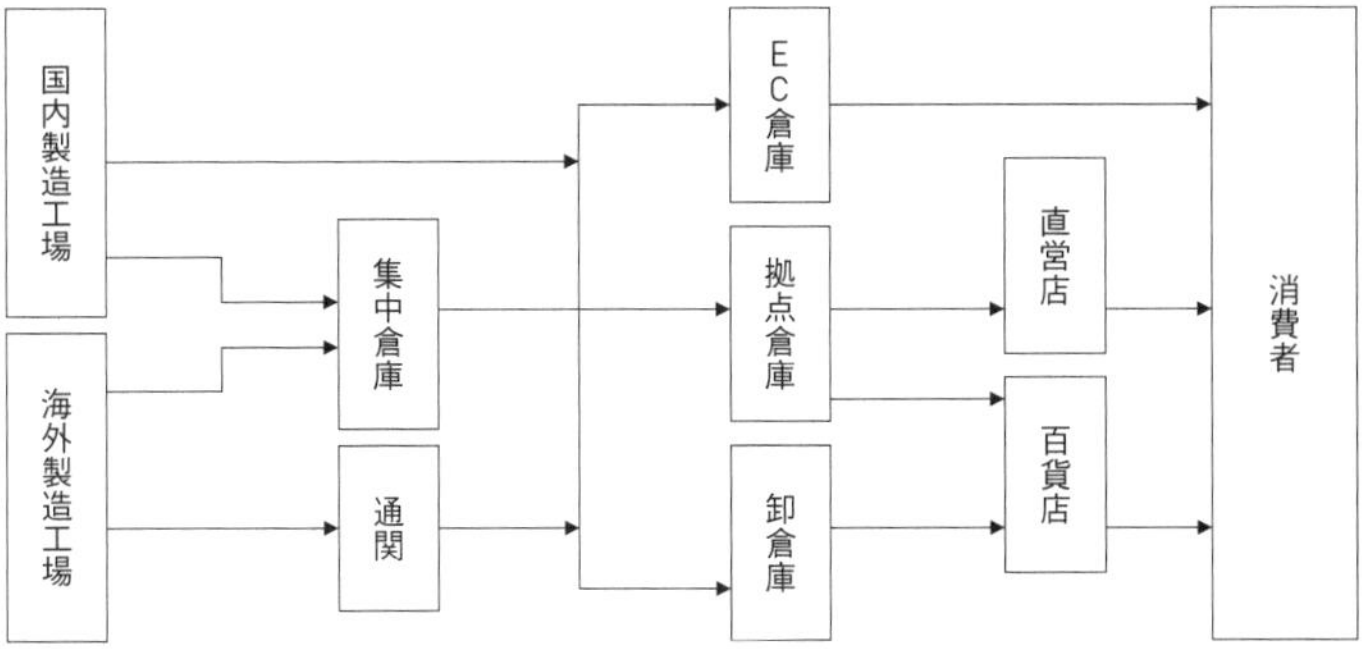

（出典）アクセンチュア作成

ＳＫＵ数やチャネル数が急増し、ＥＣ売上増加による物流業務・オペレーションが複雑化していることから、従来の人海戦術を中心とする対応が限界に近づいている。

業界4　アパレル業界

アパレル業界は季節・セールなどに依存する物流波動が大きいため、倉庫に十分な在庫吸収スペースが必要だ。また、ハンガー商品の輸配送も業界の特徴であり、専門業者が存在する。

アパレル業界は、季節性波動に依存することで生じるペインポイントに加え、昨今はＥＣ対応を要因とする倉庫内オペレーションの複雑化が新たなペインポイントとして出てきている。アパレルの店舗における販売額は減少傾向だが、ＥＣでの

図表3-15　アパレル業界のペインポイント

メーカー倉庫	倉庫・保管	1	SKU単位の庫内ピッキングの難易度が高い	・EC市場ではSKU単位のピッキングが必要だが、アパレル製品はサイズや色を含めるとSKUが膨大なため、EC倉庫内の業務の複雑化が進み、作業工数が肥大化している ・ファストブランドは店舗向け出庫にアソート方式をとることが多いが、SKUごとの需要に合っておらず欠品や過剰在庫が発生しており、SKU単位の管理を模索中
		2	EC・店舗の在庫併有による在庫肥大化	・各社ECと店舗向けの在庫をそれぞれ保有するようになり、従来よりも在庫数が増加 ・実店舗は商品配置によって需要が一定量コントロールできるが、EC市場はセールに起因する予測不能な小さな波動が頻発するため適正在庫の設定が困難
		3	シーズン対応に伴う倉庫スペースの肥大化	・アパレル業界は、シーズン前に一気に生産し、一時的に大量の在庫を倉庫に保有した後、シーズン中に在庫をさばくという商習慣を持つ。倉庫はピーク時を想定して借り上げるため、通年で広大な敷地を借り続けるケースが多く、スペースの無駄が発生している ・シーズン終了商品を各店舗から倉庫に返送するが、これにかかる物流コストも問題となっている
		4	自動倉庫化の難易度が高い	・自動化に必要な大規模投資は回収の見込みが立たない、建設時から自動化を見据えた倉庫設計が必要であり、倉庫自動化の推進は困難 ・ハンガー荷物のピッキングは難易度が高く、対応できるロボットベンダーがいない
		5	店舗ごとの流通加工対応が困難	・取りつける値札が店舗ごとに異なるため、これに伴う倉庫での流通加工の負荷が大きい
共通	輸配送	6	ハンガー荷物の取扱負荷が大きい	・ハンガー荷物の輸配送は専門業者に対応依頼する必要があるが、地域や荷物の量によっては業者の採算が合わないため、依頼を断られてしまう ・ハンガー荷物の輸配送は物流コストと手間がかかるにもかかわらず、店舗到着後、店舗内に商品が納まらずに畳まれて保管されることがある
拠点間		7	大型商業施設での荷待ち・混雑	・駅ビルやショッピングモールなどの大型商業施設向けには各社が独自に運送依頼をしており、トラックの納品時間が重なるため混雑や荷待ちが発生 ・また、店舗内での混雑も同時刻に発生しており、午前中荷受け場に届いた商品の店頭到着が午後過ぎになるという問題も発生している
個配・倉庫	倉庫・保管	8	リバースロジスティクスによる負荷の増大	・一部ブランドにおけるEC事業では、顧客向けに複数サイズの商品を発送し、購入されなかったサイズをメーカーに返送してもらうというサービスを提供しているが、集荷や返送後の受取・再梱包にかかる作業の業務負荷が増大している

店舗	倉庫・保管	9	需要予測精度が低く店舗間の横持ちが多発	・全国展開しているブランドでは、集中倉庫に集められた商品をその後各店舗に分配 ・分配に際して、店舗ごとの需要を正しく見ていないため、販売期間中に欠品が多発。その結果、近隣店舗の在庫から不足分を補充するという、非効率な横持ちが頻繁に発生している
共通	全体	10	EC波動に伴うリソースの確保が困難	・ECセール時期に大量の出荷要求が発生。多いときでは出荷量が平常の20倍にも膨れ上がるため、庫内作業・輸配送キャパシティーがひっ迫 ・ECセールに対応するためのリソースが必要な期間はごく短期。ピーク終了後は人材をとどめておけないため、人材確保の難易度がより高くなっている
		11	偽物ブランド品の混入	・特に高級ブランドなどでは海外から来た偽物品が市場に混入し、ブランドイメージの低下を招いている。さらに、ECの普及とともに流通経路での偽物混入リスクが高まっているため、その対策が必要

（出典）アクセンチュア作成

販売は右肩上がりで増加しており、全売上高に占めるＥＣ販売の比率は２０２０年時点で19・44%（２０１９年の13・87%から大きく伸びた）に達している（経済産業省「電子商取引に関する市場調査」）。ある大手企業ではＥＣ化率の目標を30%とするなど、業界全体でＥＣ化が進む見通しだ。

アパレル物流のペインポイントは、①ＳＫＵ単位の庫内ピッキングの難易度が高い、②ＥＣ・店舗の在庫併有による在庫肥大化、③シーズン対応に伴う倉庫スペースの肥大化、④自動倉庫化の難易度が高い、⑤店舗ごとの流通加工対応が困難、⑥ハンガー荷物の取り扱い負荷が大きい、⑦大型商業施設での荷待ち・混雑、⑧リバースロジスティクスによる負荷の増大、⑨需要予測精度が低く店舗間の横持ちが多発、⑩ＥＣ波動に伴うリソースの確保が困難、⑪偽物ブランド品の混入などだ。

物流共同化に関しては、大手アパレル卸を含む複数社が２０１６年末頃から共同配送の取り組みを開始し、駅ビルなど集合商業施設向けの配送を参加企業で一元化している。アパレルメーカー各社はライバル意識が強い業界だったが、市場全体が伸び悩み、さらに物流コストが上昇したことによって、共同化の取り組みが後押しされる結果となった。

アパレルの中でも成長力のあるＳＰＡ（製造小売り）は、物流への投資意欲が旺盛であり、自前路線で倉庫自動化やＲＦＩＤ（ＩＣタグ）導入など物流の効率化・データ化を進めている。一方、従来型のアパレルメーカーやアパレル卸は自前で投資をする余力がないため、共同化やプラットフォーム化が進みやすい環境にあると言える。

業界5　食品業界

食品はメーカーから主に小売センター倉庫または卸のセンター倉庫を介し、店舗に配送される。卸が1次・2次と多層化した構造となっており、商流・物流が煩雑化している。食品業界特有のペインポイントとしては、賞味期限問題による在庫管理の難しさが挙げられる。パレット・箱サイズのばらつきに加え、コード体系やデータ連携フォーマットのば

図表3-16　食品業界のモノの流れ

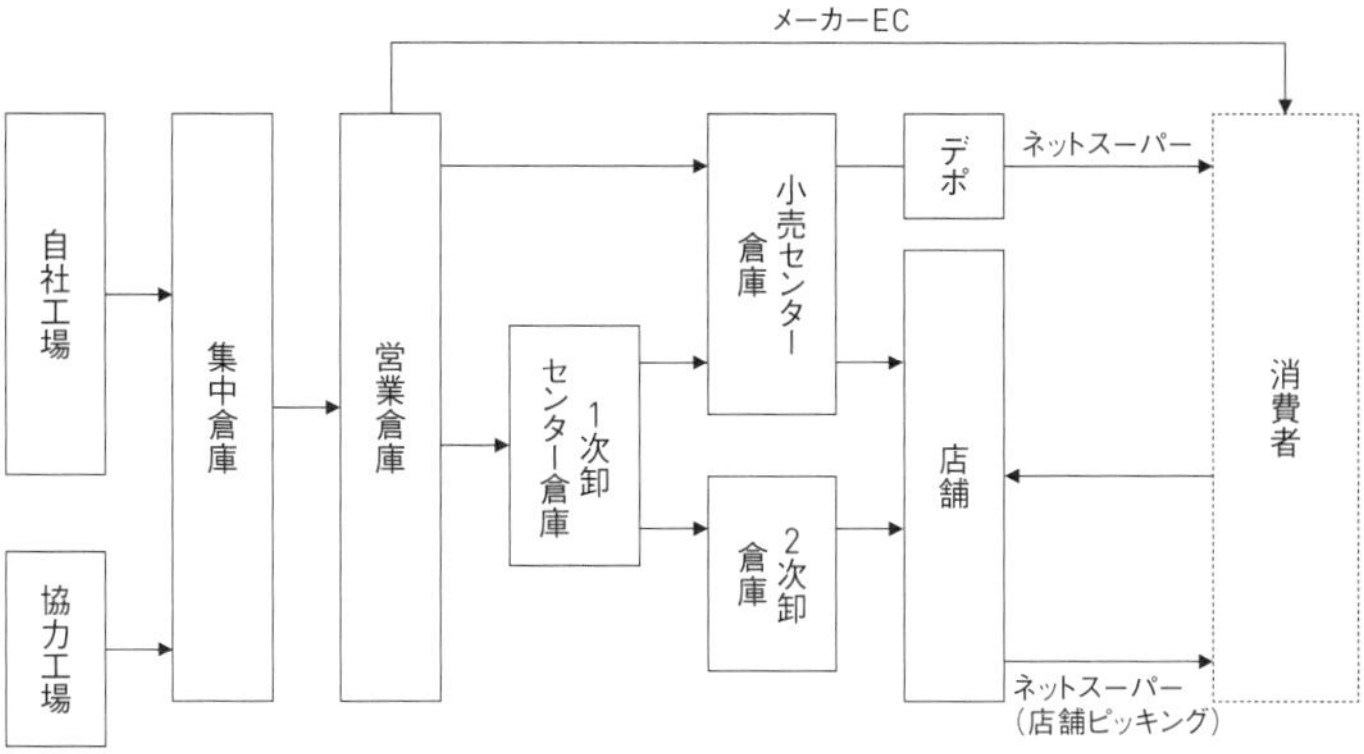

（出典）アクセンチュア作成

らつき・不整備が物流全体の非効率につながっている。

食品業界のペインポイントを次の13個にまとめた。①ドライバーの長時間待機問題と非効率な配車計画、②需要予測・物流手配における小売りとの情報連携の精度の低さ・ばらつき、③既存倉庫（特にチルド・フローズン倉庫）への自動化ソリューションの導入が困難、④即時出荷が必要となり自動化できない、⑤在庫できないことによる共同配送の難しさ、⑥パレット・箱サイズ、荷姿のばらつきによる非効率性、⑦賞味期限管理を伴う在庫管理の難しさ、⑧スポット・短期で借りることができる倉庫がない、⑨小規模店舗向け配送ネットワークの構築と受注処理の負荷が大きい、⑩データ連携の標準フォーマットがない、⑪コード体系がばらばらなこ

図表3-17　食品業界のペインポイント

輸配送	センター配送	1	ドライバーの長時間待機問題と非効率な配車計画	・トラックドライバーの拘束時間に占める待ち時間・荷役作業時間は3割弱を占める ・指定時間に行っても荷下ろしできない（ひどい場合、4～6時間）。倉庫運営業者にとっては庫内オペレーションが評価指標であり、ドライバーの対応は後回しにされる ・庫内作業員のリソース不足などもあり、庫内のオペレーションが回っていないことも一因 ・荷待ち時間が多いことから、バッファを持った形で配車計画・調整が行われる ・小売りとのパワーバランスから、1社単独では改善要求を出せない状態にある ・メーカー側に非がなくとも、待機に伴うコストアップ要求がメーカーに来る
		2	需要予測・物流手配における小売りとの情報連携の精度の低さ・ばらつき	・特売情報を小売りから入手して需要予測を行っているが、予測が外れたり、特売の把握漏れや小売りの計画ほど売れないことが起こり、欠品や過剰在庫が発生 ・小売チェーンによって販売計画の精度が異なる（小売り側は計画を外してもコスト負担はしてくれない） ・メーカー側の供給に対し、小売センター側での入庫などの調整の相談を聞いてくれるか否かも小売チェーンによって異なる
倉庫	メーカー倉庫	3	既存倉庫への自動化ソリューションの導入が困難	・倉庫の人不足は深刻であり簡素化・自動化を検討しているが、床の凸凹や段差などにより既存の倉庫に対するソリューション導入が難しい ・特にチルド・フローズン倉庫へのソリューション導入は難しく、低温状態でセンサーがうまく反応せず、無人フォークリフトやAGVなどを導入できないことがある
		4	即時出荷が必要となり自動化できない	・チルド商品は在庫できないため、加工後すぐに納品する必要がある（あるCVS向けの商品は注文から30分以内の配送を求められる） ・今ある自動化ソリューションはピッキングスピードが非常に遅く、求められる出荷スピードに応じることができない
		5	在庫できないことによる共同配送の難しさ	・日配品は在庫できないので、外部倉庫を一時的に使うといった対応ができない
	メーカー・卸・小売倉庫	6	パレットや箱サイズ、荷姿のばらつきによる非効率	・パレットの規格が標準化されておらず非効率。商品カテゴリーによる違いや国内・輸出入向けといった用途でばらばらになっている ・社内でも箱サイズが統一化されていないことに加え、得意先倉庫の仕様（ラックサイズなど）に合わせたサイズで納品を求められるため標準化がきわめて困難な状態 ・サイズ・荷姿のばらつきに加え、バーコードの印字箇所がばらばらなことなどが倉庫自動化の弊害になっている
倉庫	メーカー・卸・小売倉庫	7	賞味期限管理を伴う在庫管理の難しさ	・賞味期限の逆転禁止や3分の1ルールにより、近い倉庫から運べない、在庫の持ち戻しといった問題が起きている ・小規模消費地の在庫で賞味期限3分の1に近づいたものを廃棄回避のために東京に戻す。その際、賞味期限の逆転で納品できないことがないよう考慮が必要 ・在庫の横持ちを行っているが、在庫回転率の良いセンターと悪いセンターがあり、賞味期限がいつまでの商品を、どこにどれだけ持たせるかが難しい。賞味期限が逆転し、出荷不能にならないよう神経を使う

倉庫	卸倉庫	8	スポット・短期で借りることができる倉庫がない	・卸の場合、取り扱い商品ごとの季節波動への対応に加え、年末年始などメーカー休業日分の在庫を抱える必要があるためスポットの倉庫手配ニーズは高いが、急に手配しようとしても数カ月分といった期間限定で貸し出し可能な業者は存在しない ・基本的には取引先の業者を経由し確保できる倉庫を探すが、倉庫自体も間借りできる場所が減ってきている
輸配送	店舗倉庫	9	小規模店舗向け配送ネットワークの構築と受注処理の負荷が大きい	・飲食店含む中小規模店舗の数が多く、メーカー・卸はそれら店舗をカバーする配送ネットワークの構築・維持の負荷が高い ・外食業界の物流で取り扱う品目は、およそ500から2000品目と言われ、店舗で調理する「食材類」に加え、食器や包材などの「資材類」が存在 ・また、中小規模店舗は受発注管理システムを導入していないケースが多く、メーカー・卸は電話・ファクスで受注を処理しており、その業務負荷が大きい
全体		10	データ連携の標準フォーマットがない	・原材料にラベルを貼り工場情報やロット情報を取得したり、工場からの製品をQRコード・RFIDなどでケースやパレット単位でトレースしたりする試みがあるが、業界標準がないため手間やコスト負担でやりきれない ・原材料メーカーに情報付与を依頼するにしても、統一フォーマットがないため、各メーカーが別々のフォーマットで依頼することになり、原材料メーカー側が困る ・メーカーから情報をRFIDパレットなどで物流側に渡すにしても、メーカー側で保持しているデータ構造と物流側で受け取れるデータのフォーマットが異なりやりづらい。メーカーが自前で情報連携に投資するとコストがかさむ
		11	コード体系がばらばらなことによる非効率	・事業者・商品コードの非統一。荷主企業・商品のロット情報や品質情報の管理が複雑化している、また共同配送時には名寄せが必要 ・得意先コードの非統一。配送現場ではドライバー負担が増大。また共同配送時には名寄せが必要 ・入庫ラベルの非統一。上記の結果、物流センターで管理する入庫ラベルの非統一が発生。検品作業などが非効率になる ・小売り側の要求で、小売りごとに別々の伝票が発生しており、管理・処理工数が増大している
全体		12	トレーサビリティー対応と問題発生時の回収の負荷が大きい	・消費者の食に対する安心・安全への関心の高まりや、原材料消費期限・産地などの改ざん問題を受け、商品の信頼性・安全性を担保することが必要条件となっている ・何か問題が発生した場合、何百万単位の回収が必要になる。回収にかかる実コスト（整理・梱包、返送、廃棄など）は卸負担となるケースもある
		13	倉庫・ドライバーのリソース確保が難しい	・トラックを手配できても運転手が確保できない。新たに拠点を立てても庫内で働く人が確保できない ・卸では人員を確保できず、本社の人間でリソースを補填しているケースもある ・食品は商品価格が高くないため、人件費を上げることが難しい。誰でも業務が行えるように単純作業を切り出すなど工夫をこらしている

（出典）アクセンチュア作成

とによる非効率性、⑫トレーサビリティー対応と問題発生時の回収負荷が大きい、⑬倉庫・ドライバーのリソース確保が難しい。

食品業界の商習慣の一つに「賞味期限逆転禁止ルール」がある。これは、すでに納品済みの商品よりも賞味期限が古い場合、その商品を納品できないという取り決めだ。逆転が生じない賞味期限の商品在庫の手配や工場・集中倉庫からの補充が必要となるため、配送手配が非常に複雑化する。「賞味期限３分の１ルール」というものもある。これは、製造日から賞味期限までの期間の３分の１以内で小売店舗に納品する商慣習のことだ。３月１日が製造日で賞味期限までの期間が６カ月とすると、小売店への納品期限は２カ月後の５月１日となる。「賞味期限３分の１ルール」によって、納品・販売期限が超過した商品の返品や廃棄が大量に発生している。卸からメーカーに返品される加工食品は、出荷額ベースで５７０億円（２０１９年度、推計値、流通経済研究所調べ）にのぼると言われている（返品のうち2割はディスカウント店などに回るが、8割は廃棄）。食品メーカーや小売店など35社が参加した実証実験（２０１３年）では、菓子と飲料の納品期限を賞味期間の３分の１から「２分の１」に緩和することで、年間約４万トン（約87億円分）の廃棄を削減できたという。すでに、一部の商品については、大手スーパーやコンビニエンスストアなどで「２分の１ルール」が適用されている。

国内流通業は寡占化が進んでおらず、それぞれのデータも分断していて、どこにどれだけ在庫があるかの情報は企業単位で閉じられていることがほとんどだ。つまり、需給調整の高度化の余地は非常に大きいと言える。また、メーカー各社が独自の物流網を築いているため、Ｆ－ＬＩＮＥのような共同物流の実現には長い時間と業務標準化に向けた様々な調整が必要だった。

この業界では、消費者を握っている小売り（特に大手スーパーやコンビニエンスストア）の力が非常に強く、小売り側の無理な要求にもメーカーや卸が従順に応えてきた。だが、物流リソースのひっ迫などで、メーカーや卸の危機意識は高く、物流やサプライチェーンの変革は受け入れられやすい状況になりつつある。

業界6　酒・飲料業界

酒類や飲料は、メーカーや受託製造企業（パッカー）の工場・隣接倉庫からいったん集中倉庫に集約され、その後、エリア営業倉庫に輸送され、そこから卸や小売センター倉庫に配送される。酒類業界では、卸が多重構造化している。

酒・飲料の輸配送では、ドライバーの長時間待機や拘束時間規制、新商品の多さなどによる需要予測の難しさが、配車計画・管理の難しさにつながっている。

酒・飲料業界のペインポイントを業務別にまとめると、①ドライバーの長時間待機問題、②低積載問題とトラックの回転数問題、③ドライバーの拘束時間規制による計画・管理の複雑化、④トレーラーの規格が異なり結合できない、⑤３ＰＬの倉庫を含め、スポット・短期で借りることができる倉庫がない、⑥需要予測の難しさと配車計画の予実差が大きい、⑦賞味期限に関する商慣習と、それに伴う非効率の発生、⑧（特に酒類において）書類手続き・保管の煩雑さなどが挙げられる。

すでに述べた食品業界のペインポイントと重なる部分も多い。例えば、酒・飲料においても、納品済みの商品よりも賞味期限が古い場合、納品ができないという「賞味期限逆転禁止ルール」や「賞味期限３分の１ルール」と呼ばれる商慣習がある。そのため、これらのルールに抵触しない賞味期限の在庫の手配や工場・集中倉庫からの補充が必要となり、配送手配が複雑化する要因になっている。

また、酒類の流通においては、全販売量の３割弱が卸から卸を経由する「卸の多重構造化」が見られ、対小売業者への販売数量の約４割を中小規模の卸が占めるなど、効率化の余地が多く残されている。

そんな中で、物流共同化の動きがあり、近年では鉄道輸送（モーダルシフト）の事例が増

図表3-18　酒・飲料のモノの流れ

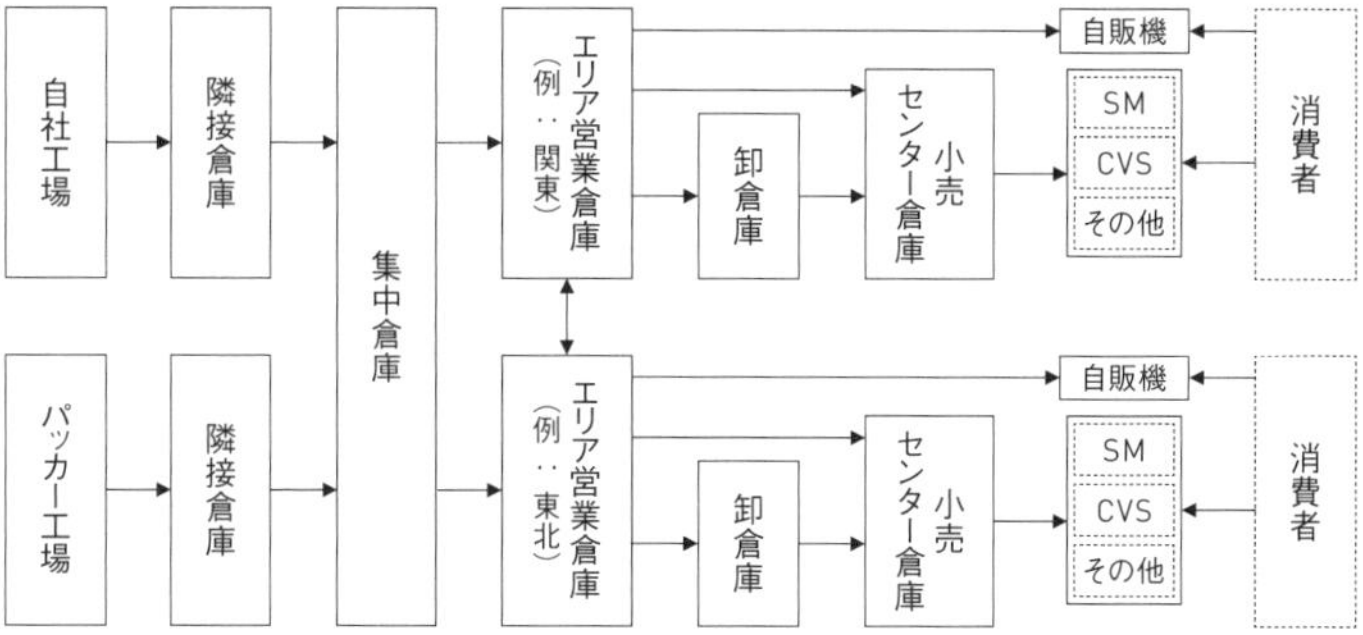

（出典）アクセンチュア作成

えている。２０１７年１月からアサヒビールとキリンビールは、北陸向け商品を共同で鉄道輸送する「共同モーダルシフト」を始めた。実施前は、アサヒビールが名古屋工場から、キリンビールは滋賀工場と名古屋工場から石川県と富山県の顧客に商品を届けるため、２００キロメートルから３００キロメートルの距離を大型トラックで配送していた。実施後は、アサヒビールが大阪・吹田工場から、キリンビールは神戸工場から日本通運の吹田貨物ターミナルに運び、鉄道の空きコンテナに載せて金沢ターミナルに貨物輸送し、この取り組みによって新たに開設した金沢市の共同配送センターにトラックで運び、そこから石川県や富山県の卸に出荷するようにした。CO_2排出量の半減など一定の成果を上げ、「平成29年度 国土交通大臣表彰」を受けている。

　このほか、アサヒビール、キリンビール、サッポ

図表3-19　酒・飲料業界のペインポイント

輸配送	輸送・センター配送	1	ドライバーの長時間待機問題	・トラックドライバーの拘束時間に占める手待・荷役作業時間は3割弱を占める （エリア営業倉庫における長時間待機） ①新商品など計画に対し需要が伸びず在庫回転率の悪い商品で倉庫キャパシティーがひっ迫。結果、回転率の良い商品を扱う倉庫に全車両が集中するといったことが起き、滞留する ②フォークリフトドライバーの急な退職などで荷捌き要員が不足し、滞留につながる （小売センターにおける長時間待機） ①指定時間に行っても荷下ろしできない（ひどい場合、4～6時間）。倉庫運営業者にとっては庫内オペレーションが評価指標であり、ドライバーへの対応は後回しにされる ②庫内作業員のリソース不足などもあり、庫内のオペレーションが回っていないことも一因 ③小売りとのパワーバランスから、1社単独では改善要求を出せない ④メーカー側に非がなくとも、待機に伴うコストアップ要求がメーカーに来る
		2	低積載問題とトラックの回転数問題	・ドライバーは積載率ではなく回転数を稼げる仕事を望むため、メーカーのニーズと合致しない ・遠隔地（地方）対応。地方に空便を配車し、荷積みして戻る仕事よりも、近場の往復を複数回転させるほうが利益になるため（空便の配車に対する支払いは発生しない）、遠隔地の輸送を引き受けるドライバーが不足する ・付帯業務（運転以外の業務）対応。回転数を増やしたいからといって、納荷後すぐに戻るわけにはいかず、空容器やパレットを荷積みし検品終了後のサインをもらうといった必要があるため、本来2回転できる距離でも1回転しかできない
		3	ドライバーの拘束時間規制による計画・管理の複雑化	・ドライバーの拘束時間が13時間と厳格に規制されており、13時間の中でも運転拘束時間や休憩時間など、細かい制約がある（遵守しないと監査が入り操業停止に） ・管理者側としては渋滞なども加味する必要があり、実質10時間程度で計画する必要がある ・拘束時間を過ぎそうになると、乗用車で代わりのドライバーを連れていき、待機中のドライバーとスイッチするといった対策も講じられている
		4	トレーラーの規格が異なり結合できない	・トレーラーのヘッドとシャーシの規格が標準化されていないことにより、結合できないことが起きる ・結合できないことで、長距離輸送における中継地点でのスイッチングなどつなぎ替えが円滑に行えない
倉庫	メーカー倉庫	5	3PL倉庫を含め、スポット・短期で借りることができる倉庫がない	・年間通して倉庫の空きがない。特にスポットで借りることができる倉庫はなく、3年契約・全フロア買取といった条件になってしまう ・3PLの倉庫は借りたスペースを常に満たすことを求められ、保管量が落ちると、3PL側から荷量を増やすか、立ち退くかの選択を迫られる ・一方で、いったん立ち退いてしまうとすぐに他社が入ってしまうため、再度借りることができなくなる

輸配送	センター配送	6	需要予測の難しさと配車計画の予実差が大きい	・メーカーの営業と小売り側で擦り合わせを行っても、需要のブレ幅が大きい（特に新商品に関して） ・供給が追いつかなくなると、コンビニを最優先するなど、計画の組み替えが発生する ・配車計画は物流会社とあらかじめ共有し、指定の時間枠内に配車するよう依頼しているが、上記のような理由から急な計画変更が起きる ・実際に稼働するのはサブコン、さらにその下請けが担うことも多いため、計画変更への対応が難しい
		7	賞味期限管理に関する商習慣と、それに伴う非効率の発生	・賞味期限の逆転禁止や3分の1ルールにより、近い倉庫から運べない、といった問題が起きている ・小売センターまで運んだ商品は預託在庫（販売にはなっていない）扱いのため、メーカー側に管理責任がある。よって、センターに納めても、賞味期限上出荷できない状態になると、メーカー側の倉庫に在庫を引き戻す必要がある
全体		8	（特に酒類）書類手続き・保管の煩雑さ	・酒類は特に税法が関係するため、必ずペーパーが必要になる ・ペーパーは必ず一定期間保管する必要がある（見返すことはほぼない） ・ペーパーの保管・管理コストが無駄なため、ペーパレス化のニーズが高い

（出典）アクセンチュア作成

ロビール、サントリーの大手4社による北海道の道東エリアでの共同物流（JR札幌貨物ターミナル駅構内の倉庫を4社共同拠点（無在庫型）として活用。4社荷物を集約し、届け先別に仕分け後、混載して鉄道輸送。2017年冬より）や、関西・中国～九州間拠点間共同モーダルシフト（ビール4社が関西・中国～九州間の拠点間輸送（社内輸送）に鉄道コンテナを共同利用。2018年春より）などの動きもある。

　共同物流の実現には、業務標準化・共通フォーマット化など様々な調整が必要であり、納品条件の統一化など、出荷先とも連携したうえでの調整が課題となっている。

業界7

スーパー・コンビニ業界

スーパーマーケットやコンビニエンスストアの物流は、大きく三つに大別されるサプライヤー群から、卸・小売店のセンター倉庫を介し、店舗に商品が配送される。また、ネットスーパーでは、店舗から消費者に個配する。

この業界では、物流費の高騰によりベンダーや卸からの値上げ要請が始まっており、大きな経営課題となっている。また、実店舗への来店客数減を補うため宅配などの施策を実行しているが、リソース確保や収益性の問題に直面している。

この業界の物流におけるペインポイントは、①日々の波動対応リソースのバッファを設けることが必要、②多頻度小ロット配送のバランスのとり方が難しい、③物流費高騰に伴う卸からの値上げ要求、④交通事情・倉庫の人員不足による遅配、⑤消費地近隣への配送拠点設置が困難、⑥ラストワンマイルの打ち手・リソース不足、⑦廃棄ロス問題、⑧トレーサビリティー担保の業務負荷のなどだ。

この業界でのサプライヤー企業（メーカー・製造ベンダーなど）は多数あるが、スーパーやコンビニは統合が進んでおり、流通大手による寡占化の様相を呈している。今後、高齢化

図表3-20　スーパー・コンビニ業界のモノの流れ

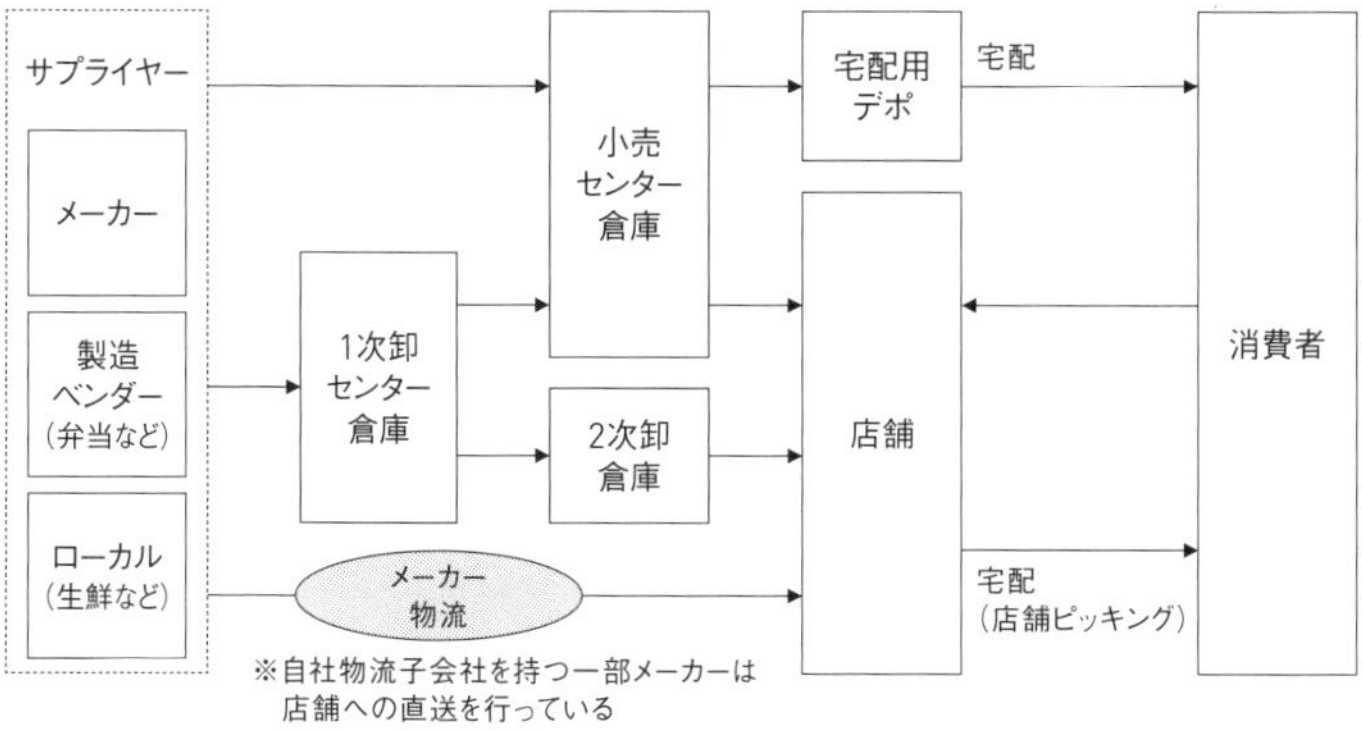

（出典）アクセンチュア作成

の進展や地方の過疎化の影響などによって、買い物弱者（食料品などの日常の買い物が困難な状況に置かれている人々。２０１５年時点で８００万人を超えている）が増加すると予想され、コンビニ各社は過疎地域での出店・配送にも取り組んでいる。セブン-イレブン・ジャパンは過疎地などでの移動販売を広げ、ファミリーマートも買い物弱者対策に悩む自治体などの支援を受け、出店している。

　また、小売り各社の喫緊の課題が、ＥＣ対応だ。この市場には、大手スーパーやコンビニだけでなく、アマゾンや楽天のような総合ＥＣ、オイシックスのような食品専門ＥＣ、パルシステムなどの生協系ＥＣといった強力な競合相手がおり、今後激しいシェア争いが繰り広げられると予想される。

図表3-21　スーパー・コンビニ業界のペインポイント

輸配送	配送	1	日々の波動対応リソースのバッファを設けることが必要	・新商品の発売など、日々の波動の平準化は困難であり、その対応のために常に高い波を想定し、トラックとドライバーのバッファを設けておく必要がある（コンビニ） ・ただし、ドライバー不足の影響から人員確保が困難になってきている。働き方改革の影響でドライバーの労働時間は短縮傾向にあり、今後リソース不足はより深刻になる
		2	多頻度小ロット配送のバランスのとり方が難しい	・発注時の最小ロットと配送頻度をいかにしてバランスさせるか。店舗側としては在庫を持たずに済むため多頻度小ロット配送を希望するが、その分ピッキングなど庫内業務も含め物流コストは膨らむため、バランスのとり方が難しい ・コストを抑えるためにバルクで店舗に納荷したいが、スペースの問題もあり店舗側からは難色を示されることがある ・ドライだと飲料・カップ麺以外はピースで納荷されることが多く、センター倉庫側でばらす手間が発生している（自動化が遅れる一因にもなっている）
		3	物流費高騰に伴う卸からの値上げ要求	・ドライバーの人手不足に伴う人件費や燃料費の高騰に伴い物流費が高騰。卸から店舗への配送費、庫内作業費が値上がりしている ・それに伴い卸からの仕入値が増加傾向にあり、支払いコストは今後も増加する見込み ・物流コストの構造は把握しているが、センターによってばらつきがあり、どういう背景で発生しているかをつかめていない
		4	交通事情・倉庫の人員不足による遅配	・ネットスーパーは配送時間の制約が生じるため、小売センターからの出荷が1時間遅れると、消費者への出荷に遅れが生じてしまう（1時間の遅れが生じた場合、軽車両を投入し、なんとか間に合わせるといった対応をしている） ・小売センターからデポへの遅れの主な要因は、交通事情と倉庫の人員不足
倉庫	デポ	5	消費地近隣への配送拠点設置が困難	・ネットスーパーなどがラストワンマイルにおいて首都圏を攻略したいと考えても消費地近隣にデポや配送拠点の敷地がないことが課題 ・一部小売りは、宅配業者がビルオーナーに借り受けている地下スペースの一部を倉庫スペースとして借りられないか交渉しているが、あまりうまくいっていない（安全面の担保も課題）
輸配送	配送	6	ラストワンマイルの打ち手・リソース不足	・リアル店舗への来店客数が減少傾向にあり、ネットスーパーに活路を見いだす小売りもあるが、ラストワンマイルを埋める手段・リソースがなく、打ち手が講じられていない ・コンビニ各社もラストワンマイルに取り組むが、ローソンはネット通販（ローソンフレッシュ）の事業継続性が見込めずサービスを終了。セブン-イレブンの移動販売も収益化できていない ・小消費地（特に地方、日本に1万5000以上ある限界集落）では、運送業の担い手不足と人口減少に伴う輸送需要の減少により、過疎地域における物流サービスをどうやって維持するのかが深刻な課題になっている

輸配送	配送	7	廃棄ロス問題	・食品の需要は気候や広告宣伝などの変動要因の影響を受けやすく、予測が非常に困難。需要予測の不透明さが需給調整へのしわ寄せとなり、結果として店頭での欠品や廃棄ロスを招いている ・原料サプライヤー、ベンダー、店舗などサプライチェーン全体を通して廃棄が発生 ・ネットスーパー用とリアル店舗用の倉庫が分かれている場合、ネットスーパーで取り扱う商品が想定以上に売れないとの理由から廃棄が問題になっている ・ネットスーパー用はリアル店舗用と違い「見切り」で売り切ることができない（倉庫のスタッフに半額でいいから持っていってもらうなどの対応）
全体		8	トレーサビリティー担保の業務負荷	・消費者の食に対する安心・安全への関心の高まりや、原材料消費期限・産地などの改ざん問題を受け、商品の信頼性・安全性を担保することが必要条件となってきている ・特に原産地管理に労力がかかっており、小売りの原材料調達部隊が中間流通・加工に関わるプレーヤーを回り、書面で確認できたものしか使わないといった対応をしている

（出典）アクセンチュア作成

業界8　ドラッグストア業界

ドラッグストアの物流では、商品がメーカー倉庫から卸・小売店のセンター倉庫を介し、ドラッグストア各店舗に配送される。ドラッグストア大手各社の出店加速や、食品などの医薬品以外のカテゴリー強化、インバウンド需要（コロナ下では一時的に縮小）の取り込みなどに伴い、市場規模は急激に大きくなっている。ドラッグストアによるＥＣも今後市場が拡大していく見込みだ。

ドラッグストアは、従来の医薬品中心の品揃えから「食品スーパー化」が進んでいる。２０１５年以降、食品の品目別売上構成比は全体の４分の１を占め、さらに今後も増加傾向にある。これまで常温（医薬品も該当）物流を外部委託中心で進めてきたが、そこにチルド・フローズンといった食品の物流も加わるなど配送ネットワークが複雑化し、非効率な状況が発生している。

出店数が急拡大していることから、物流ケイパビリティーの不足がペインポイントとして顕在化している。

具体的には、①カテゴリー拡大に対して物流ケイパビリティーが追いついていない、②

図表3-22　ドラッグストア業界のモノの流れ

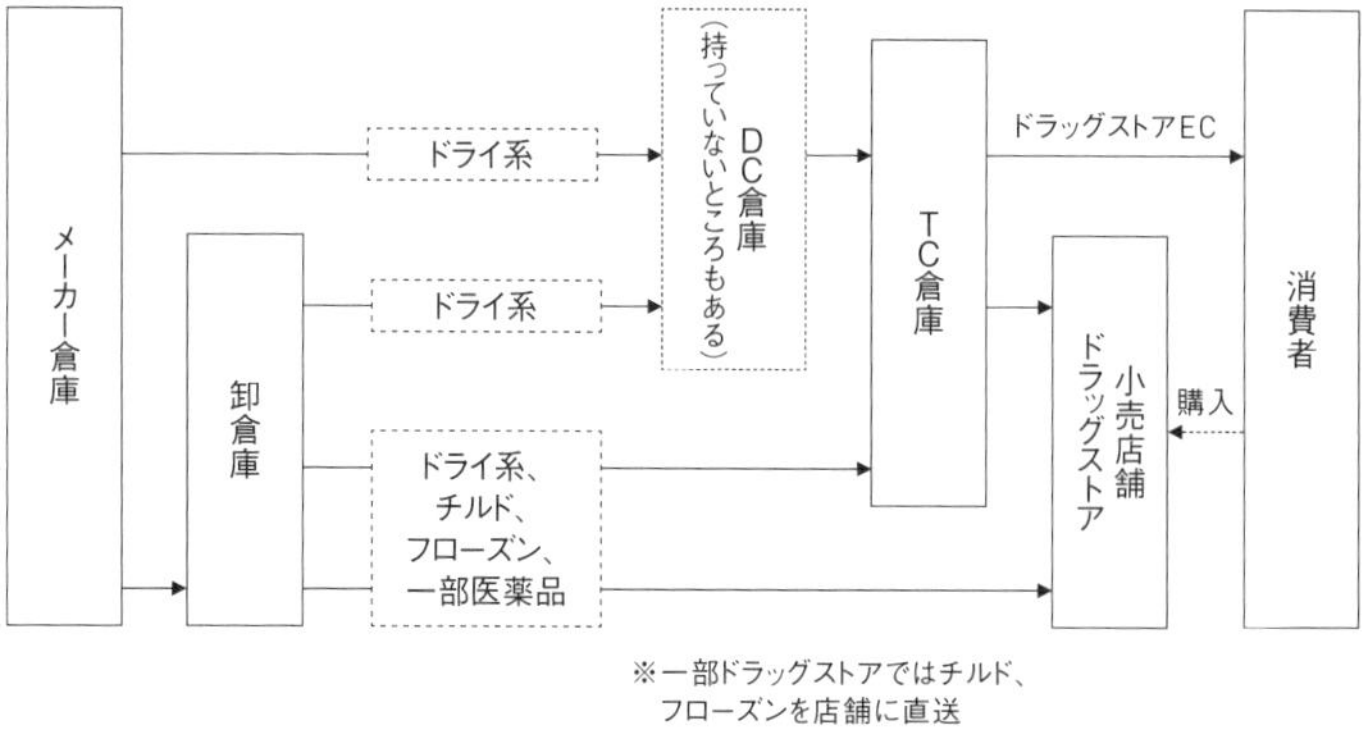

（出典）アクセンチュア作成

低利益率商品の構成比増に伴う従来の物流構造とのミスマッチ、③出店数の急拡大に伴うセンターキャパシティーの枯渇、④医薬品の庫内業務に専門作業員が必要、⑤医薬品の品質管理の要求水準の高さに伴って業務負荷が増加、⑥M&A企業との物流機能統合が困難、⑦価格弾力性が高く、季節性波動の影響が大きい商材が多く需要予測の難易度が高い、⑧店舗側の作業負荷と物流コストのバランスをとるのが難しい、⑨輸配送を依頼できる物流業者の選択肢が少ない、⑩短いリードタイムでの物流対応で作業負荷が大きいため、人材の採用難易度が高いことなどだ。

図表3-23　ドラッグストア業界のペインポイント

共通		1	カテゴリー拡大に対して物流ケイパビリティーが追いついていない	・調剤のオンライン購入や来店回数増、競合対策などを目的にドラッグストアの食品スーパー化が進んでいる ・現状は食品などの複数カテゴリーに対応する物流ケイパビリティー（チルド・フローズン）が不足しており、メーカー・ベンダーなど外部に丸投げになっていることが多い。カテゴリーによっては店舗に直送させたり、TCから発注し翌日に直送させたりするなど、非効率な状況
共通		2	低利益率商品の構成比増に伴う従来の物流構造とのミスマッチ	・医薬品以外の低利益率カテゴリーの構成比が増加。医薬品と比べ単価が安いため、中間流通コストなどを含めるとドラッグストアにとって収支が合わなくなり、逆ざやが発生している ・上記は特に食品の影響が強く、物流コスト比率に大きく影響する。したがって、店舗の食料品構成比に合わせて拠点別にセンター設計を行う必要がある ・物流効率化が収益に直結する構造となってきており、今後一層の効率化が求められる（コンビニが苦労して強化してきた物流機能強化の追体験をすることになる可能性あり）
倉庫・保管	センター倉庫	3	出店数の急拡大に伴うセンターキャパシティーの枯渇	・TC新設に当たり、既存TCが安定的に出荷できるキャパシティーを評価できておらず、各エリア店舗数に対して効率的なTC数・配置になっているか判断できていないチェーンもある ・特にブランドや地域ごとに売上比率がばらつく食品は、医薬品を比べて物流量の変動が大きく回転率も高いため、取り扱いが難しい
倉庫・保管	センター倉庫	4	医薬品の庫内業務に専門作業員が必要	・医薬品は商品SKUが多いことに加え、リスクレベルが高いため、正確な業務が求められる。それに伴い、庫内業務にはその領域に詳しい専門の作業員が必要となる
倉庫・保管	センター倉庫	5	医薬品の品質管理の要求水準の高さに伴って業務負荷が増加	・倉庫内での要求される取扱品質が高く、食料品と隣り合わせて陳列しない、在庫を檻で囲む、棚卸を毎日行うなど特別な管理を行う必要がある ・後発医薬品については、流通量が少なかったり、卸によって扱い有無があったり、突然生産が打ち切られたりするため扱いにくい。ジェネリック医薬品は流通面でも管理面でもむやみに品数を増やすことになり、現場作業の負荷増加要因となっている
倉庫・保管	センター倉庫	6	M&A企業との物流機能統合が困難	・M&Aによってグループ化した店舗ブランドと既存店舗が求める物流要件が異なるため、統合物流センター運用が困難（2社の業務が整理できていない） ・物流に対する思想は業界の区切りだけではなく、企業によっても異なるため、プラットフォームの共通化が難しい

倉庫・保管	店舗	7	価格弾力性が高く、季節性波動の影響が大きい商材が多く、需要予測の難易度が高い	・季節性波動が大きい、かつ価格弾力性が高い商材が多いため、需要予測が難しい ・扱いSKU数が多く（都内のお店で1万5000SKU程度ある）、価格に対しての売れ行きや販促に対しての売れ行きの関連性が分析しきれない ・医薬品・一部の日雑商品はメーカー返品が可能なため、そもそも在庫に対しての意識が低い（例：殺虫剤、風邪薬は返品可能）
	共通	8	店舗側の作業負荷と物流コストのバランスをとるのが難しい	・店舗側の作業負荷を軽減し接客に専念できる体制を設けることを優先するか（夜間配送やカテゴリー納品などで対応）、物流コストを抑えることを優先（日中のルート配送）するか、店舗と倉庫の負担バランスをとることが難しい ・物流コスト削減を優先すると、店舗に負荷がかかりがちになる
輸配送	店舗倉庫	9	輸配送を依頼できる物流業者の選択肢が少ない	・医薬品業界は基本的に輸配送業務を物流業者に丸投げしている。医薬品の配送に対応できる物流業者が少ないことに加え、製品の特性上、信頼できる企業にしか依頼することができないため、配送方法の選択肢が少なく、急な需要増などへの対応が困難
	拠点間配送	10	短いリードタイムでの物流対応で作業負荷が大きいため、人材の採用難易度が高い	・医薬品や食品は商品の取扱特性上、できるだけ短いリードタイムが要求される。店舗発注から納品までの期間が短いと（1営業日対応など）必然的に倉庫での深夜作業が発生するため、庫内作業者の負荷が高くなってしまう ・医薬品業界は店舗への納品を深夜から早朝にかけて行うことが多い。これに対応するため、配送トラックは深夜から朝の開店ぎりぎりまでルートを回っており、ドライバーの負荷が大きい ・上記要因によって人材採用の難易度が高まっている

（出典）アクセンチュア作成

業界9　家電量販店業界

家電量販店の物流は、電気製品の据付工事の有無により物流経路が大きく異なる。据付工事がある場合、量販・通販のセンター倉庫を経て、いったん据付先の近隣倉庫に本体・部品在庫が集められ、工事会社がそれらを引き取り、消費者に届ける。

ＥＣ普及に伴いデータ化や自動化など物流高度化が強く求められるが、中小メーカーが多く改革への負担に耐えられないため、大規模かつ先進的な取り組みを進めづらい環境にある。また、据付工事が必要な商品については、工事会社・一時保管場所（アセンブリ場所）の確保といったリソース確保に多大な労力がかかっている。

この業界の主なペインポイントは、①センター倉庫の運用高度化が困難（中小メーカーが対応できない）、②ＥＣ在庫と店舗在庫の共有化の難易度が高い、③ＥＣチャネルにおける据付工事の長期化、④据付製品、付属部品の管理・保管プロセスが煩雑、⑤据付工事会社とのスケジュール調整が困難、⑥据付事業者の減少、⑦季節性や政策起因の波動による物流キャパシティーの不足、⑧アフターサービス対応が煩雑などだ。

家電製品の流通量は毎月の波動が大きく、特に年末年始、年度末、夏季に出荷が集中す

図表3-24　家電量販店業界のモノの流れ

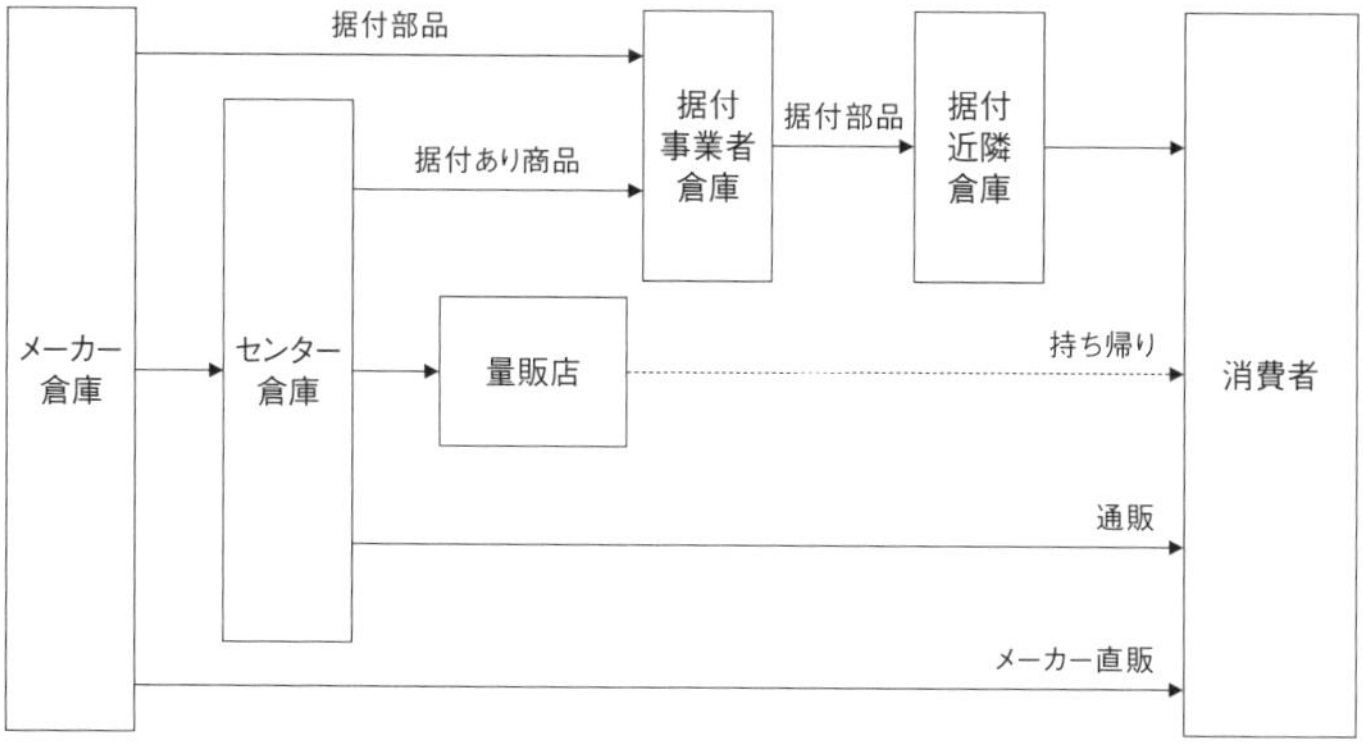

（出典）アクセンチュア作成

る。また、この季節波動に加えて、消費税増税など国策の影響も激しく受けるため、需要の振れ幅が大きい。それに対応して物流体制を整えるのは容易ではない。

この市場では、家電量販店の事業者数がピーク時（１９８０年代前半）の約半数までに減少する一方で、ＥＣ化率が３割を超えるなど家電製品のＥＣ上での購買が進み、「量販店に足を運ばない」消費者が増加するなど、消費行動の変化がうかがえる。

各大手家電量販店は、独自にＥＣチャネルを保有し、無料配送や無料の設置、配達の日時指定にとどまらず、即日配達などの配送サービスに力を入れており、柔軟性が高い物流機能が必要となっている。しかし、一部の量販店では、工事会社の確保に問題を抱えており、それらが原因で顧客へ

図表3-25　家電量販店業界のペインポイント

倉庫・保管	センター倉庫	1	センター倉庫運用高度化が困難（中小メーカーが対応できない）	・量販店・通販側倉庫のデータ化・高度化、それに伴う自動化などの取り組みを検討する企業がある一方、センター側とEDIを介してデータ授受ができる大手とは異なり、中小メーカーはいまだ前時代的運用となっているため、統合的な改革に踏み出せない（伝票フォーマットがメーカーごとにばらばらで共通化されていないなど） ・センター倉庫側で複雑なことをやろうとしても、データ授受のインフラが整っていない中小企業側がその対応に耐えられないため、大規模な改革につながりづらい
		2	EC在庫と店舗在庫の共有化の難易度が高い	・ECと店舗でシステム分離されている企業では、EC在庫と店舗用在庫の共有化が難しく、余分な在庫を持たざるを得ない状況になっている
		3	ECチャネルにおける据付工事の長期化	・EC経由で据付商品を購入する場合、業者手配や部品調達の状況確認がECシステムとシームレスに行われていないため、必要以上に工事日までのバッファを取らなくてはいけない。その結果、購入者に提示する可能能据付日が大幅に遅くなってしまっている
	据付用倉庫	4	据付製品、付属部品の管理・保管プロセスが煩雑	・据付工事が必要な納品の場合、付属部品や必要工具は据付業者が在庫しているため、量販店は一度据付業者に本体を引き渡す必要がある ・ある大手家電量販店では、閉店・空室になっている建物のフロアや、物流会社の一区画を間借りして、センター側から本体・部品を届け、工事会社がそこに引き取りに来るといった運用を行っている ・据付に必要な備品と人材は消費者に近い場所に確保する必要があるため、据付サービスを安定供給するための事業者ネットワークを維持するのが難しい
倉庫	据付配送	5	据付工事会社とのスケジュール調整困難	・据付工事が必要な家電製品の場合、製品本体・据付部品・工事会社の空き状況のスケジュールを調整したうえで、納入予定日を設定する必要ある ・特に、工事会社の空き状況の確認は、量販店側の工事サービス担当部門が電話で個別に確認するアナログ対応となっている ・工事会社と連絡がつかない、連絡がついても当日のスケジュールの空き状況が正確に把握できないなどの理由により、消費者への納入予定日・時間連絡の確実性が低い（工事当日に訪問可能な時間を伝えるなど、高額な買い物なのに不誠実な対応に映ってしまう）
輸配送		6	据付事業者の減少	・古い機器を回収したり、据付製品の操作説明を求められたりと、配送据付業務以外のサービスを現場で要求されることが多く、対応難易度が高い。また、コストに対しての利益率も高くないため、据付業務をやりたがる事業者が減少している

全体	個配	7	季節性や政策起因の波動による物流キャパシティーの不足	・家電製品の流通量は毎月の波動が大きく、特に年末年始（12−1月）、年度末（3月）、夏季（7−8月）に出荷が集中する。また、この季節波動に加えて、エコポイントや消費税増税などの国策の影響も大きく、需要の振れ幅が大きい ・突発的に物流量が増えると、一時的に物流センターや店舗の荷物受入や据付事業者のキャパシティーを超えてしまうケースが発生
		8	アフターサービス対応が煩雑	・修理は緊急性が高い場合が多く、問い合わせ対応とそれに伴う集荷物流手配業務が煩雑 ・契約形態や国内・国外などの要因によって、メーカーで手配する場合もあれば家電量販店で手配する場合もあるなど、個別対応が必要 ・特に、海外メーカーや小規模メーカーの製品はアフターサービス対応可能な事業者が少なく、迅速な対応が困難。修理対応のほかにもコールセンター・セットアップ・パーツ供給などの難易度も高い ・海外メーカー製品は故障品を海外返送するにしても、コストやリードタイム面でサービス品質が保てない。また、メンテナンス拠点をローカルに設置する場合も維持コストが見合わない場合が多く、メーカー側の課題となっている

（出典）アクセンチュア作成

のサービスレベルの低下や量販店側の煩雑な業務が発生している。

また、特有の物流スキーム（センター倉庫が本体・部品で分かれており、セットを組むための一時保管場所が必要。だが、保管場所確保が難しい）があるため、一時保管場所の費用やそこを経由することで配送の無駄が発生している。

次世代物流プラットフォームの適用シミュレーション

ここまでの話を踏まえて、「業界別次世代物流プラットフォーム」の適用シミュレーションを行ってみたいと思う。

前述の三つの条件のいずれかに当てはまる業界ならどこでもいいのだが、ここでは、流通構造が比較的シンプルな自動車用品の業界で考えてみよう。

自動車用品と一口に言っても多種多様だが、自動車用品量販店のオートバックスやイエローハットに行ったことのある人は、その店内に置かれている商品を想像してほしい。タイヤ、バッテリー、補修部品、カーアクセサリー、メンテナンス用品などがその代表的なものだ。

例えば、タイヤやバッテリーの大手メーカーは、それぞれ全国に販売会社や拠点を自前で持っている。顧客は、自動車ディーラー、自動車修理工場、オートバックスやイエローハットなどの量販店だ。どの業界でもそうだが、消費者を直接握っているところは発言権が大きく、この業界でも顧客から「商品をすぐに持ってきて」と言われれば、(在庫があれば)早い場合には即日、遅くとも翌日には届ける体制を各メーカーとも敷いている(いわ

図表3-26　メーカーと小売店の異なる視点

メーカーの視点

- 競合メーカーが小売店側の要求に対応しているので、手を緩められない
- 拠点網を張り巡らせ、営業も各地域の特性に応じて対応すべきだ
- 売り上げを減らさないためには、物流関係の費用がかかるのはやむを得ない
- これまでのしがらみやバーターなどがあり、物流の外部委託先を変えられない

小売店（顧客）の視点

- 各地域の販売拠点に電話かファクスをすればすぐに持ってきてくれる
- すぐ持ってきてくれるので販売情報（予測・実績）の共有はしない
- 販売拠点の人が運んでくれるから物流費がかからない
- メーカーが競い合っているので、散発的に発注しても柔軟に対応してくれる

（出典）アクセンチュア作成

ゆる「出前一丁方式」の体制）。

だが実際のところ、自動車用品が緊急に必要な状況というのは、めったに起きない。急に季節外れの雪が降ってスタッドレスタイヤへの交換が必要になることはあるかもしれないが、そうした万が一の状況に合わせて物流体制を整えるのはナンセンスだ。しかし、自動車用品だけでなく多くの業界で、部外者から見ると「過剰」と思えるような配送サービスを提供しているのが実情だ。

確かに、タイヤはかさばり在庫のスペースもとるので、小売店側は「出前一丁スタイル（発注後翌日納品）」の配送体制を便利と感じている。そのうえ、在庫がなくてもすぐに持ってきてもらえるので、在庫管理を緻密にやらなくても済むメリットもある。

だが、自動車用品販売店でタイヤを買ったことがある人ならわかると思うが、通常、タイヤは買ったその日にクルマに取りつけることは少ない。通常は購入後、作業日を予約し、後日クルマに取りつける。つまり、小売店がメーカーや卸に注文したタイヤが、約束した日までに確実に届くのであれば、発注後翌日納品の必要性はほとんどない。

自動車用品に限らずメーカーと小売店では、図表3-26にまとめたように視点がかなり食い違っている。その背景には、立場による力関係の違い（消費者を握っている小売店のほうが圧倒的に強い）や、ライバルには負けられないというメーカー間の競合意識がある。メーカー側は「すぐにタイヤを持っていかないと他社製品に取って代わられる」という恐怖心から「過剰サービス」を小売店に提供しているのだ。

さて、ここでメーカーと納入先（自動車ディーラーや自動車用品量販店）の間に、物流プラットフォームを導入したらどうなるかを考えてみたい。

業界を束ねて一気に効率を高める

業界別プラットフォームの根本にある考え方は、各メーカーにとって運び先（顧客）は同じなので、一緒に運んだほうが効率的で無駄がない、というものだ。メーカーはプラットフォームを通じて自動車用品量販店や自動車ディーラーから商品の発注を受けると、プラットフォームが管理する倉庫にある在庫からオンラインで発送の手配をする。その際、アルゴリズムによってトラック手配や積載、配送ルートの最適化が図られ、プラットフォームに参加するメーカー（自動車部品、バッテリー、タイヤ、カーナビなど）の商品は混載され、納入先に商品が運ばれていく。

この場合、プラットフォームを形成するのは、商社や卸、物流会社などが想定される（詳しくは第4章「次世代物流プラットフォームの担い手は誰か？」参照）。物流会社がプラットフォーマーになる場合は、その会社が物流のアセットや機能を提供することになるが、商社や卸などがプラットフォーマーになる場合は、物流企業を含めた様々な企業と提携して、プラットフォームの機能（輸送、倉庫、受発注システム、在庫管理システム、コールセンターなど）を提供するエコシステムを形成する。プラットフォームに機能提供者として参加してもらう物流会社には、アセット情報（トラックや倉庫の空き情報など）を公開してもらい、顧客からの発注情報、メーカー側の在庫情報などを活用して、倉庫の集約化や配送効率の最適化を図っていく。

すでに触れたように、業界によっては各企業の物流アセットを持ち寄って共同（あるいは最大手が2番手以下を吸収する形）で物流会社を発足させ、共同配送を行っているケースも

図表3-27　業界別プラットフォームのイメージ

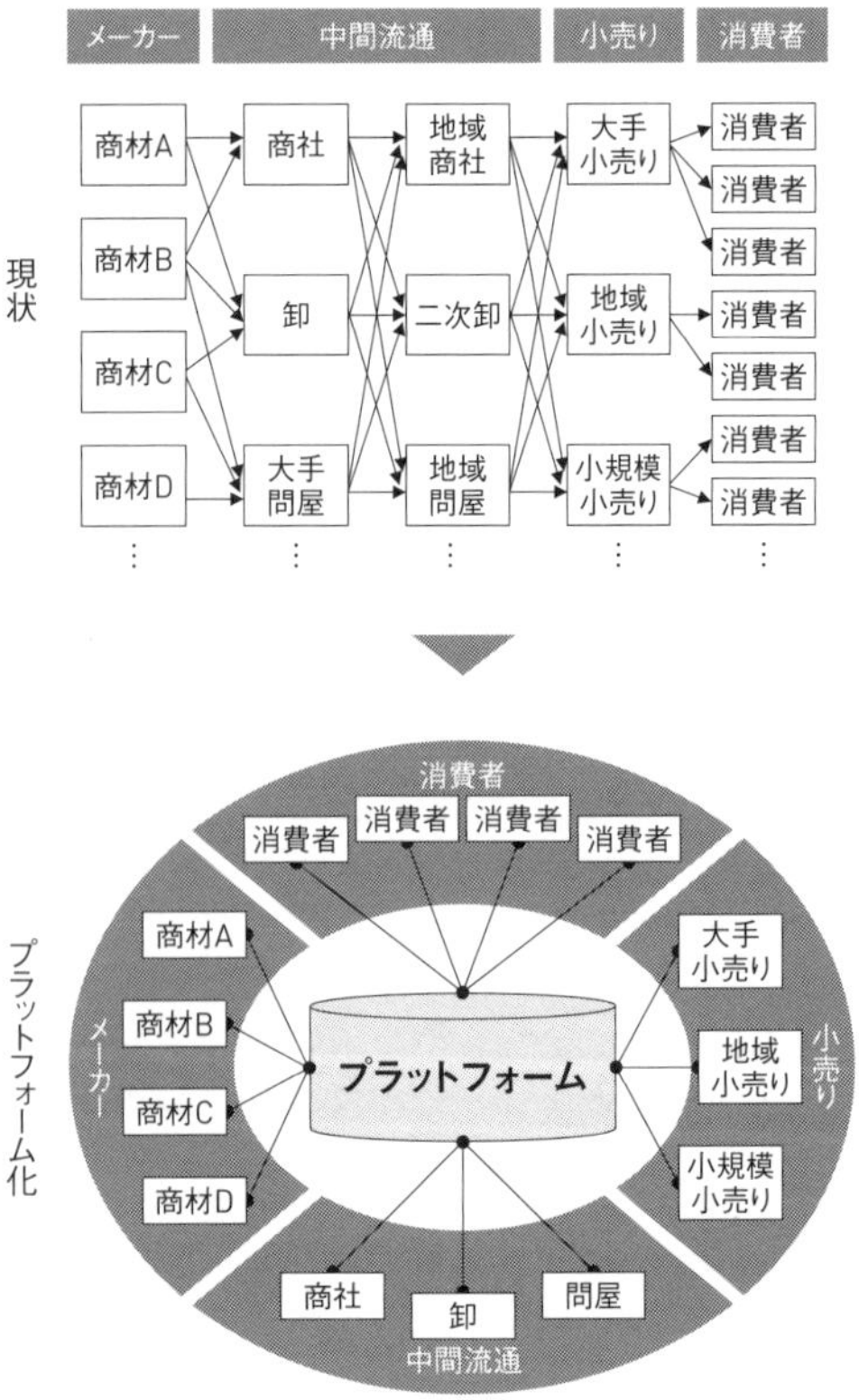

現在の状況・課題

・商材や地域ごとに異なる多段階で複雑な流通構造に、多数の中小企業が存在
・電話、ファクス、メールなどによる非効率な情報連携が伝言ゲーム方式で行われ、情報が蓄積されない
・提案力や加工・施工などの機能を持たない企業も一部商流に介在している状態

プラットフォーム化の方向性

・業界のプレーヤーが相互につながる新たなビジネス環境を構築（機能を持たない一部企業は淘汰・集約）
・データ収集、蓄積、分析により、データを利用した新たなビジネスを創出

（出典）アクセンチュア作成

ある（味の素やカゴメ、ハウス食品などが物流事業を統合したF-LINEなど）。しかし、ライバル会社間で共同会社を設立するとなると、出資割合や運営の負担をどうシェアするかなど、企業間の調整が非常に難しく、総論賛成・各論反対の状態が続いて話が前に進まない可能性もある。それよりは、第三者がつくったプラットフォームに「ユーザー」として参加するほうが、ハードルが大幅に下がる。

　プラットフォームを利用するメーカーにとっては、配送の共同化や受発注業務の効率化だけでもコスト削減のメリットを受けられるが、さらに一歩踏み込んで自社物流網の再編を含めた物流部門の抜本的改革に踏み込むと効果はより大きくなる。改革の重点ポイントは、「出前一丁型」を前提に構築されている自社の物流体制の見直しだ。大手企業の場合、全国に販売会社や販売拠点、物流倉庫などを構えていることが多い。仮にそれを半減できたとしたら、コスト削減効果は絶大だ。

コスト削減効果は2割以上

　自動車用品のある大手企業で、プラットフォームの利用を前提に自社の販社や物流拠点を見直した場合、コスト削減効果がどの程度になるかをシミュレーションしてみたところ、

図表3-28　ある自動車用品企業のコスト削減シミュレーション（従前を100として比率で表示）

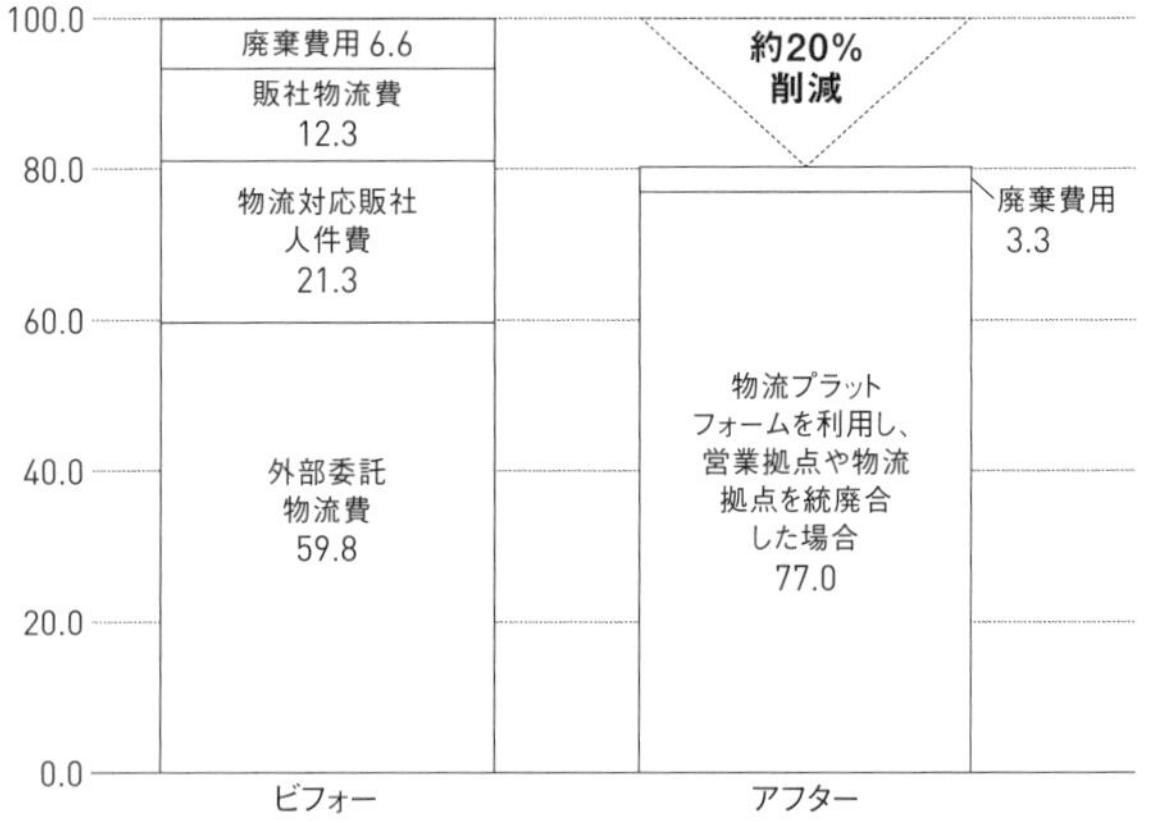

（出典）アクセンチュア作成

従来、物流に費やしていたコストを少なくとも20%削減できることがわかった（図表3–28）。金額にすると数十億円にのぼる。

市場が成熟化している業界においてこれだけ大きな利益を毎年捻出できるのは、企業にとって大きな魅力だ。

プラットフォーム側は、利用企業に対して、受発注システムの提供、在庫管理や配送手配の請け負い、決済機能などを提供するほか、リベート管理機能などを入れると、販社の手続き業務のコスト削減が進み、利用企業は物流体制を見直しやすくなるだろう。当然、プラットフォーム側も取引ごとに手数料をとるが、基本的には「広く薄く」なので、プラットフォームを活用した物流一元化によるコストダウンのメリット

図表3-29　次世代物流プラットフォームが目指す情報統合化の姿

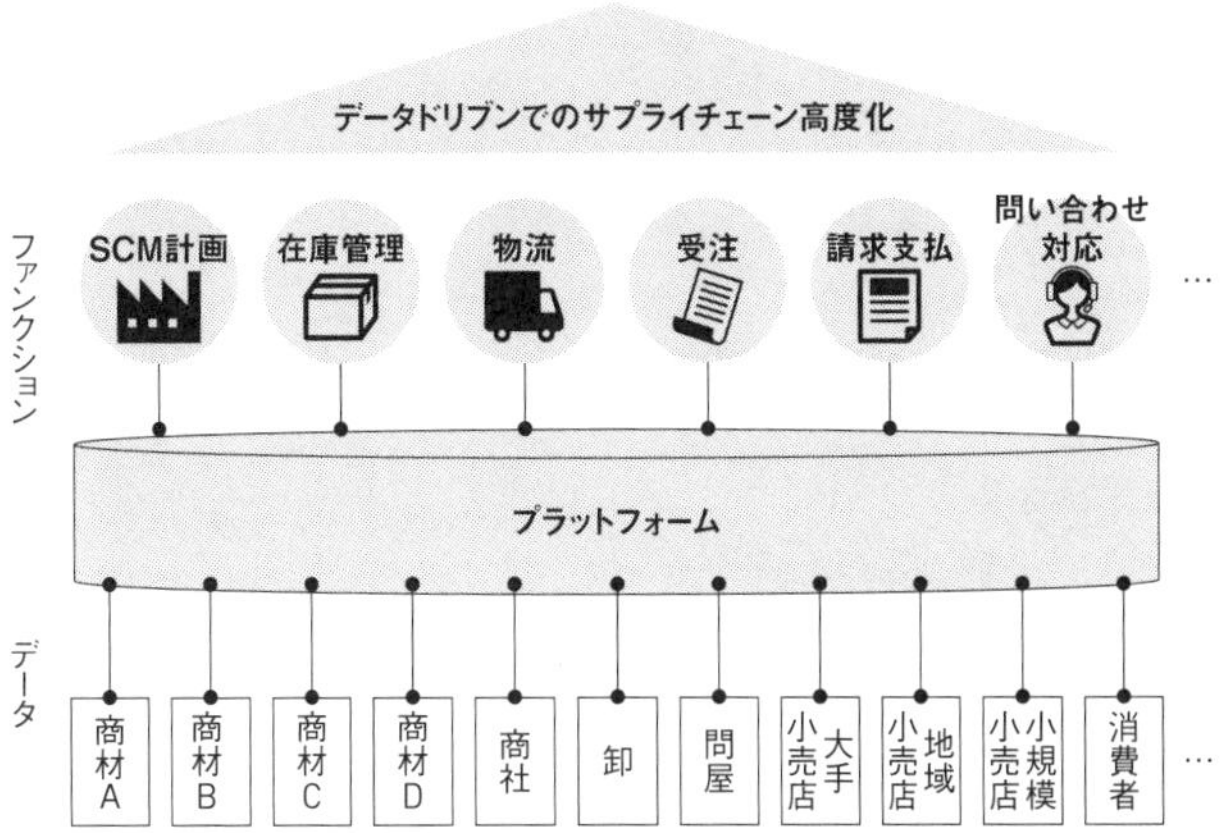

情報の統合化が実現できると、非競争領域の業務（各プレーヤーが共通で行うような管理系やバックオフィス系の業務）も企業横断で統合され徹底的に効率化される。さらに、集約したデータを活用することで、競争領域のさらなる高度化を突き詰める動きも加速していくだろう。

（出典）アクセンチュア作成

のほうが圧倒的に大きい。

さらに、プラットフォームに参加するメーカーや小売店は、プラットフォームに蓄積される販売・在庫情報などをＡＩを使って分析することにより、精度の高い売上計画や需要予測などを生み出すための材料となる各種データを得られるようになる。プラットフォームの利用企業がそれらのデータをもとにＡＩなどを活用して顧客の需要予測や各種の計画を作成し、プラットフォーム上の実績情報と対照しながら予実管理をしていけば、非常に無駄のない、超効率的なサプライチェーン・マネジメントが実現するだろう。

まだ構想段階の部分もあるが、いくつかの業界が、単なる物流共同化の枠組みを超えた「次世代物流プラットフォーム」に向けて、すでに動き出している。次章では、この「次世代物流プラットフォーム」を誰が中心になって形成し、運営していくのかについて検討する。

第4章

次世代物流プラットフォームの担い手は誰か？

第2章で「次世代物流プラットフォーム」というコンセプトを提示した。本章では、この新しいプラットフォームの担い手（つまり、プラットフォーマー）が誰になるのか、あるいは誰が担うべきかを検討してみたい。

私が想定しているのは、①物流会社、②大手商社や卸、③荷主企業の3種類だ。一つずつ見ていこう。

物流会社
――運ぶプロだがＳＣＭの提案力が課題

物流プラットフォームという名がついているので、物流会社がプラットフォーマーになるのは、ごく自然の流れと思われるかもしれない。だが、なかなかそう簡単な話ではない。物流会社は荷主の発注通りにモノを保管し納品先に確実に届けてくれるが、少し厳しい言い方をすると、モノの保管や輸送以外の役割は果たせていないとも言える。荷主企業が物流会社にあまり多くを期待していないという事情もあるが、荷主企業のサプライチェーン・マネジメント（SCM）全体を改革していこうという視点と意欲に欠けているのだ。

業界を取りまとめてプラットフォームを形成し、デファクト・スタンダードにしていくには、その業界や各企業が抱えている経営上の課題やペインポイントを把握し、「経営」を改革するためのツールやソリューションをプラットフォームの機能として用意していかなければならない。

私は「次世代物流プラットフォーム」の担い手の条件として、「①業界取りまとめ力」「②協業力」「③経営改善力（コンサルティング能力）」の三つが必要だと考えている。

「次世代物流プラットフォーム」の担い手の3条件

1 業界取りまとめ力
2 協業力
3 経営改善力（コンサルティング能力）

順に説明していこう。

「次世代物流プラットフォーム」は業界別につくることを目指しているので、その業界に属するメーンプレーヤーの参加が鍵となる。「①業界取りまとめ力」というのは、そうした企業を説得して口説き落とせるかどうかだ。

また、「次世代物流プラットフォーム」にはすでに述べたように、単にモノを保管し運ぶ機能を持たせるだけではなく、輸送や在庫の最適化、受発注管理、決済機能、需要予測のためのデータ提供、与信やファイナンス機能など、プラットフォームを利用する企業のニーズに合わせて様々な機能を付加し、プラットフォームの利用価値をどんどん高めていく必要がある（スマホのアプリのように、ユーザーが必要とするサービスをプラットフォームに追加できるようにするイメージだ）。そのためには、プラットフォーマーが単独で機能やサービスを構築するだけでは足りず、様々なサービス事業者と連携して機能提供のエコシステムを構築していかなければならない。その際に必要なのが、「②協業力」だ。

物流会社が単独でサービスを提供するのでは、機能の種類やサービス内容におのずと限界がある。そうではなく、物流最適化アプリ開発のベンチャー企業、システム会社、金融機関、保険会社、経営コンサルティング会社、ＡＩサービス企業、物流設備・自動化ロボット開発企業など、多くの企業と連携し、プラットフォームの「機能」を充実させていくことが重要だ。

「③経営改善力（コンサルティング能力）」も欠かせない。プラットフォーム側が「機能」や「ツール」を提供するには、そもそもプラットフォームに参加する企業のニーズや課題を詳細に把握しておかなければならない。しかも、そのニーズや課題に対する解決策を考える際には、物流部門のコスト削減や効率化といった部分最適ではなく、サプライチェーン全体の最適化という視点が必要だ。

「次世代物流プラットフォーム」は、当初は見かけ上、業界別の物流共同化というレベルからスタートするかもしれないが、いずれは、このプラットフォームでやり取りされる情報（商流情報）が、企業のサプライチェーン・マネジメント戦略にダイレクトに反映するような仕組みに発展していくことを想定している。そのため、プラットフォーマーには、対象とする業界や企業の経営に対する深い知識のほか、ＡＩを含めた情報化やデータ化がサプライチェーン・マネジメントにもたらすインパクト、さらにはサステナビリティ経営などを熟知している必要がある。

詳しくは、次章の「プラットフォーム時代の物流企業の選択」で述べるが、日本の物流会社は、モノを保管し運ぶという役務提供においては欧米と比較しても非常に優秀だが、物流という領域を超えて荷主企業のサプライチェーン・マネジメントにまで踏み込んで経営改善を提案する機会がこれまであまりなかった（そもそも、荷主から求められていなかった面もある)。また、物流会社もそうした視点にやや欠けていて、サプライチェーン・マネジメントの経営改善能力を高める努力をあまりしてこなかった。

そうした状況を踏まえて、先に挙げた担い手の3条件を物流企業に当てはめてみると、すべてを満たせそうな企業はかなり限られそうだ。

大手商社
——業界掌握力は抜群だが、カニバリズムの懸念

プラットフォーマー候補として、大手商社について考えてみよう。実は、ここで挙げた3種類のプラットフォームの担い手候補の中で、著者が個人的に本命視しているのが大手商社だ。

大手商社のアドバンテージは、業界ごとに状況は異なるものの、すでに「商流」を握っている、あるいは握ることができる業界がいくつかあることだ。物流会社がプラットフォーマーになる場合は、「業者(物流会社)」がより立場の強い「お客様企業(荷主)」に対して「プラットフォームに乗りませんか」とアプローチしていく必要があるが、それに比べると、「商流」を握っている商社のほうに分がある。

先ほどの3条件で考えてみると、商社の「①業界取りまとめ力」は非常に強力だ。また、

「②協業力」については、商社流の強引なやり方（資金と人材を一気に注入し、短期間で成果を出す）に賛否の声はあるかもしれないが、行動力がありネットワーク力も高いので、この能力も十分と言えそうだ。「③経営改善力（コンサルティング能力）」についても、物流会社よりはアドバンテージがあると思われる。

ただし、懸念がないわけではない。

大手商社は、非常に短期主義でせっかちだ。投資して2年か遅くとも3年で大きな結果を求める。つまり、投資リターンをすぐに必要とする。業界別の「次世代物流プラットフォーム」を立ち上げて、果たして2年で投資に見合うだけのリターンがもたらされるかどうかがポイントだ。逆に、投資回収や投下資本利益率（ＲＯＩＣ）に確信を持てたとき、商社主導で物流プラットフォーム構想が一気に動き出す可能性がある。

ただし、この件に関しては、別の見方もできる。一つ目に手がけたある業界の「次世代物流プラットフォーム」のリターンが仮に2年で十分得られなくても、そのプラットフォームの一部を変更して別の業界でもプラットフォームを展開していける見通しがつけば、「2～3年で投資回収」という縛りは少し緩くなるはずだ。

既存ビジネスのディスラプト懸念

大手商社が物流プラットフォームを主導することに関しては、別の側面からも進む可能性がある。その側面とは、ある業界で物流プラットフォームが導入されてデファクト・スタンダードになった場合、それまでその業界で商社が展開していたビジネスがディスラプトされる可能性があることだ。

商社の主な収益は、取引の手数料収入だ。だが、プラットフォームという仕組みを導入することによって、従来型の人を介した非効率な取引が、ネットを通じたオンラインの取引に変わっていく。その際に、これまで商社が手にしていた「非効率な取引によって生じる手数料」が消滅してしまう可能性があるのだ（詳しくは、第5章「大手商社のプラットフォーマー戦略」参照）。

この件に限らず、商社は今、大きな岐路に立たされている。かつて大手商社は、世界中に人を送り込んで情報収集のネットワークを張り巡らせ、独自に得た情報と人脈を武器にビジネスを展開してきた。しかし、インターネットが世界的に普及した結果、これまで商社が世界中に築いてきたネットワークは以前ほど大きな強みではなくなってきている。

しかも、商社は伝統的に、何かビジネスチャンスを見つけると「人」と「金」を集中的に投じて、短期間ですべて刈り取っていく手法を得意としている。そのため、事業ノウハウは「人」に蓄積されていき、会社自体にはナレッジがそれほどたまらないといういわば構造的な欠陥を抱えている（商社出身の起業家が多いのもそのためだ）。さらに、意外に思われるかもしれないが、大手商社の社内では、ＤＸ（デジタル・トランスフォーメーション）があまり進んでいない。どの大手商社もＩＴ系のベンチャーに積極的に投資し、グループ会社にＳＩ企業を抱えていたりするが、肝心の商社本体のデジタル化は立ち後れている。物流プラットフォームが商社主導で進められる場合には、商社のデジタル化に対する消極的姿勢がネックになる懸念がある。

企業（荷主）
——共同配送は失敗の歴史

では、三つ目の企業（荷主）がプラットフォームの担い手になる、という選択肢はどうだろうか。

同じ業界の会社同士であれば、運ぶ商品も似ているし運び先も同じだ。机上で考えれば、ライバル企業同士が手を結び配送や在庫を含めた物流を本格的に共同化できれば、大きなメリットが得られることは明らかだ。実際のところ、ビール業界、食品業界、カメラ業界、化粧品業界、生活用品業界など様々な業界が物流共同化を試みてきた。

だが、「机上での構想」ほど現実は甘くない。ライバル企業同士が組んだ共同配送の中で、うまくいっている例や今後さらなる発展が見込める例は非常に少ない。

ライバル企業同士が組んだ共同配送がなぜ成功しにくいのか。その理由を一言でいえば、共同配送の主体がライバル企業同士だからだ。トートロジー（同語反復）のような表現だが、どの企業も日々しのぎを削っているライバル企業に対しては、どんな情報も漏らしたくないとの思いが強い。それが出荷や売り上げに関わる情報ならなおさらだ。ライバルとの競争が激しい業界ほど、企業は物流を「競争領域」と認識する。もし、ライバル同士で手を組むことがあるとしたら、それは「競合の度合い」が薄れている場合だ。

「競合の度合い」は、地域によっても異なる。例えば、北海道のように本州に比べるとデマンドが小さい地域において、メーカー各社が小売店にばらばらに配送すると、１回当たりの配送量が小さくなり、コスト効率が非常に悪い。もちろん、扱う製品の利益率にもよるが、非常に薄利な場合は、競合対策より黒字確保のほうが優先順位が高く、共同配送に関してライバル企業と利害が一致しやすい。

ビール業界は競争が非常にし烈だが、大手４社は２０１７年に北海道で、２０１８年には関西・中国地区と九州地区の間で、鉄道を活用（モーダルシフト）した商品の共同配送を始めている。だが、全体量からすると、共同配送される量はごく一部にすぎない。デマンドの小さい地域ではライバルと手を組む動きもあるが、それが発展して大消費地の首都圏においても、配送のみならず、同じように倉庫拠点も含め共同化していくことはハードルが高い（部分的な業務提携は始まっている）。

例外的な存在は、大手食品企業同士が共同物流に取り組んでいるＦ－ＬＩＮＥ（エフライン）の取り組みだ。味の素やカゴメ、ハウス食品工業など5社が出資して、２０１９年に食品の共同物流の会社を設立した。旧商号は味の素物流で、そこにカゴメ物流サービスやハウス物流サービスの一部の事業などを統合した。このケースでは、実質的に味の素が業界の取りまとめ役となって自社の物流アセットを供出し、それに他社も共鳴して乗った形だ。ただ、この取り組みも共同配送の域を出ておらず、本書が提唱している「次世代型」に発展する動きは現状では見られない。また、Ｆ－ＬＩＮＥは、もともと味の素が全国規模の物流機能を持っていて、それを業界のために活用するとの決断があったために成立した話であり、他の業界ではなかなか真似できそうにない。

立場の弱い者はルール形成の主導権を取れない

結論を言うと、荷主企業がプラットフォーマーになるのは、今の状況を考えると難しいと言わざるを得ない。旧世代の共同配送まではなんとか実現できたとしても、プラットフォームの情報を需要予測や生産計画にまで活用しようと試みる「次世代型プラットフォーム」への発展は困難だろう。次世代型には、共用のプラットフォームを使って利用企業（荷主）のサプライチェーンを効率化する目的があるため、荷主だけでなく納品先（商品の発注企業）の顧客にもこの仕組みを利用してもらう必要がある。ところが、納品先（例えば食品や日用品であれば、大手スーパーがそれに当たる）の企業は、独自の配送や受発注のルールを持っていて、それに関する主導権を荷主側のプラットフォームに渡すとは考えにくい。もっとわかりやすく言えば、立場の弱い者（メーカーと小売りでは、消費者を握っている小売りのほうが圧倒的に立場が強い）がルール形成の主導権を握ることはできない、ということだ。

結局、三つの候補の中で残ったのは、物流会社と大手商社である。そこで次の第5章と第6章では、物流会社や大手商社がプラットフォーマーとなった場合の戦略について見ていく。

第5章

プラットフォーム時代の物流会社の戦略

これまで述べてきたように、物流改革への機運は今、にわかに高まってきている。単にモノを保管したり運んだりという機能だけでなく、物流はサプライチェーンをつなぐ重要なハブであるという認識のもと、「業界別次世代物流プラットフォーム」の構想が進み始めている。

その中核となるプレーヤーとして真っ先に名が挙がるのは、やはり物流会社だろう。

これまで物流会社は、荷主の要求に愚直に対応するべく、各企業の物流部門が出してくる要求に応えてきた。しかし、これからの物流会社に求められるのは、単に荷主の要求に応えることだけでは足りない。荷主企業が抱えている本質的な経営上の課題に対して、「物流とサプライチェーンの専門家」として、そして対等の関係にあるパートナーとして応えていく姿勢が求められる。

ただし、すべての物流企業がそうした役割を担えるわけではない。次世代物流プラットフォームの時代に、物流会社の選択肢は、プラットフォーマー（あるいはそれに準じる立場）で企業の物流改革やサプライチェーン改革を牽引していくのか、それとも、モノを運び保管する「ファンクション提供者」の立場に徹するかの二つに分かれるだろう。

「自分たちはサプライチェーンの高度なところまでは扱えない」と考える物流会社も当然ある。日本通運、日本郵便、ヤマト運輸、日立物流、佐川急便、西濃運輸などの大手が先行して動き、それに追随するだけで十分と思っている物流会社もある。もちろんそういう道もあるが、著者としては、今、物流の第一線で汗を流している人たちが、次世代物流プラットフォームの時代に備えて大きく意識を変えてもらいたいとの思いがある。

発想を「物流」から「ＳＣＭ経営」に広げる

プラットフォーム時代において物流会社は、発想を「物流」という狭い枠でなく、その枠を取り払って「サプライチェーン全体を改革する」という発想に切り替える必要がある。

荷主企業が物流会社に業務を発注する際は通常、自分たちの要望をＲＦＰ（提案依頼書）にまとめ物流会社に渡す。物流会社はそれに１００％応えようとして、具体的な計画を作成し、自社のアセット（倉庫やトラック、人員など）を割り当てていく。

この仕事の進め方は一見すると正しいようだが、実際はそうではない。なぜなら、荷主企業が自社の物流やサプライチェーンの課題を正確に把握できていないケースがほとんどだからだ。

例えば、アクセンチュアにコンサルティングの依頼が来るときも、まずクライアントからの要望（ＲＦＰ）が私たちのところに来る。私たちはもちろんＲＦＰをよく検討するが、そこに書かれている内容がすべてだとは思っていない。そもそも課題の捉え方が間違っているのではないか、正しい課題は別にあり、具体的には○○なのではないか、という捉え方をして課題をどんどん掘り下げていくのが普通だ。もっとストレートに言うと、「ＲＦＰは必ずしも正しいものではない」という前提で話を進める。だが、残念ながら、その感覚が物流会社にはまったくない。

物流現場で毎日、配送や倉庫内の在庫管理などを懸命にやっている人たちに、急にサプライチェーンの課題を考えていこうと言ったところで何も変わらない。まずは、物流会社の経営層が、物流単体からサプライチェーン全体へと発想を広げていくことが欠かせない。荷主のＲＦＰを超えて提案するには、単にトラックや倉庫を売るというプロダクトアウト的な発想から脱し、荷主企業が抱える課題を探り「物流のプロ」として解決していくために独自のノウハウを蓄積する必要がある。

物流業界に求められている五つのアクション

また、サプライチェーン全体に視野を広げる際には、自社のアセットやサービスにとらわれず他社と連携してサービスを提供していく発想が求められる。

例えば、損害保険会社の損保ジャパンは、自動運転技術のベンチャーに投資をしてグループ会社化している。同社は物流領域についてそれほど詳しいわけではないが、自動運転技術を生かせる方法を模索し、物流自動化に関して何かサービスを提供できないか考え始めている。

実は、保険会社は全国に支店を多数持ち、コールセンターなどの問い合わせ窓口も充実している（物流会社のコールセンターよりも規模や質の面で上回っている）など、優れたインフラを持っている。それに加えて、保険会社は保険商品の開発・設計のためのデータアナリストを多数抱えている。次世代物流プラットフォームでも、その運用においてデータ分析力が重要な鍵を握るため、こうした分析力は魅力的だ。つまり、保険会社は物流会社のパートナーとして非常にフィットする可能性がある。

物流会社は自分たちのアセットだけで顧客の要望に応えるのではなく、顧客が必要とす

図表5-1　物流に求められる五つのアクション

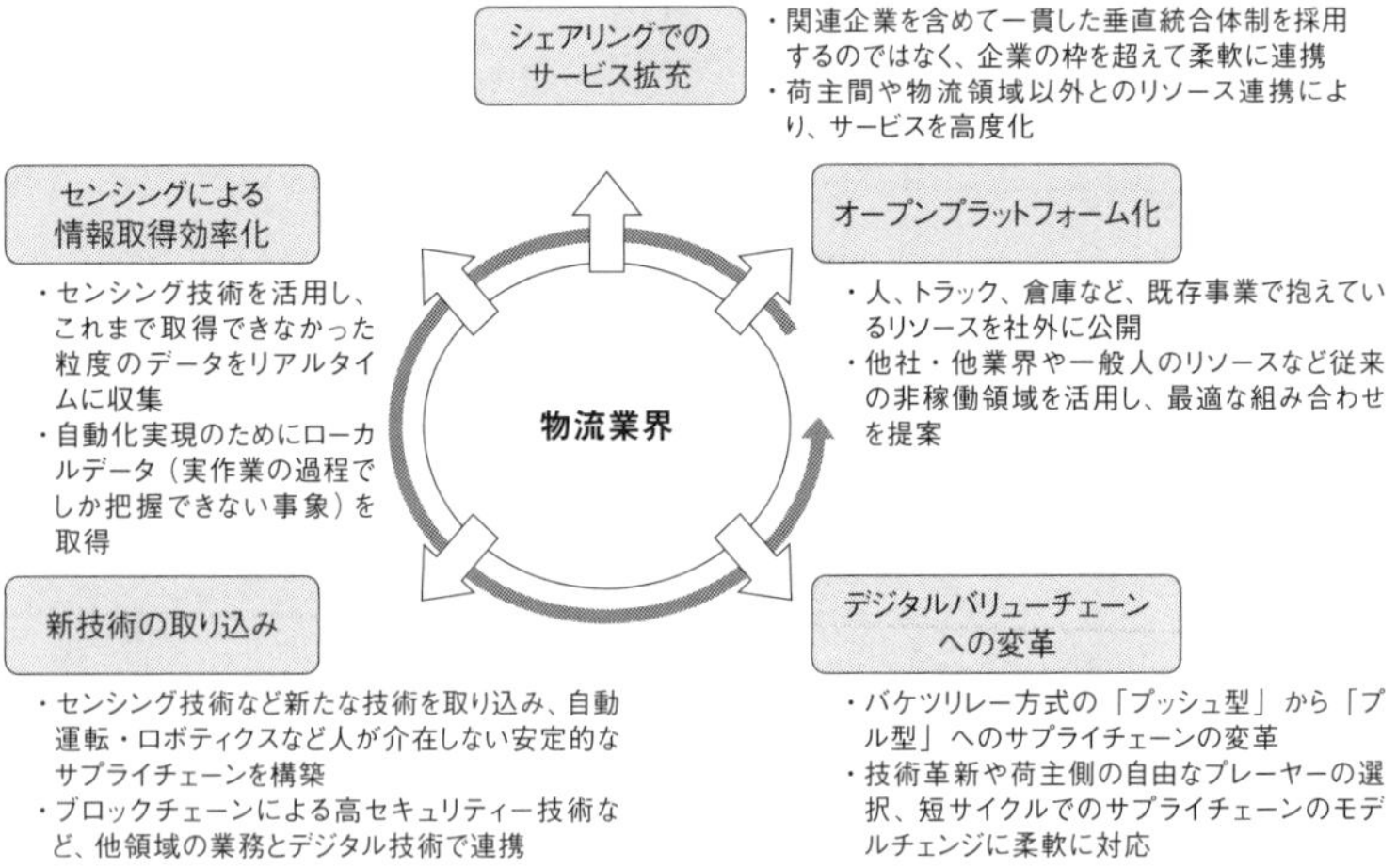

（出典）アクセンチュア作成

るサービスは何かをサプライチェーン全体で考え、そうしたサービスを提供できるプレーヤーとどんどん組んで、サービスのエコシステムを形成していくという動き方が必須となっていくだろう。

今、物流業界に求められているアクションを図表5―1にまとめた。具体的には、①オープンプラットフォーム化、②デジタルバリューチェーンへの変革、③新技術の取り込み、④センシングによる情報取得効率化、⑤シェアリングでのサービス拡充の五つだ。これらに関して、物流企業がすべて自社単独でやろうとするのは現実的ではないうえ、実現不可能だろう。そうしたサービスを提供できる企業と提携していく力が物流企業には求められる。

物流会社の二つの選択

次世代物流プラットフォーム時代の到来を前に、これから物流会社はどのような方向に進むべきなのだろうか。

それには、二つの道がある。

①物流会社同士の連合体によって、互いの強みと弱みを補完する

②商流を握っているプレーヤーと連携して、荷主が必要とするサービスを構築する

この二つの中では、②が業界別プラットフォームにもつながる道でもあるが、「①物流会社の連合」を模索する企業もあるだろう。

２０１６年の佐川急便と日立物流の経営統合を視野に入れた資本提携の発表は、物流業界に衝撃を与えた。企業の物流業務を一括受託（３ＰＬ）し幹線輸送を手がけている日立物流とＢ２Ｃの佐川急便が連合を組めば、業務の重複が少ないのでうまくいくのではない

か、という見方がこの提携の背景にあった。しかし、2020年9月に提携は見直しとなり、経営統合は事実上消滅した。

その理由は様々あると思うが、私はむしろ、両社の顧客が異なるため連携による相乗効果が生まれにくい面があったと考えている。これとは逆に、両社の顧客が同じで、それぞれが特徴のあるアプローチ法やノウハウを持っているケースのほうが高い相乗効果を生みやすいと思う。その意味で、最初から効果が出にくい取り合わせだったのかもしれない。

「②商流を握っているプレーヤーとの連携」については、大手物流会社は「総合物流企業になる」という目標を掲げ、荷主のサプライチェーンの問題を解決していく方針を持っている。だが、物流会社が持つ機能や能力には限界があり、商流を握っているプレーヤーとの連携や、外部企業の協力を得てサービスのエコシステムを築いたうえで自ら商流を握りにいく選択肢も考えられる。

荷主企業のニーズに物流企業はどう応えるか

荷主企業は今、次のような問題を抱えている。

荷主企業が抱えている課題

・需要予測が当たらない
・需給調整が適正にできない
・在庫の不足や余剰が時々起きてしまう
・廃却コストなどの無駄をなくしたい
・つくった製品を消費者が必要なタイミングで届けられない
・資材の調達が遅れて、生産が追いつかない
・商流全体の中で、自分たちの製品の在庫が把握できない
・物流の手続きに手間が異常にかかる

など

荷主企業の悩みや課題は千差万別であり、どんな手を打てば解決できるのかを自身でわかっている企業はほとんどない。そこで、物流企業がそうした企業や業界のパートナーになり、物流を起点にサプライチェーン全体を効率化する取り組みが重要になってくる。

卸業界の中には、利益率の低い商品に関しては「非競争領域」と位置づけて、業界共通のプラットフォームをつくって共同物流などに取り組もうとしているところもある。例え

ば、医薬品卸の業界では、抗がん剤などごく一部の新薬は高い利益率が見込めるが、大部分の特許が切れた薬の利益率は低く、なるべくコストや労力をかけないで流通させたいというのが卸会社の本音だ。

しかし、薬という商品の性質上、品質管理（温度帯やトレーサビリティーなど）に配慮しつつ、災害時などでも在庫を切らさずに、薬を必要とする患者のところへ確実に届ける必要がある。薬の流通は社会的意義の高い仕事でもある。こうしたケースでは、業界に属する企業の利害が一致しているのでまとまりやすく、物流会社がそのパートナーになって業界別物流プラットフォームの構想を描くことができる。

実際、日本通運は、製薬企業や医薬品卸会社向けに、医薬品物流の全体最適を実現するサプライネットワーク構築を目指すプラットフォームをつくり事業をスタートさせている。計画では、医薬品にＩＣタグをつけることで、配送を依頼した医薬品が、どこに、どのような状態にあるかをリアルタイムで知ることができる。また、ブロックチェーン技術を活用して、医薬品の偽造や窃盗、履歴データの改ざんリスクを軽減し、トレーサビリティーや品質を確保するとしている。

第3章で述べたように、医薬品業界の「次世代物流プラットフォーム」においては

・薬の需要情報（予測を含む）
・薬の在庫情報（在庫基準や基準に対しての保持情報など）
・物流への指示情報
・運ぶ際の品質情報
・各企業、地域での薬の保有情報
・病院、薬局での使用、在庫情報

などがプラットフォームを利用する企業間で連携されていく必要がある。そうすることで、

・各地域に無駄な在庫はないか？
・偽薬は混入していないか？
・品質保持ができていない薬はないか？
・配送も効率的にできているか？

などの課題に対して、解決策を打ち出していけるようになる。

図表5-2　医薬品業界の物流プラットフォームのイメージ（再掲）

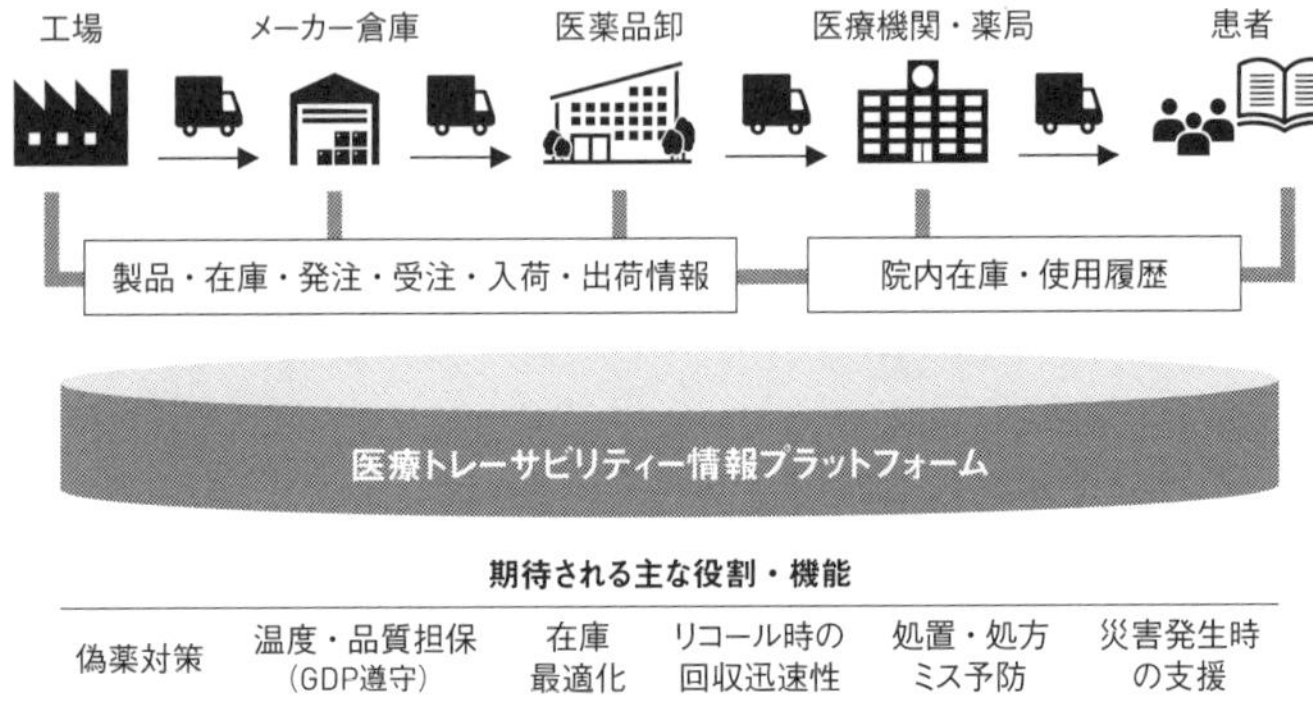

（出典）アクセンチュア作成

また、情報がまとまることにより、プラットフォームが備えているファンクションをさらに活用できるようになり、

・病院や薬局の薬をオーダーする処理をＡＩで自動化する
・品質基準を下回りそうなものは自動的にアラートを出す
・出荷、検品などの処理をＩｏＴを使って簡素化する
・月末まとめの請求、支払い処理などを簡易化し、主要業務への集中を促す

などによって、関与するプレーヤーの業務効率化や負担軽減が実現できる。プラットフォームが「情報ハブ」としての機能を持つことによって、

これまで分断されていたサプライチェーン間の情報がつながっていく。こうした情報連携を促すことによって、様々な業界の課題解決が可能となる。最終的には、サプライチェーン領域の先にある医療機関内や薬局内の在庫管理や、患者の服薬管理のところまでプラットフォームのカバー範囲を広げていくこともできる。

この取り組みはまだ道半ばだが、今後はさらに多くのプレーヤーと連携し、プラットフォームに蓄積された様々な情報を参加するプレーヤーの改善活動につなげていくことが望まれる。そうした好循環をいかに生み出せるかがポイントとなるだろう。

医薬品業界のような社会的意義のある業界の改革が進むことは、最終的には消費者（患者）のメリットとなる。プラットフォームの活用によって、従来の流通にかかっていた無駄なコストや労力が削減され、トレーサビリティーなどの活用で医薬品の廃棄量が減れば、それは医療費の適正化にもつながっていくはずだ。

物流企業と商社の連携

次に物流会社と商社との連携を考えてみよう。

私は、物流機能を補完するパートナーとして、多くが大手商社の配下にあるコンビニエンスストアに注目している。コンビニは、ラストワンマイル物流（顧客にモノが到達する最後の区間の物流）の補完拠点としての機能が期待されている。これは、新型コロナウイルスの蔓延などの影響でネット通販などのＥＣ需要が急拡大し、物流能力がひっ迫したことなどが背景にある。今後は、限界に来ているラストワンマイル物流に関して、配送方法や配送拠点の考え方を変えていく必要があるだろう。

このラストワンマイル物流という視点から、物流会社と商社（コンビニ）が連携する組み合わせはメリットがありそうだ。

物流企業が大手商社と組む場合、動くスピード、既存のサービスや既成概念を崩す能力は、物流会社よりも商社のほうが高い。その結果、商社と対等に組んだつもりが、実際には商社に主導権を奪われることにもなりかねない。商社と対等な立場で組むには、従来の物流機能に加えて、サプライチェーンの改革能力や物流自動化の設計力・コンサルティング力など、商社にはない実力を備えておくことが欠かせないだろう。特に、物流自動化に関しては、物流会社のほうに現場を熟知しているアドバンテージがあり、（残念ながら今のところは生かせていないが）今後重点的にノウハウを蓄積すべき分野だ。

本書では何度も強調しているが、こうしたノウハウや技術は自社単独で蓄積していくことが難しいため、足りない機能や能力を外部の企業と連携してエコシステムを構築し、サプライチェーン全体をサポートできるサービス基盤をつくっていくことが重要だ。

物流自動化にどこまで対応できるかが試金石

物流の自動化に対して物流会社がどこまで対応していけるかは、物流会社が今後、企業の戦略的パートナーになれるかどうかを占うための重要な視点だ。

日本の労働人口の減少が明らかな中で、物流の自動化はもはや避けられない課題だ。本来は、物流企業が自動化をリードしていくべきだが、現在は残念ながらそうなっているとは思えない状況だ。

世界を見渡すと、アマゾン、ウォルマート、アリババなどの事業会社が物流自動化に果敢にチャレンジし、最先端の自動化コントロールのノウハウを蓄積している。こうした先進企業は、世界中からトップクラスの優秀な技術系人材を雇用し、叡智を結集して倉庫の自動化やシステム構築などに取り組んでいる。

では、日本はどうかというと、ユニクロを展開するファーストリテイリングなどＳＰＡ（製造小売り）の一部は頑張っているものの、前述したように、人力を中心とした物流の現場が優秀であるため、なかなか進んでいないのが実情だ。また、物流企業の人材採用を見

図表5-3　自動化に取り組む際の主なチェックポイント

時期	チェック内容
計画段階	・ベンダーに正確な要求（RFP）を提示できているか？ ・各拠点がばらばらに自動化を行っていないか？ ・拠点間でデータ連動できているか？ ・どのようなデータが見えるように設計しているか？ ・複数メーカーのマテハン機器を混在させられるか？ ・故障時にどんなリカバリーができるか？ ・セキュリティーは万全か？ ・計画系、実行系のシステムと連動できているか？
導入後	・マテハンベンダーに丸投げで、導入後、ブラックボックスになっていないか？ ・導入後、マテハンがボトルネックになっていないか？ ・上位システム（注文管理システムやWMSなど）との連携はうまくいっているか？ ・緊急対応、特殊対応などの人員調整はできているか？ ・保守メンテナンスの計画はできているか？ ・マテハンの停止などが問題になっていないか？

（出典）アクセンチュア作成

ても、超優秀な人材を世界中から採用しているアマゾンなどに比べるとかなり見劣りしてしまう。

もちろん日本でも、倉庫内のピッキングロボットや自動搬送機の導入など、物流自動化は進められている。しかし、サプライチェーン全体でどう効率化・最適化していくかの思想や計画を綿密につくっていないケースが多く、結果的に場当たり的で部分最適しか考えていない機器導入にとどまり、投資額の割に効果が低いことが少なくない。

倉庫では、パレットやフォークリフトなど、モノの保管・運搬業務を効率化するために用いられるマテハン機器（マテリアルハンドリング機器）が動いている。

ない。

そこに、AGV（無人搬送車）やピッキングロボット、自動倉庫、自動フォークリフト、ロボットアームなどを導入していけば自動化・省力化は図れるが、導入はそれほど簡単ではない。

倉庫の自動化を目指すためには、WMS（入出庫・在庫管理）、WES（作業管理）、WCS（設備の制御・監視）という三つの情報システムを動かす必要がある。そして、荷主企業がどんな課題を解決したいのかというビジネス要件に合わせて、全体のシステムを設計し、それに基づいて自動化機器を選定する必要がある。その際、マテハン機器とこれらのシステムをどのように連動させるか、複数メーカーのマテハン機器を混在させられるか、拠点ごとにデータを連動させられるか、追加で自動化機器を入れたときの拡張性はあるか、故障時にどんなリカバリーができるか、セキュリティー上の問題はないか、自社の計画系、実行系のシステムとどう連動させるかなど、検討しなければならない課題が山ほどある。

アマゾンは自社に優秀な技術者を多数抱えて、WMS、WES、WCSの開発から一部のマテハン機器の開発までを自前で手がけ、そこに莫大な投資をしている。最先端の自動化倉庫のモデルを一つつくれば、それを世界中に展開できるので多額の投資をしても回収できるという考えだ。アリババやウォルマートも、WMSとWES、WCSの一部を自社開発し、自社の強力なコントロール下でマテハンメーカーを活用しながら自動化を進めて

図表5-4　アマゾン、アリババ、ウォルマートの物流自動化の取り組み状況

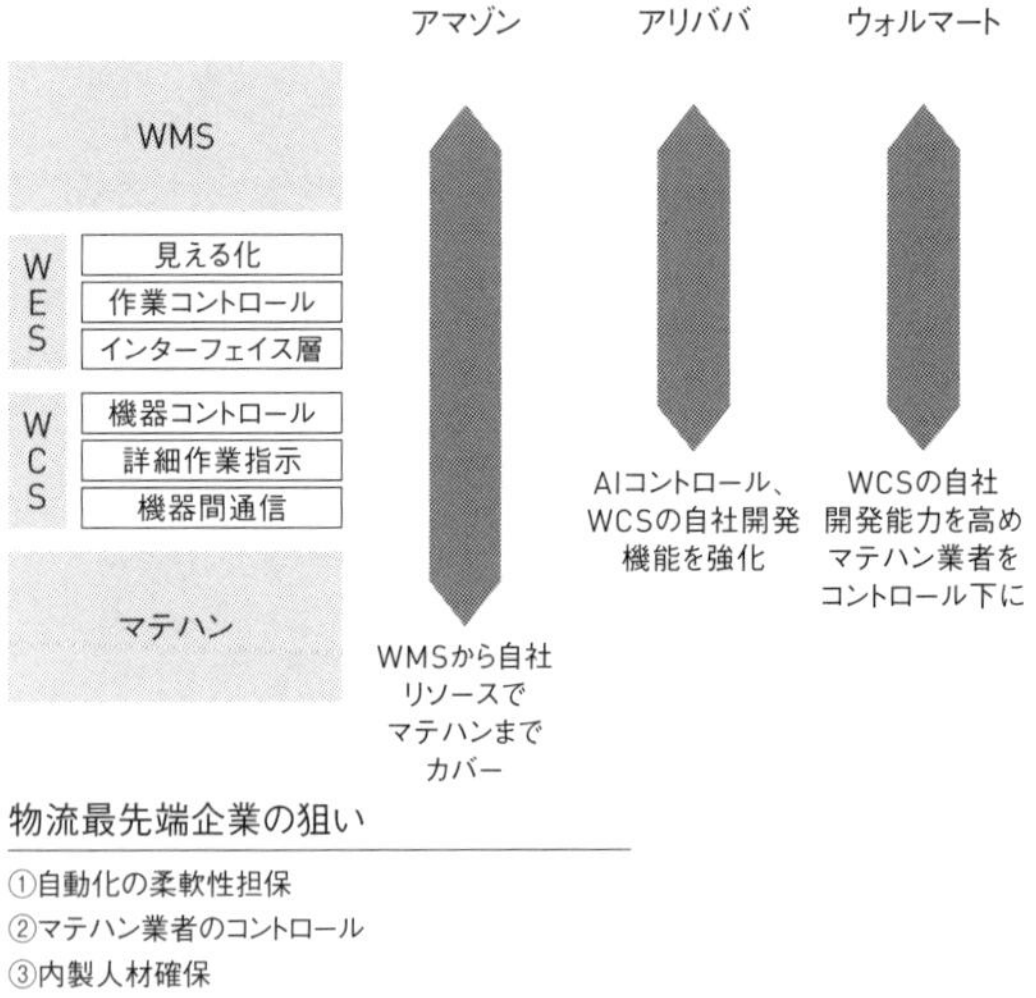

（出典）アクセンチュア作成

いる（図表5－4参照）。

物流の世界最先端を行くこれらの企業が、自前の人材による自前のシステムにこだわるのは、この部分が経営戦略上で最も重要と考えているからだろう。

こうした物流最先端企業の戦略・狙いは、「①自動化の柔軟性担保」「②マテハン業者のコントロール」「③内部人材の確保」の三つだ。今後、物流の自動化機器は急速に進化していくと考えられる。新しい機器が登場したとき、それに対応するためにシステムの大幅な改修が必要だと時間もコストもロスが大きい。そうならないために、「①自動化の柔

軟性担保」が欠かせない。そして、システムの柔軟性を確保するには自社開発が不可欠と彼らは考えている。

「②マテハン業者のコントロール」については、ＩＴ業界と比較するとわかりやすいかもしれない。企業が情報システムの導入などを検討するとき、ＩＴ業界にはＩＴベンダーがいて、基本的にはクライアントの要望を聞いて、最適なハードやシステムを第三者的な立場で様々な選択肢の中から選定し、導入を支援してくれる。ところが、物流関連のシステムや機器に関して、こうしたＩＴベンダー的な立場で導入を支援してくれるプレーヤーが非常に少なく、特に日本では、マテハン業者がその役目を担っている。

荷主企業は自動化に対する知識も経験も浅いので、マテハン業者とダイレクトに交渉することになれば、情報量の面で両者には圧倒的な差がある。そのため、交渉の主導権はマテハン業者が握ることになる。マテハン業者は自社の機器を売るのが目的なので、荷主企業の立場でシステムを構築し、機器を選定することはあまり期待できない。だからこそ、世界最先端の物流機能を持つ企業は、コストをかけて「③内部人材の確保」に力を注いでいるというわけだ。

また、外部の事業者を活用するリスクの一つとして「情報のブラックボックス化」もある。自動化システムの構築を外部に任せてしまうと、何かトラブルがあったときコントロール不能に陥るおそれがある。内部人材を確保しシステム内製化の比率を増やし、全体設計の主導権を握ったうえで外部の事業者を活用すれば、ブラックボックス化を防ぐことができる。ただし、ここで挙げた①から③を実現できる企業は、投資余力のある巨大企業に限られる。では、それ以外の企業はどうすればいいのか。

ここに、物流会社にとってのチャンスがあると思う。長年、物流の現場を牽引してきたプライドとして、物流自動化をリードする存在になる道だ。日本の実態は、荷主自体も何を自動化すべきか、どのようにやれば効果が出るのか模索している状態にある。

物流会社は、いつまでも人による職人技に依存するのではなく、物流DX化の根本に自動化とデータ化があることを再認識したうえで、自動化とともに物流に関連する様々な情報のデータ化をリードする存在になることを目指してもらいたい。

物流会社から「物流アセット」を引いたら何が残るか？

日本の物流現場を高い品質で支えてきた物流企業のきめ細やかなサービスは、他国の物流企業とは比べ物にならないほど優れている。ただし、そのサービスは人をベースに実現してきたものであり、そこに自動化機器を単純に持ち込むと複雑怪奇なものになってしまいかねない。職人が支えてきた品質のポイントを抽出・整理し、全体最適や将来の拡張性・柔軟性を見通したうえで自動化の全体設計を進めていくことで、日本ならではの品質の高い自動化された物流が生まれることを期待している。そのリード役を担えるかどうかが、物流会社の今後の大きな岐路になるはずだ。

現状では物流会社のビジネスは、倉庫やトラックをたくさん保有するアセット型だが、もし、物流会社がサプライチェーン全体の改革や物流自動化のノウハウなどを身につけていけば、今とはまったく異なるビジネスモデルとなる可能性がある。例えば、ファブレスメーカーの代表格であるアップルのようなビジネスモデルだ。

ご存じのように、アップルは製造機能を自社では持っていない。それと同じように、トラックや倉庫を持たない、つまり物流機能を持たない「非アセット型の物流会社」もあり得るのではないだろうか。プラットフォームを形成する力があれば、運送や保管など必要なファンクションは外部から調達すればいい。

逆に言うと、今の物流会社から「物流アセット」を引いたときに何が残るか？　そのとき、ビジネスは成立するのかと考えていくと、今の物流会社に何が足りないのかが浮き彫りになるだろう。

既存の物流会社は自社のアセットに多額の投資をしているので、クライアントに事業プランを提案する際には、どうしてもそれを前面に押し出さざるを得ない。クライアントの希望で他社のアセットをプランに組み込んでも、そこに自社アセットを活用したモデルを組み合わせようとする。こうした従来の商慣習から脱して、非アセット型の物流企業に転換してマーケットでの認知を広めていくのはなかなかハードルが高いと言わざるを得ない。であるならば、第三者的な視点を維持できる形で、プラットフォームを軸にした新しいビジネスモデルをつくっていくことのほうが現実的だ。

　例えば、アクセンチュアのようにアウトソーシングの受託も行っている企業体が第三者視点で物流企業を評価しながら最適解を出せる、「非アセット型物流企業体＝物流プラットフォーム」を形成する、というのも一つのやり方だろう。アナリティクスやＡＩ、アウトソーシングの受託能力と物流会社のアセット活用を連合させて、常にクライアントにとって最適なリソースを提供していくモデルである。このようなモデルにより、ブランドを刷新させ、マーケット認知として、物流会社のアセットありきではなく、複数の選択肢を持ったうえで最適解を提供していくことができれば、荷主側の認識も大きく変化するかもしれない。もちろんこの場合でも、連携する物流会社が１社ならその会社のアセットのみに縛られてしまうため、複数の物流企業と幅広く連携して「最適解を求める姿勢」を明確にしなくてはいけない。

サプライチェーンのデータ管理の基本

物流自動化とともに、現在、事業会社のニーズが高まってきているのが、サプライチェーン・マネジメントのデータ化や自動化だ。物流企業がプラットフォーマーになるためには、この領域に踏み込んでいく必要がある。そこで、サプライチェーンのデータ管理の基本について考えてみたい。

私たちは、サプライチェーンを3層に分けてデータを管理することを多くのクライアントに提案している。その3層とは

- **ネットワーク型コントロール**
- **内部SCMコントロール**
- **神経系コントロール**

の三つだ（図表5－5参照）。

図表5-5　SCMにおける3層でのデータコントロール

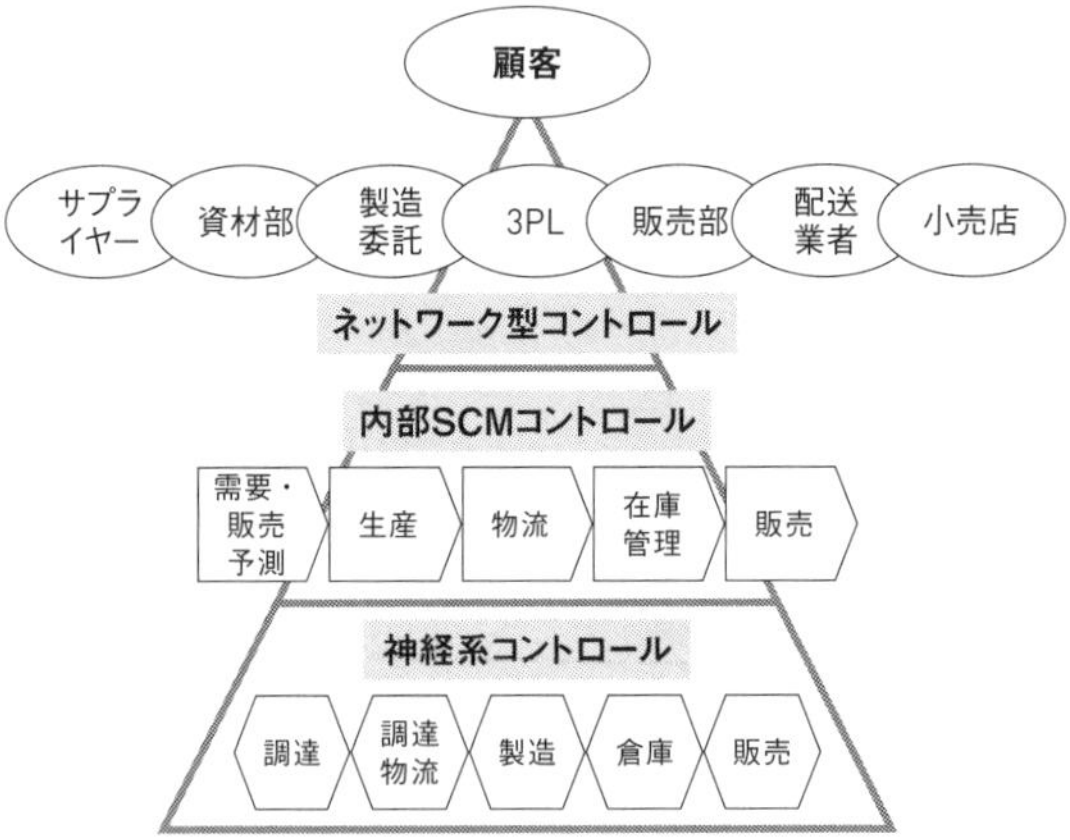

ネットワーク型コントロール

ポイント	挑戦
・パートナーからの情報取得 ・パートナーへの有益情報の提供	SCMネットワークに入るパートナーとの疎結合アーキテクチャー

内部SCMコントロール

ポイント	挑戦
・各機能単位を連携させ情報を一元化 ・計画系と実行系の情報連動	計画から実行までのデーター元化とAIコントロール実装（計画系職人技からの脱却）

神経系コントロール

ポイント	挑戦
・各現場処理のデータ化 ・個別最適ではない全体設計	全体設計のケイパビリティー不足を克服し、自動化と連動したデータ化を実現

（出典）アクセンチュア作成

「ネットワーク型コントロール」というのは、取引先や顧客など外部との情報のデータ化・やり取りに関して、「神経系コントロール」というのは自社の現場情報のＫＰＩ化・データ収集に関してのコントロールを指し、これらの情報をもとにサプライチェーンに関する需要予測や計画から実行までのコントロール（内部ＳＣＭコントロール）をする。この３層をどう組み立てていくかが、サプライチェーンにおけるデータ管理の肝だ。

「ネットワーク型コントロール」は、言い方を変えれば、サプライチェーンで関わっているプレーヤーと緊密にデータ連携することだ。具体的には、原材料の仕入先、製造委託先、卸会社、物流事業者、小売事業者などとの間でやり取りされる物流・商流に関する数多くの情報を集め、自社からも他のパートナーにとって役立つ情報を提供する。

「内部ＳＣＭコントロール」は、ネットワーク型コントロールで収集した情報と、後述する「神経系コントロール」によって自社内で収集してきた情報を掛け合わせ、ＡＩなどを活用して情報処理・分析したうえで、自社の経営にフィードバックさせていくことを指す。

企業の情報マネジメントは、計画系と実行系の二つに分かれる。計画系の精度を高めていくためにはサプライチェーンのパートナー企業とのデータ連携と、自社の各部門の細部にわたる情報をデータ化して吸い上げていくことが欠かせない。それらをもとに質の高い予測や計画を作成し、実行系へとつなげていく。

例えば、製品の需要予測や売上予測は、小売事業者から入手するＰＯＳデータのほか、気象情報や過去の販売動向や消費者動向などが分析材料になる。原材料の仕入先からは調達状況や調達の見通しについての情報を収集し、製品の生産にどんなリスクがあるかを自社内の情報だけでなく、ネットワーク型の情報をかき集めて判断できる体制にする。

一方で、企業内部の「調達」「調達物流」「製造」「倉庫」「輸配送」などに関しても、情報をきめ細かく吸い上げる体制（神経系コントロール）をつくることが肝要だ。細かい情報がすべて見える化、さらにはＫＰＩ化され、まるで飛行機のコックピットに座っているかのように、データによってモノやサービスの動きをリアルタイムでつかめるようにしておくのが理想だ。

こうした外部（ネットワーク型コントロール）と内部（神経系コントロール）から絶えず入ってくる情報を活用して、需要予測を作成し、各部門がそれに基づいて調達計画、生産計画、販売計画、在庫補充計画などを立案したり、需給調整をしたりする。

製造業の多くは、生産管理部門が生産計画をつくったら「あとは現場でよろしく」と言って製造部門に渡し、製造部門で製品をつくったら「あとは販売をよろしく」と言って販売部門に渡すという「見込みのバケツリレー」が常態化している。だが、この3層の情報コントロールをうまく組み合わせれば、社内で共通認識された需要予測をベースに従来の部分最適から全体最適を実現したうえで実行系に渡せるため、そのあとも需給調整などを一貫性をもって実行できるようになる。

例えば、潜在的なリスクや機会、脅威によって需要の見込みが急に変動した場合でも、サプライチェーン上の変動要因を直ちに分析して、自社の事業計画に反映できるようになるなど素早い軌道修正が可能になる。また、製品ライフサイクルが短期化する中、企業はリアルタイムに変化を感知し、処理・計画・対応する必要があり、それにはＡＩを活用した需要予測が不可欠だ。数百、数千の変数を取り込み、機械学習を用いてビジネスへの影響・リスクを計算したうえで数字を出すことは、ＡＩ以外にはできない芸当だ。

さて、ここで物流会社に話を戻そう。企業から物流を請け負っている物流会社は、モノの動きに関する大量の情報を持っている。ところが、それらを企業が活用できるようにデータ化して、フィードバックする体制がまるでできていない。その点では長い道のりになるかもしれないが、先ほどの3層のデータコントロールのうち、一番上の「ネットワーク型コントロール」を物流会社が取り仕切れるようになると、道は拓けていくと思う。第5章で紹介した医薬品業界向けの物流プラットフォームはそれを志向しており、大手物流会社の今後を占う試金石となるかもしれない。

プラットフォーマーを目指す前にやるべきこと

「ネットワーク型コントロール」に関する情報を人間の手で収集し分析していたら、扱える情報量にも限りがあるうえ、時間もコストもかかって割に合わない。実はこれまでも職人技を持つ人が企業側にも物流側にもいて、その人たちの力量と能力で「ネットワーク型コントロール」を回している企業もあった。

だが、すでに述べたように、ＥＣ市場の急拡大などによるＳＫＵの増加や流通形態の複雑化などで、このコントロールに必要な情報量は、収集においても分析においても、自動化やＡＩを活用しないとどうにもならないくらい爆発的に増えている。

ある大手日用品会社では、１人のプロダクトマネジャーが一つの商品を原材料の調達から小売店の販売までサプライチェーン全体に目を配ってマネジメントしていた。１人で一つの商品のサプライチェーン全体を管理・改善するやり方は機動的に需給調整をできるなど、かつては同社の大きな強みだった。しかし現在では、「ネットワーク型コントロール」で処理すべき情報量が１人で扱える量をはるかに超えているため、別の体制を敷いている。

また、人による情報コントロールは、情報処理の能力に限りがあるだけでなく、情報の

「ブラックボックス化」を招く。つまり、ノウハウを蓄積した中核的人物がいなくなると、途端に現場が混乱して回らなくなってしまうのだ。さらに、他の地域や海外で同じように展開しようと思っても、「ブラックボックス」の部分がハードルとなり、スピード感をもって展開できなくなってしまう。これは、ビジネスの継続性や成長性から考えると非常に大きなリスクだ。

物流現場では自動化とデータ化が喫緊の課題だ。そのためにも物流会社は、まず本業の物流の自動化に関する知見を蓄積し、様々なデータを人を介さずに自動的に吸い上げていく仕組みを企業が構築する際のリード役を目指し、そのうえでいろいろなプレーヤーと連携して、業界別プラットフォームをつくっていくという順番が大切だ。

これから人口が減っていき、危険な行為は人間にやらせないという風潮が急速に強まっていくことが考えられるため、自動化を進めることの社会的意義はどんどん大きくなっていく。もちろん、自動化機器やそれをコントロールするテクノロジーも発展する。

だからこそ物流会社は、サプライチェーン全体を通じて自動化を設計し、コントロールしていくノウハウを蓄積していかなければならない。これは一朝一夕にできる話ではない。今からどうすれば荷主企業の自動化を牽引するレベルに持っていけるかを考える必要がある。物流会社にとって、物流プラットフォームのリード役になることは重要な目標だ。しかし、その前に本業の物流に関する自動化に対して、ほかのプレーヤーに主導権を握られないようにノウハウやユースケースを蓄積し、自分たちが周りのプレーヤーを使うポジションになることが絶対的に必要だ。

サステナビリティのニーズに応える自動化

物流自動化に対する現在の物流会社の動きを見ていると、自動化の様々な機器を試験的に入れたりしているだけで（つまり、工程の一部を機械に置き換えようとしているだけで）、自動化機器と人をコントロールして、荷主企業が抱えるサプライチェーン全体の課題を解決していく動きになっていない。自動化の技術を使って物流の現場をどう変えていくのか、それは荷主にとってどんなメリットがあるのか、という戦略的な思考が欠けている。

また、「荷主から自動化への投資の要望があまりない」「荷主が考える予算では自動化は実現できない」といったことを、自動化がなかなか進まない理由として挙げる物流会社も少なくない。だが、前述のように荷主企業はそもそも自社の課題を把握できていない（あるいは物流部門のみの部分最適しか考えていない）可能性がある。

物流会社が荷主企業に対し、自動化によってサプライチェーン全体でどれだけ効率化とコスト削減が実現できるかに関しての青写真を提示し、そこに導いていけるようになるべきだ。荷主企業にとって自動化の一番のメリットは何かを認識したうえで、何を学び、どんな能力を身につけるべきかを原点に立ち返って考えてほしい。

CO_2排出量の把握は必須に

今は残念ながら、荷主企業が物流会社にサプライチェーン改革まで期待していないので、社内の経営課題など重要な情報を物流会社に開示しているところは少ない。だが、物流会社が自動化やＳＣＭなどの知見を積み重ねることで、荷主企業からの見方も変わるに違いない。サプライチェーンの課題解決をゴールとして倉庫の設計、自動化を進め、それによって利益が上がっていくことを荷主企業に対して具体的な根拠とともに示せれば、物流会社の仕事はもっと増えるはずだ。

自動化のメリットは、機械なので1年間３６５日休まず働いてくれることのほか、人が作業するとその都度、記録を取ってデータ化する必要があるが、機械であれば自動的にデータが取れることだ。この情報取得が簡単にできるメリットは大きい。

例えば、今、ＳＤＧｓやサステナビリティ経営が注目されているが、近いうちにどの企業も自社のサプライチェーンのどの部分で、どれくらいの量のCO_2を出しているのかを集計して公表しなければならない時代がやってくる。その際に、人間によってトラックの数や走行距離を集計・計算していたら、手間とコストはかさむ一方だ。こうしたデータが人手を介さず自動的に蓄積していくような仕組みを構築することも欠かせない。

もちろん、物流会社がその仕組みを自力で組み立てる必要はない。今は金融機関や会計事務所などが、企業におけるサステナビリティ関連の非財務情報の集計や統合報告書の作成などに関心を示している。自社のリソースだけでなんとかしようと思わず、こうした「ファンクション」を提供してくれるプレーヤーとどんどん提携していく姿勢が不可欠だ。

欠かせないプロデューサー的な発想

ここまでの話を整理すると、物流会社の戦略は二つに分かれる。一つはサプライチェーンのプラットフォームやエコシステムをつくる戦略だ。物流会社同士の連合というのは難しいかもしれないが、商流を握っているプレーヤーとの連携によってサービスを構築したり、特定の業界に特化しかつその業界改革に共鳴するプレーヤーと連合し、ネットワーク型コントロールを意識しながらビジネスを広げていく。それには自前のアセットを使うだけではなく、足りない機能は様々な企業と連携する。その際には、最初から全部自分で考えようとせず、様々な企業と交流して、「弊社のパーツと御社のパーツを組み合わせると新しいことが生まれそう」「こういうエコシステムをつくりたいけれどお互いに何ができそうかディスカッションしてみよう」などと働きかけて新たなサービスやファンクションを開発するなど、プロデューサー的な発想が大事になってくる。

物流企業が強化すべき領域は、今後物流現場で進んでいく自動化やデータ化だ。知見を積み、自分たちの強みとしてアピールできるようになることが欠かせない。マテハン業者にコントロールされるのではなく、自ら主導権を取って全体設計を担い、荷主企業の要望に応えられる能力をつけていく。

例えば、そのサポート役として、私たちアクセンチュアもお役に立てると思う。私たちは事業主になるつもりはないので、例えばアクセンチュアが産業用ロボットソフトウェア企業のＭｕｊｉｎと組んで物流自動化のナレッジをためていく。その後、物流会社に1年かけて蓄積したナレッジを提供していき、私たちがサポートしつつ、物流会社が独自にノウハウを修得・実践できるようになっていくというやり方もある。実際、それに近い形で私たちは動いている。

いずれにしても、自動化は物流会社がリード役になるべきとの認識のもとに、自分たちのナレッジを蓄積していってほしい。

このような取り組みでは、単に物流の機能を理解しているというだけでは足りない。サプライチェーンを変えていく、つまりデザインをしていく力が欠かせない。プロデューサー的能力というのは、既存のものと新しいものを掛け合わせたり組み合わせたりすることによって、新しいシナジーを創出し、デザインしていく力のことだ。その際には、しがらみにとらわれ、AをやるとBができないという「トレード・オフ」の発想ではなく、現在の形をいったん白紙に戻して、新旧の事業を自由に組み合わせ、新しい形を生み出していく能力が重要だ。

現在、私たちはまったく違う業界での取り組みとして、ある商社と都市再開発に関してのデザインチームをつくってトライアルを行っている（詳細は「おわりに」参照）。そのチームには、建設、不動産に関してのノウハウがあるメンバーだけでなく、世界最先端の都市開発や文化のトレンドを追うメンバー、新しい事業コンセプトの発想・企画が得意なメンバー、事業戦略を描くことが得意なメンバー、広告デザインが得意なメンバーなどを集めた。グローバル視点と地域の特性を理解しながら、新しいモデルを模索するチームだ。

物流の世界においても、プロデューサー的発想で新しい取り組みのフレームワークを構想するチームと、その構想を現実化していくディレクター的発想に分けて考えてみるといいだろう。プロデューサー的発想の段階では現実の延長線上ではなく、他の業界も広く見渡しながらまったく違う視点で、荷主企業のニーズに応えるため今までにない発想をしていくことが欠かせない。

初期投資を抑えるマテハン機器活用法

自動化がなかなか進まない要因の一つに、初期投資が大きすぎてＲＯＩ（投資利益率）が出ないという問題がある。それに関して私たちは、リースが活用できないかを検討している。例えば、ある大手機械メーカーはＡＧＦ（無人搬送フォークリフト）を製品として持っているが、残念ながら全然売れていない。売れていないのだから事業をやめるというのも選択肢の一つだが、いっそのことリースにして世界展開してはどうかと話を持ちかけている。日本の物流現場ではマテハンの初期投資が80億～１００億円かかると言われているが、リースを活用できれば初期投資を大幅に減らすことができる。

リースの発想は、１回製品を納めるけれど、別の会社でも使えることを認識しながら事業を展開できる点に強みがある。実は、アマゾンが自動化倉庫に巨額投資できるのは、ある倉庫に入れた自動化機器を別の倉庫でも使えると認識しているからだ。リースを活用すればアマゾンほどの規模がなくても、転用可能性のメリット（つまり、初期投資を抑えられるメリット）を享受できるというわけだ。

物流業界の標準化はなぜ進まないのか

本章の最後に、物流業界で30年くらい前から議論されていながらあまり前進していない商品コードの標準化についても触れておきたい。確かに大事な問題かもしれないが、これだけ長い期間トライして成果らしいものがないことを考えると、実現は不可能に近いのだろうと思う。

業界別の物流プラットフォームを活用すれば、コードの標準化を各プレーヤーに要請する必要はなくなる。例えば、各プレーヤーには従来のコードをそのまま使用し続けてもらい、プラットフォームが全部変換するのも一案だ（コードの変換機能を提供するプレーヤーを登用する）。これによって、プラットフォームを利用する企業は、コード変換後の共通コードを活用して様々な情報連携が図れるようになる。つまり、業界別プラットフォームによって、長年の大きな懸案が一つ解決するというわけだ。

例えば、建材分野ではメーカーごとに商品コードがばらばらに存在する。そこで、グローバルで使用されているＧＳ１コードに統一する案や、全国住宅産業地域活性化協議会（住活協）が定めたコードを採用する案も議論されている。プラットフォームでメーカーのコードをＧＳ１に変換し、その製品が卸会社に移動したらＧＳ１コードを卸会社のコードに変換し、小売りに移動したらそれを小売りのコードに変換すれば、各社が共通コードを採用しなくても済む。これらのコードは主に電子受発注（ＥＤＩ）で活用する。

参加者全員で共通コードに統一するのは土台無理な話であり、コードを変えても利益を生まないため誰も投資しない。一方、プラットフォームを活用する場合は、コード変換のコストはプラットフォーマーがＥＤＩの提供と組み合わせて広く薄く回収するため、ユーザーの負担は抑えられる（それよりも、物流共同化などのコスト削減メリットのほうがはるかに大きい）。そういう動き方をしないと、コードの共通化による連携は難しいと思う。

物流ＤＸに効くコラム❺

物流プラットフォームと生協の配送方式の類似点

次世代物流プラットフォームは、最終的には生活協同組合の物流形態に似た形になる可能性がある。一般のＥＣは、顧客が商品を欲しいときに買い、「すぐに持ってきてほしい」

という要求圧力が非常に強い。しかし、生協の配送の基本は定期便であり、顧客は定期便に合わせて商品を発注するため、イレギュラーな発送がほとんどなく配送や在庫の効率化が図れる。Ｂ２Ｂの物流においては、Ｂ２Ｃほど「すぐに持ってきてほしい」という圧力は強くない。そのため、業界別物流プラットフォームは、生協のような定期便方式が中心になっていくと考えられる。

ただし、生協のプラットフォームにも課題はある。全体での発注量は増えているのだが、会員の核家族化に加えて、最近では単身者の会員も増えてネットスーパーのように利用しているため、注文１件当たりの配送量が減少傾向にあり、コスト高要因になっているはずだ。その意味では、定期便のメリットがやや小さくなっている。それはＢ２Ｃモデルならではの課題だが、Ｂ２Ｂの物流プラットフォームであれば定期便のメリットが大いに生かせるだろう。

次世代物流プラットフォームでは、将来的に生協のような定期便にプラスして、需要と供給に応じて価格を変動させるダイナミックプライシングを導入していくことも考えられる。これを実現するには、配送案件ごとの物流コストを明確化する必要があるのだが、現状では日本のどの物流企業もそれを実現できていない。支店ごとのコストは把握できているが、案件ごとに把握しようとすると、さらなる運送業務のＩＴ化やデータ化が必要だ。

第6章

大手商社のプラットフォーマー戦略

次世代物流プラットフォームの担い手として、第5章で述べた物流会社とともに有力候補となるのが、伊藤忠商事や三菱商事、三井物産、住友商事といった大手商社だ。業界にもよるが、大手商社は私たちが物流プラットフォームと呼んでいる機能の一部分をすでに持ち、関連会社などを含めれば物流や卸の機能を通じて商流をある程度握っている。商社の中にはメーカーなどに人を出向させて、在庫管理やサプライチェーンの最適化などに取り組んでいるところもある。つまり、物流に関連する基本的な機能を備え、さらに業界を束ねていく力も持っていると言える。その意味では次世代物流プラットフォームの担い手として有力だ。

意外に遅れている商社のＤＸ化

ただし、現在の商社には決定的に欠けていることがある。それは、こうした取り組みを人中心でやっていて、ＤＸ化やデータ化が立ち後れていることだ。商社では、人材を送り込んで相手先企業と一緒になって改革していく場合が多い。そのため、相手先企業のもともとのＩＴリテラシーによって、ＤＸ化のレベルが左右されてしまう面がある。本来であれば、商社がメーカーのＤＸ化をリードできればいいのだが、ＩＴ化やＡＩ導入によってどんな成果が具体的に表れるのか、その実績とエビデンス（根拠）を持っていない。そのため、メーカーなどに対して物流プラットフォームの構想を持ちかけた際に、うまく説得できないおそれがある。

例えば、メーカーの中には「ＡＩ（人工知能）はブラックボックスになるから使いたくない」と主張する人が結構な割合でいる。だが実際には逆で、人間に判断を任せたほうが、ブラックボックス化しやすい。人間が判断する場合、何を根拠にどう判断したのかは記録されず、判断した人の記憶の中だけにとどめられるので、担当者がいなくなればなぜその判断を下したのかがわからなくなる。根拠がわからなければ、予測系や計画系の検証や精度改善にも大きな支障を来す。

鳥の巣の位置で需要予測？

人の感覚をもとに需要予測していた過去の事例を一つ紹介しよう。お題は、今年の冬、スタッドレスタイヤがどのくらい売れるか。あるタイヤメーカーの幹部は、雪国のある場所に立っている木に、鳥がどの位置に巣をつくるかで、その年のスタッドレスタイヤの売れ行きがわかると言う。大雪の年には、鳥はそれを察知して例年よりも高い場所に巣をつくるそうだ。だから、高い場所に巣ができていたら、スタッドレスタイヤの生産を増やすというのだ。

この話の半分はジョークかもしれないが、メーカーの需要予測では、経営幹部の勘と経験と度胸（いわゆるＫＫＤ）によって非科学的に決定が下されているところが少なからずある。企業幹部によるＫＫＤによる予測は、コイントスのように当たるときもあれば当たらないときもある。予測が当たると「ほら、そうなったでしょ」となるので周囲へのインパクトが強く記憶に残りやすいが、おそらく冷静に分析してみると、それほど当たってはいないはずだ。

ここで非常に問題なのは、需要予測が当たったかどうかに関して、要因と結果をしっかり検証していないことだ。根拠となるデータの分析結果に加えて、どういう意思入れをして予測数値を出したのかをデータとして記録に残し、実際の売り上げとの関係を分析していけば、ＫＫＤによる意思決定を減らし科学的経営に転換することが可能になる。

商社でも傘下にあるコンビニエンスストアのオペレーションではデジタル化や自動化が進んでいるが、卸などサプライチェーンの上流のほうの商流の大部分は、従来型の「人に依存した業務」が中心だ。そのため、データ化や自動化に関してどのような課題があるのか、あまり把握できていない面がある。

業界別プラットフォームをつくるという点で、商社は非常に恵まれたポジションにいるのだが、その半面、「人と金を集中投入して、短期間で投資回収する」という経営改善手法を得意としているところが懸念材料の二つ目だ。業界のボトルネックを見つけては、そこにリソースを大量に投入して２～３年で利益を回収する。これが「商社流ビジネス」の独特のスタイルだ。だが、業界別に物流プラットフォームをつくり、データ化を進めながらその業界の課題を一つずつ解決し、比較的長い時間をかけて業界全体を変えていくというビジネスには、短期志向の商社はテンポが合わない可能性がある。

また、大手商社の中でも資源系ビジネスの事業割合が高いところは、物流プラットフォームのような地味なビジネスよりも、ハイリスク・ハイリターンを期待できるビジネスに関心が高い。資源系ビジネスは、当たれば巨額の利益を手にできる。そうしたビジネスに慣れていると、仮に物流分野に進出してきても「どの物流ベンチャーに投資すると大化けするのか?」という発想になりやすい。その意味では、大手商社の中でも、業界別物流プラットフォームの担い手になりそうな企業は、絞られてくるかもしれない。

ＡＴ＆Ｔの二の舞にはなりたくない

ある大手商社幹部に業界別次世代物流プラットフォームの話をすると、「デジタルで行く」というコンセプトには合意してくれる。例えば、物流を集約しながら業界を束ねていき、プラットフォームで受発注のデータを取りながら小売事業者とも連携して、プラットフォームに蓄積された様々なデータを需要予測や生産計画・管理、在庫管理に生かしていくという考えには賛意を示してくれる。大手商社のトップの多くは「これからはプラットフォームが重要だ」「ＤＸ化は最重要課題だ」と実際に公言している。頭では、その重要性を理解しているのだが、いざ行動するとなると意識が逆戻りしてしまう。

その理由は、繰り返しになるが「超」がつくほどの「短期志向」にある。当初はデジタル化をイメージしてくれるものの、「（時間と手間のかかるＤＸ化の準備は置いておいて）いったん人間だけで死ぬほど頑張ってみたらどうか」というモードになりやすい。そんなとき、私は「ＡＴ＆Ｔと同じ道を歩んでもいいんですか？」と言って再考を促すようにしている。

　ＡＴ＆Ｔは米国の大手通信会社だ。発明家のグラハム・ベルが起こした会社を前身とし、通信技術の最先端研究を担うベル研究所を擁し電話機などを製造。全米に電話網を張り巡らせ、従業員数１００万人超の巨大企業に成長した。だが、インターネットの可能性を見誤り、政府主導で地域別に分割された影響もあって、１９８０年代以降、凋落していった。全世界から最高の頭脳を持つ人材が集まっていたベル研究所では、インターネット時代の到来を当然予測していたものの、ＡＴ＆Ｔは電話事業が主力だったため有線での事業に固執し、光ファイバー網を持つＣＡＴＶ会社の買収に走った。ところが、データ圧縮技術の進歩で既存の電話線でも大容量のデータ送信ができるようになり、巨額投資は裏目に出てしまったのだ。

　先見の明があっても、従来のやり方に固執すると、取り返しのつかない事態に陥る可能性があることを数々の歴史が証明している。

　２０００年代初め頃、ブロックバスターというレンタルビデオ・ＤＶＤ店が北米に９１００店もあった。だが、２０１０年に米連邦破産法を申請して倒産した。ブロックバ

図表6-1　この30年で日本企業は世界時価総額ランキングのトップ15から姿を消した

1989年世界時価総額ランキング

順位	企業名	時価総額（億ドル）	国名
1	NTT	1638.6	日本
2	日本興業銀行	715.9	日本
3	住友銀行	695.9	日本
4	富士銀行	670.8	日本
5	第一勧業銀行	660.9	日本
6	IBM	646.5	米国
7	三菱銀行	592.7	日本
8	エクソン	549.2	米国
9	東京電力	544.6	日本
10	ロイヤル・ダッチ・シェル	543.6	英国・オランダ
11	トヨタ自動車	541.7	日本
12	GE	493.6	米国
13	三和銀行	492.9	日本
14	野村證券	444.4	日本
15	新日本製鐵	414.8	日本

2019年世界時価総額ランキング

順位	企業名	時価総額（億ドル）	国名
1	アップル	9644.2	米国
2	マイクロソフト	9495.1	米国
3	アマゾン・ドット・コム	9286.6	米国
4	アルファベット	8115.3	米国
5	ロイヤル・ダッチ・シェル	5368.5	オランダ
6	バークシャー・ハサウェイ	5150.1	米国
7	アリババ・グループ・ホールディングス	4805.4	中国
8	テンセント・ホールディングス	4755.1	中国
9	フェイスブック	4360.8	米国
10	JPモルガン・チェース	3685.2	米国
11	ジョンソン・エンド・ジョンソン	3670.1	米国
12	エクソン・モービル	3509.2	米国
13	中国工商銀行	2991.1	中国
14	ウォルマート・ストアズ	2937.7	米国
15	ネスレ	2903.0	スイス

（出典）公開情報をもとにアクセンチュア作成

スターを追い詰めたのは、ネットフリックスだ。インターネットを活用したストリーミング配信（当初は、ウェブを活用したDVDのサブスクリプション方式による郵送レンタルサービス）の可能性をいち早く見抜き、店舗を軸としたDVDレンタル事業に固執したブロックバスターを追い落とした。

日本企業も、1990年前後のバブル期には、世界時価総額ランキングのトップ15にたくさんランクインしていた。だが、今では1社もなく、上位にランクインしているのは、ほとんど米国や中国のデジタルプレーヤーだ（図表6-1）。10年くらい前は「これはやばいぞ」と多くの企業が危機感を募らせていたが、最近ではあきらめモードなのか、そうした言葉さえもあまり聞かなくなってしまった。ＧＡＦＡや中国企業（ＢＡＴ）にはもはや歯が立たず、競争相手としての認識も薄れている。このあきらめモードは、日本企業の国際競争力の低下につながりかねない。

　プラットフォームが鍵を握る時代に、様々な業界で商流を握っている商社は潜在的に非常に有利なポジションにあるが、デジタル化の対応を間違えると、凋落への道を進みかねない懸念がある。

　実は、世界的に見ると、「総合商社」という産業区分は、日本以外の国にはほとんど存在しない。例えば、アクセンチュアの中ではインダストリー別に担当が分かれていて日本では「商社」という区分があるが、グローバルでは日本の「商社」に当たるインダストリーがない。そのため、私たちが商社に関して海外のアクセンチュアのコンサルタントと会話するときは、そのまま「shousha」と言う。

　商社は日本独自のビジネスモデルであり、世界的に見ても独自のポジションにある。しかも、その潜在能力はプラットフォーム時代にフィットしている。欧米では、産業を束ねられるプレーヤーはほとんど存在しない。そのことに商社自身が気づいて、デジタル化とともにサプライチェーンのプラットフォーム化に本気で取り組めば、日本だけでなく世界に向けてプラットフォーム・ビジネスを展開できるポテンシャルが十分にあるのではないかと思う。

転換期にある商社のビジネスモデル

　商社のように、事業部制度を敷きながら、サプライチェーンの川上から川下まで押さえつつ、投資も貿易も物流も手がけるビジネスモデルは世界にはない。商社が次世代のビジネスプラットフォームを握り、さらにグローバルに広げ海外の有力企業を巻き込んでいくことができれば、日本企業が世界でもう一度勝てるチャンスが出てくるだろう。

　もともと商社は、商流は握るが物流は手がけず、卸会社が在庫を持ち物流も担っていた。だが、時代とともに商社と卸会社の境目が徐々になくなってきている。卸会社と違い商社は川上まで商流を握っているため、サプライチェーンの広い領域を比較的自由に動き回れるメリットがある。その気になれば、物流だけでなく商流や金流や情報流も押さえることができる。その手段の一つとして、サプライチェーンのプラットフォーマーになることは有力な選択肢だろう。

　メーカーの製品を卸会社、小売事業者に流していくサプライチェーンの中で、様々な情報をどうやってデータ化しながら連携させていけるかという発想を商社が持つようになると、一気にモードが変わっていくはずだ。

かつて商社の人たちは世界中を飛び回って、情報を集めた。現地に行かないとわからない情報をいわば言語格差と地域格差を生かして収集し、それを武器にビジネスを展開した。したがって、何事にも人でなんとか対処しようという発想が根強くあるのだが、今は通信ネットワークが高度化し、人がわざわざ現地に飛ばなくても情報は自由に得られるようになってきている。平たく言えば、かつては商社だけが握っていたサプライヤー情報などが、インターネットの普及によってオープンになり、「秘密」が「秘密ではなくなって」きているのだ。

また、商社の大きな強みはサプライヤーとの膨大な取引情報やそれに基づく与信情報など、商社が蓄積してきた独自の情報源とそれに基づく商売の勘所だった。しかし、これもまたデータ処理やＡＩの活用によって、ディスラプトされる可能性が高い。さらに、取引先との間に商社を挟むことによって情報の機密性を高めるという使われ方もしてきたが、ブロックチェーン技術などを活用すれば、必ずしも商社を間に入れる必要はなくなるかもしれない。

今のデジタル技術を活用すれば、これまで商社が人を投入して回してきたビジネスのある一定部分はディスラプトされる可能性がある。商社の経営陣の中には、そのことに危機感を持っている人たちもいる。

仮にそうであるならば、既存のビジネスが元気なうちに、自分たちのビジネスモデルを変えるべく動いていくべきだろう。商社のビジネスが誰かにディスラプトされていくのが早いか、商社の人たちがＤＸのノウハウを理解したうえで、自分たちの手で既存のビジネスをディスラプトしてプラットフォーム化に取り組み、新しいプロフィットプールをつくるのか。この選択によって、今後成長できるかどうかが決まる可能性もある。

なぜ、デジタル化が商社ビジネスのディスラプトにつながるのか、まだイメージがつかめない人がいるかもしれない。ここから先、その具体例を示していきたい。

デジタル化で年数千億円のビジネスが消滅

第3章で、業界別次世代物流プラットフォームの導入が適している業界として、建材業界を取り上げたが、建材業界のビジネスの一つに「違算《いさん》」を照合する業務がある。違算を簡単に説明すると、建材業界では、メーカー・卸と工務店の間の受発注に電話やファクスが使われている。そのため、発注したものと納品されたものの種類や数が食い違うことがしばしばある（受発注処理を伝言ゲームでやり取りしている姿を想像してほしい）。この食い違いを調整する業務を、建材商社などが行っているのだ。しかも、違算の取扱金額は大手商社ではかなり大きな金額規模にのぼり、商社はそこから手数料を得ている。

ここで、受発注がデジタル化されたらどうなるかを考えてみてほしい。工務店がスマートフォンで建材を発注。製品の発送前にクラウド上で発注内容を確認し、承認されたら製品が発送され請求書がクラウド上に載る。情報漏洩が心配ならブロックチェーン技術を活用すればよい。こうすれば、発注と納品が食い違う可能性はほぼなくなる。こうしたデジタル化されたサービスの登場によって、建材商社が握っていた数千億円規模のビジネスは消滅するおそれがある。

違算業務というのは、取引ごとにばらばらに存在する問題を商社が集約することによって成立したビジネスだ。当事者が伝票を突き合わせて、これは合っている、これは合っていないと照合していたら、時間と手間が非常にかかってしまう。その面倒な作業を、建材メーカーや工務店、卸などの中間流通がやるのではなく、商社が全部面倒を見るという形で始まったものだ。一つひとつのビジネスは小粒だが、数を集めて束ねると侮れないほどのビッグビジネスになる。まさに、商社ならではの目のつけどころを生かしたビジネスと言える。

だが、今後のことを考えると、建材業界はデジタル化の波に乗り遅れているとはいえ、どこかの段階でデジタルを使った受発注（ＥＤＩ）が導入されるはずだ。商社の人々にとって自分たちが創ってきたビジネスが壊されるのは恐怖だろう。誰かに壊されるのを待つのか、それとも、誰かに壊される前に自分たちで壊して新しいビジネスを創造するべきなのか。答えは、明らかに後者だ。

そうであるならば、大手商社がリード役となって、建材業界に次世代物流プラットフォームを形成していくのは理にかなっていると言える。物流や受発注だけでなく、さらに見積もり機能や与信・ファイナンス機能などを付加していけば、業界の業務効率化に資するだけでなく、住宅価格の引き下げといった社会的大義を果たせるかもしれない。

サプライチェーン・プラットフォームの横展開

さらに、ある業界で次世代物流プラットフォームの導入に成功すれば、別の業界への横展開も比較的スムーズにいく可能性もある。

本書では、次世代物流プラットフォームの例として、建材や医薬品、自動車用品などの業界に触れてきたが、そのアプローチ方法はいずれも、業界別に物流を束ねて効率化することを起点とし、そこからデータ化やデジタル化を進めてサプライチェーン全体を改革していくことを目指している。

商社が主導するやり方では、これとは別の方法も考えられる。

例えば、業界の有力企業とパートナーを組み、その企業のサプライチェーン・マネジメントのアウトソーシング部分を一手に引き受ける。モデルが一つできあがれば、他社に対しても同様の展開をしていくことができる。仮にグローバル展開する海外の大手食品企業と組んだとすると、その会社とともに日本におけるサプライチェーンをつくり上げていくイメージだ。食品企業は製品開発や製造、マーケティングに集中して取り組み、原材料調達や輸入業務、通関、物流、ＥＤＩを活用した受発注、在庫管理、販売関連のデータ収集や分析・需要予測などを商社が担っていく。商社はコンビニという販路も持っているため、いわば食品メーカーと組んでＳＰＡ（製造小売業）を形成していくイメージに近いかもしれない。

メーカーと商社が組んで、サプライチェーンのエンドに当たる消費者への販売のところまでコントロールできるＳＰＡモデルをつくることができたなら、需要に素早く反応できるようになりサプライチェーン全体の最適化を図りやすくなる。当然、それによる経営改善効果はとてつもなく大きい。また、商社のサポートでメーカーがＳＰＡを比較的容易に実現できるようになれば、日本の製造業はもっと強くなれるかもしれない。ある業界の有力企業と商社が組んでこうしたサプライチェーンモデルを形成できれば、それがユースケースとなり、同じ業界内で横展開しやすくなる。

このように、商社が業界別物流プラットフォームに取り組む際には、物流起点で業界を束ねていく方式と、業界の有力企業から押さえていくという2方向からのアプローチが考えられる。

中間流通が困り果てている業界を商社がサポート

さらにもう一つのパターンもある。これまで見てきたのは、商社が何らかの形ですでに物流に関わり土地勘のある業界だったが、物流にまったく関わっていない業界にプラットフォームを形成して、その業界のペイン（課題や問題点）に応えるやり方だ。

例えば、鉄鋼業界では、一番川上の製鉄会社と、一番川下の鉄製品を使う企業が強く、その中間に存在する商社や卸の立場が相対的に弱い。鉄の物流は製品の形が多様でしかも重くてかさばるため非常に非効率だ。納品時には、ユーザー企業の工場の前に、巨大な鉄板や鉄柱を積んだ大型トラックがずらっと並ぶ。ユーザー企業から注文を受けて時間通りに運んだものの、製品が大きくて納品場所のスペースが足りないため、場所があくまで何時間も工場の前で待たされる。中間流通や物流の人たちはみな困っている状態だ。

この状況を変えていくには、鉄製品の納入先企業も巻き込んで、商社が第三者的な立場で物流プラットフォームを形成し、中間流通の人たちが苦労している製品の手配業務を効率化していくのも一つのやり方だ。具体的な方法としては、トラックの位置情報管理、手配や配送管理のデジタル化サービス（例えば、物流テックベンチャーのＨａｃｏｂｕなどのサービス）などを活用して、納入先企業とも情報連携する。現状では、工場の前でどれくらい待たされるかわからないため、５、６時間待つことをあらかじめ見込んで納入先の工場に到着するようにしているという。その状況を変えるには、輸送の状況（トラックの位置情報や工場での納入状況・空き情報）を、納入先にも運び手にもすべて見える化するのが効果的だ。どのサイズの製品がいつどのくらい来るかがあらかじめ明確にわかっていれば、受け入れ側も体制を整えやすくなる。その結果、無駄な待ち時間は削減され、工場前のトラックの行列も減るはずだ。

このように、商社主導で物流プラットフォームを形成するには様々なアプローチがあるが、最終的に目指す形はほぼ同じだ。

基本のゴールは、業界ごとにプラットフォームをつくって物流を共同化し、せっかく共同化をするなら併せてサプライチェーン・マネジメントの効率化に関するサービスをプラットフォームを通じて提供し、デジタルによる受発注や決済、在庫管理の最適化に広げていき、企業がコアで握らなくてもいい機能や情報を全部プラットフォームに載せていくという発想だ。受発注情報はプラットフォームのファンクションとして参加する様々な物流プレーヤーにも展開され、最適なマッチングによってトラックや倉庫の手配などの物流業務が効率化されていく。さらには、プラットフォームに、サプライチェーン上のプレーヤーから様々な実行系の情報（製造・調達情報、販売情報、在庫情報など）が集まってくる仕組みをつくり、それらをＡＩなどで分析して、プラットフォームを利用する企業向けに需要予測や調達計画などの作成支援サービスも付加する。

アマゾンという「仮想敵」を設定する

第5章で物流会社の戦略を述べたが、物流会社が戦う真の競合相手はライバルの物流会社ではなく、大手商社となる可能性があるかもしれない。大手商社が次世代物流プラットフォームの主導権を握れば、物流会社は単にモノを運び保管するというファンクション提供者の役割にとどまってしまうおそれがある。

競合という点では、現在は表には出てきていない強力なプレーヤーが物流業界に突然登場する可能性もあるのではないかと考えている。その最有力候補は、アマゾンなど自社で優れた物流網を構築している企業群だ。

こうした企業は、現段階ではあくまで自社の事業のために投資をしているが、自社で築いた物流システムやサプライチェーンの情報ネットワークなどのインフラを、（アマゾンのクラウドサービス、ＡＷＳのように）事業として外部の企業にも提供し始めたら、業界地図が一気に塗り変わる可能性がある。今のところアマゾンがそうしたサービスを外部の企業に向けて展開する話は出ていないため、商社や物流会社もあまり警戒していないが、デジタル時代には、異なる業界から思いもしなかった競合が突然現れシェアを奪い取ることが当たり前のように起きる。気づいたときには手遅れという事態に陥らないためにも、こうした「仮想敵」を設定して準備を進めていくことが肝要だろう。

アマゾンのレベルまでは達していないものの、日本ではＳＰＡ（製造小売業）の企業の一部が、サプライチェーン・マネジメントに秀でている。メーカーが自社のサプライチェーンを改革しようとしたとき、あるいは次世代物流プラットフォームのあり方を考えるうえでも、こうした企業の取り組みが参考になると思う。次章では、その話を掘り下げていくことにする。

パート 2

鍵を握る自動化とデータ化にどう取り組むか?

第7章

プラットフォーム時代における製造業のＳＣＭ戦略

日本企業の中で、製造業がサプライチェーン・マネジメント戦略を見習う手本として１社挙げるとしたら、ユニクロを展開するファーストリテイリングではないだろうか。

ファーストリテイリングは、衣料品の製造から販売まで一貫して手がけるＳＰＡ（製造小売り）の代表的企業だ。サプライチェーン・マネジメントに関しては、日本企業のトップグループに位置していると言っていいだろう。ただ、そこに至るまでには様々な課題があり、その経緯を紐解いていくと、今の日本の製造業にとって参考になる点も多い。

「ユニクロの大混乱」に学ぶ

ファーストリテイリングのホームページのＩＲコーナーに、非常に興味深い資料がある。資料名は「株式会社ダイフクとの戦略的グローバルパートナーシップについて（２０１８

年10月9日)」というものだ。そのタイトルからすると、業務提携の単なるプレスリリースのように見えるが、そのパワーポイント資料には五つの柱があり、特に最初の三つが非常に興味深い。それは、①ユニクロの大混乱、②物流改革への挑戦、③物流改革からの学び、の三つだ。

私は様々な企業の物流を見てきているが、その多くがこの資料で言う「①大混乱(２０１５年頃)」の状態にあるように思う。ファーストリテイリングがそれをどのように変革していったかを見ることで、そうした企業にとって参考になるのではないだろうか。

現在、ファーストリテイリングは、自社で主導権を取って物流自動化やサプライチェーン改革を進めているが、当初は物流に関して、餅は餅屋(物流の専門会社)にやってもらったほうがいいという発想だった。そもそも、自分たちに物流のノウハウはほとんどなかったので、３ＰＬを提供する物流会社に丸投げすることが最善の選択と考え、実際に任せていた。

ファーストリテイリングのようなＳＰＡ企業は、原材料の調達・生産から店舗やＥＣを通じて消費者に製品を届けるところまで、エンド・ツー・エンドで責任を持って手がける。サプライチェーンをコントロールしやすい分、その舵取りの負担や責任は大きく、マネジメントの巧拙によって業績は大きく変動する。

ファーストリテイリングにも当初は物流部という部門があり、物流を委託している３ＰＬ会社や、海外生産した製品の輸入・通関・保管業務を担うフォワーディング会社との調整が主な業務だった。だが、物流業務の全体設計を外部に丸投げしていたため、自社の物流部門にノウハウがたまらず、結果的に大きなブラックボックスを抱えることになってしまった。

その頃の同社の物流部は、物流領域のことしか見ておらず、サプライチェーン全体の最適化を実現するために倉庫をどう変えないといけないのか、在庫削減をどう進めるか、欠品率を下げるためにサプライチェーンの各部門がどう動くべきかという発想に乏しく、また物流部に改革の権限も与えられていなかった。

３ＰＬは、基本的には依頼主から言われたことしかやらないので、依頼主からの要求レベルが低ければ、当然、物流のレベルも低くなってしまう。第5章で述べたように、荷主からのＲＦＰ（提案依頼書）を物流会社が超えようとしない問題に突き当たったわけだ。

これがまさに、現在多くの日本企業が抱えている物流の課題と重なる。

物流領域だけで部分最適を追求して改善しても全体最適にはつながらず、在庫削減や欠品率の最小化といったベネフィットは得られない。倉庫には在庫があるのに店頭で欠品することや、需要と供給のミスマッチにより在庫過剰に陥ることが頻繁にあり、サプライチエーン内で混乱が起きていた。

3PLへの丸投げをやめ自社主導で物流再構築

物流業務を3PLに丸投げした結果、何が起きたのかを、同社の前出の資料では次の3点にまとめている。

①物流パートナーに業務を丸投げしていたため、実際に物流現場で何が起こっているのかを把握できていなかった。
②物流の混乱を物流部だけで解決しようとしていた。
③物流のあるべき全体像と戦略を考えることができていなかった。

この3点について、すべての日本企業の幹部の人たちに、自社はどうなのかチェックしてみてほしい。ほとんどの会社が5、6年前のファーストリテイリングと似たような状況（あるいはそれよりひどい状況）にあるのではないだろうか。

ファーストリテイリングでは、この混乱状況を収束させるために、2016年の秋以降、会社を挙げて改革に取り組んだ。その内容は、大きく3段階に分かれている。

第一段階は、「マネジメント体制も含めた大幅な組織改革」。具体的には、従来の物流部を解体し、サプライチェーン全体をコントロールするグローバルサプライチェーンマネジメント部を新たに立ち上げ、企画・計画・生産・物流・販売などからサプライチェーンに関わる幅広い人材をそこに登用した。

第二段階は、「現場・現物・現実での本質的な課題発見」。つまり、外部の専門家に丸投げするのではなく、自分たちが主体となって現場に入り、物流領域の枠内での見せかけの効率化（部分最適化）ではなく、企画・計画・生産・物流・販売などの各視点から本質的な課題を探る努力を始めた。

本書でもすでに述べたが、企業自身が物流やサプライチェーンに関して、何が本質的な課題かわかっていないケースが非常に多く、その状態でＲＦＰ（提案依頼書）を書いて物流会社に渡している。一方、物流会社もＲＦＰを超えて企業に何か提案するのではなく、ＲＦＰに忠実に仕事をしようとするので、物流やサプライチェーンの改善がまったく進まないケースがよくある。ファーストリテイリングはその状況に陥っていることを認め、社内体制を組み直し、物流という狭い領域からサプライチェーン全体に視点を広げ、自社の真の課題を探そうと動き始めた。

実際に課題として浮上したのは次の4点だった。

サプライチェーンの四つの真の課題

1―サプライチェーンに関する重要な数値・モノの流れが見えない
2―販売に連動しない早期・大量入庫
3―物流パートナーに依存した、統一されていない倉庫オペレーション
4―コスト管理の不徹底

細かい点はいろいろあるかもしれないが、最も重要なのは「①サプライチェーンに関する重要な数値・モノの流れが見えない」。一言でいえば「見える化」をしていこうということだ。課題の②と④は「モノとコストの見える化」、③は３ＰＬに任せきりにしたために起きた「ブラックボックス化」をなくそうという話なので、これも「見える化」の一部と言える。

課題がクリアになり、目指す方向が明確になったところで、第三段階の「物流パートナーと信頼関係を再構築し、一体となって課題解決」に進んだ。ここでは、第二段階で見つかった四つの課題に対して、打ち手を用意し実践していく。具体的な打ち手としては、次

の四つが提案され、実行された。

課題解決に向けた四つの対策

1―すべての情報を可視化する専門チーム、経営コックピット・ＳＣＭ情報センターの立ち上げ
2―賃料の安価な生産国の倉庫で在庫を留め置き
3―物流パートナーとの契約体系・倉庫オペレーションを統一
4―物流に関わる経営管理チームの立ち上げ

第三段階で「物流パートナー」というワードが出てきたのだが、これはなかなか画期的なことではないかと当時、私は感じた。荷主企業と物流企業は顧客と請負業者という関係なので、物流企業側が「パートナーのように扱われたい」と一方的に思っても、顧客側が考えを変えない限りそうはならない。それをファーストリテイリング側から、物流パートナーとして信頼関係を構築していきたいと意思表明したわけだ。

私は、物流企業の幹部の方々に、「サプライチェーンの全体最適を考えて物流を起点とした改革を提案し、荷主企業をリードしていけるような存在にならないといけない」とい

う話をよくするのだが、たいてい幹部からは元気のない声が返ってくる。「荷主企業は私たちの会社を物流パートナーとは見ていない。案件ごとに他の物流会社を含めて相見積もりを取り、これはA社が安い、こっちはB社が安いといって選択していく」。

荷主企業側から見ると、その瞬間はコストが安くなった気がするかもしれない。だが、サプライチェーンの物流業務を細切れにして、相見積もりを取っていくというやり方を続けていたら、全体最適化など夢のまた夢だ。それを続けている限り、ファーストリテイリングが言うところの「大混乱」の状態が永遠に続く。また、そういう考えの荷主企業は、細切れにした一部分のコストを抑えることしか頭にないので、投資を伴う自動化提案などを物流会社からはなかなか持ちかけられない。その点でも、ファーストリテイリングが打ち出した「物流パートナー」という考え方は重要だ。

ユニクロが大混乱を経て得た二つの学び

ファーストリテイリングはこの資料の表題にあるように、大手マテハン機器メーカーのダイフクと提携したほか、知能ロボットを展開するベンチャー企業のＭｕｊｉｎ、無人搬送車などを開発するフランスのベンチャー企業エグゾテック・ソリューションズとも戦略的グローバルパートナーシップを締結し、全世界にある倉庫の完全自動化を進めている。２０１８年には東京・有明で自動倉庫が稼働し始め、その後も1拠点10億〜１００億円を投資し、自動化に総額１０００億円ほどをかけることが発表されている。

なぜ、ファーストリテイリングがここまで物流改革や倉庫自動化に力を入れるのか。それは、この資料の「物流改革からの学び」に二つ記されている。

一つ目の学びは「自分たちで現場の課題に頭から突っ込み、人海戦術で改革を推進したからこそ、このまま人海戦術を続けていてもすぐに限界が来ることを悟った」。この言葉を荷主企業や商社、物流会社の人たちもよく噛みしめてほしい。

３ＰＬへの丸投げを反省して、自社で物流やサプライチェーンの課題に正面から向き合い、その奥深さを知れば知るほど、人海戦術での限界が見えてくる。人中心でマネジメントしていくには、優秀な人（そもそも物流やサプライチェーンの本質を理解している人は少ない）を採用し、時間とコストをかけて教育しなければならないが、その教育の結果（ノウハウや経験）はその個人に蓄積されていき会社側には残らない。教育にかかる時間を考えるとスピード感がない。また、世界の各拠点で同じ品質の業務レベルを求めたとき、人中心では管理レベルにばらつきが生じるうえ、何か新しい試みをしようとしたとき立ち上げにも時間がかかる。

そうした議論を重ねた結果、人よりも機械やＡＩにやらせたほうが効率的ということで、倉庫の自動化やＡＩの活用に舵を切った。

二つ目の学びは「『物流＝コストセンター』ではなく『物流＝プロフィットセンター』と捉え、サプライチェーン全体の改革が必要」ということ。ファーストリテイリングは、物流がお客様の満足度向上に非常に寄与することを、物流改革を通じて学び直したという（物流をコスト視点だけで見ていない点に注目してほしい）。

お客様がある商品を欲しいと思ったときに、それが店舗になければ買えないので満足度は低下する。あるいは、ネット通販で翌日配送とうたっているのに、商品在庫が偏っていて到着まで1週間かかったら、次にはもう買ってもらえなくなる。つまり、物流能力の優劣によって、顧客満足度は大きく変動する。このロジックを適用すれば、物流能力を高めて顧客満足を上げることは売り上げや利益の拡大に直結する。よって「物流＝プロフィットセンター」と解釈できるわけだ。

物流にかかるコストを「削減すべき経費」と捉えるか、「顧客満足度を上げるための投資」と捉えるかの差はきわめて大きい。「顧客満足度を上げるための投資」と捉える企業は物流やサプライチェーン・マネジメントを経営の根幹と位置づけるため、改革や投資の優先順位もおのずと高くなる。その結果、物流コストを「削減すべき経費」と捉える企業との差はどんどん開いていくだろう。

物流ＤＸに効くコラム❻

自動化投資の採算は合うのか？

企業で倉庫の自動化などが議論されるとき、ＲＯＩ（投資利益率）を考えると、人件費の削減額より自動化機器の設備投資額のほうがはるかに高いため、「自動化は採算的に難しい」となりやすい。短期視点でその部分だけを見ると確かにそうだ。しかし、物流やサプライチェーン・マネジメントのナレッジは会社ではなく人に蓄積されていくことや、同じサービスレベルの倉庫を日本だけでなく海外にも展開したいと考えたとき、人海戦術でなんとかしようとすると人材の教育・管理などに莫大なコストと時間がかかる。また、データ化という視点でも、人が作業する場合にはデータを能動的に取りにいく必要があるが、自動化すればデータが受動的かつ簡単に取得できるので、その点でも有利だ。ただ、すでに述べたように、サプライチェーン全体を見て自動化を設計できるプレーヤーが現状では少ない。簡単にできることではないが、ファーストリテイリングのように自社で主導権を握って自動化を進めていくのが望ましい姿だろう。

製造業にとっての課題と選択肢

ユニクロの大混乱からの学びを頭に入れたうえで、製造業がプラットフォーム時代に備えてどのような準備をしておくべきかを考えてみたいと思う。

一口に製造業といっても、完成品をつくっている業態もあれば、資材や部品をつくっているところもある。また、自動車や電子製品製造などのディスクリート（加工や組み立て）系と、化学製品などのプロセス系と呼ばれる製造業とでは、製造工程がかなり異なる。さらに、ＳＰＡのように、製造だけでなく小売機能を持っているところもある。

しかし、すべての製造業は原材料を仕入れて製造し、サプライチェーンの次のステップで販売し、製品をそこへ輸送する。その過程では、調達した原材料の在庫もあれば、製造した製品の在庫もある。つまり、製造業は物流と密接につながっているのだ。

メーカーの中には、物流面で競合他社と差別化をするため、自社の物流を担う子会社を戦略的に保有する企業も存在する。物流を重要な競争領域と捉えるかどうかは企業や業態によって異なる。ファーストリテイリングのようなＳＰＡでは、物流は重要な差別化要因であり、プラットフォームを形成して他社と相乗りすることなど考えられない。業績が好調ならば、自前で投資する余力もある。

だが、経済が成熟し、人口が減少に転じている日本においては、成長が横ばい、あるいは少しずつ縮小している市場が少なくない。また、メーカーの数で言えば、投資余力を持った大手製造業よりも、町工場のような中小メーカーのほうが圧倒的に多い。

そうした状況を考えると、物流は水道や電気・ガスのようなインフラとなるべきだと思う。その具体的な形は、これまで見てきたように、物流を起点にした業界別プラットフォームであり、そこには物流機能や受発注機能、決済機能など、メーカーが活用できる様々な機能が備わり、どの企業も手軽に利用できる。プラットフォーマーとなるのは、物流企業や商社などが有力ということをすでに見てきた。

ただし、大手メーカーの物流子会社の中には、規模や機能面などで大きな力を持っているところもあり、そうしたケースではメーカーの物流子会社が核となって、次世代物流プラットフォームを構築する側に回ることも可能性として考えられる。味の素物流を核に、カゴメ物流サービスやハウス物流サービスなど大手食品メーカーの物流子会社を統合したＦ－ＬＩＮＥのような形で、プラットフォームを形成するイメージだ。

無理難題に応えるのがあるべき物流の姿なのか？

メーカー（一般消費財や食品メーカーなど）の物流課題に関連してよく話題にのぼるのは、顧客である小売りからの無茶な要求にどう応えるか、という話だ。

例えば、小売りからメーカーへの発注が計画的に行われていれば、メーカー側はサプライチェーンをもっと効率化できるのだが、現状を見ると、メーカー側は小売り側に言われるがまま、無理な発注にも応じようと努力している。やはり、小売りの要求に応えられないと、ライバルにシェアを奪われてしまうという恐怖感が、そういう行動に駆り立ててしまうのだろう。

小売りからの過酷な要求に耐え忍んで対応することが差別化の要素だと思っているメーカーの方々には、ぜひ再考してもらいたい。「赤信号みんなで渡れば怖くない」的な発想に聞こえるかもしれないが、どこか1社が無理な発注に応じるとライバル社も同じような無理な発注に対応せざるを得なくなり、歯止めが利かなくなる。

あるメーカー系物流会社のケースでは、注文日翌日配送が常態化しており、午前11時までに受注したものを、翌日の午前中までに大手小売りの物流センターに届けなければならない。そこで、午後1時までに製品と配送を手配して、夕方から夜にかけてトラックに積み込み、距離が遠ければ深夜の間に輸送する。トラックの手配は台数が足りないと大変なことになるので、見込みでやや多めにあらかじめ手配するので無駄が生じる。

　また、大手小売りの物流センターに到着してからも、無駄のオンパレードだ。指定時間に到着しても、数時間待たされることは珍しくない。本来なら荷下ろしにかかる時間は30分程度なのに数時間待たされ、さらに受領書をもらうのに数時間待つケースも珍しくないという（もっとひどいのは、納品できずに持ち帰るケースだ）。ある物流会社の調査によると、２０２０年3月中旬から4月中旬までの約１カ月間で、15時間以上の待機時間が発生した件数は３３０件、納品できず持ち戻ったのは66件あったという。

「働き方改革」が叫ばれている中で、深夜労働を前提とした「注文日翌日配送」のあり方は時代にも合っていない。注文から配送までの時間が短いほど、現場には負荷がかかり、見込みなどの手配が増えるので無駄が多くなる。さらには、小売り側も計画的に発注できていないため自社の物流センターに様々なメーカーから商品が一気に届くと受け取れないこともあるなど、現場の努力を水の泡にするような理不尽な状況もしばしば起きている。

　メーカーの本音は、現在の「注文日翌日配送」に１日余裕を持たせて「注文日翌々日配送」に変えてほしいということだ。１日余裕が生まれるだけで、計画的に手配できるようになるので無駄が減り、現場への負荷が大幅に軽減される。おそらく、１日余裕ができても、小売り側の店舗運営にはほとんど影響がないだろう。だが、両者の力関係があまりに違う（小売り側が圧倒的に強い）ため、メーカー側から変えてくれとはなかなか言い出せないのが実情だ。

　こうした状況に関しては、経済界からも「『翌々日納品』『検品レス』が取引における標準的なサービスレベルとなるように、商慣行を改めるべき」（経済同友会「物流クライシスからの脱却」２０２０年）、「特に、我が国の国内貨物輸送においては、荷主の要望に応じた短いリードタイムでの納品、厳しい時間指定があたかも当然のこととされてきた。しかし、これでは早晩立ち行かなくなることは明白であり、物流事業者に過度の負担がかからないような取り組みが求められている」（日本経済団体連合会「Society5.0 時代の物流」２０１８年）といった声が上がっているほか、国も実態の解明に動き出そうとしている。

　メーカーと小売りの非効率な慣行が何らかの形で改善に向かえば、メーカー主導による業界別プラットフォームの可能性も出てくる。

物流効率化で生まれた余力で自動化を推進

同業種のメーカーであれば、たいていの場合、競合企業と売り先は同じだ。そして、運ぶ先が同じなのにもかかわらず、競合企業とは異なる物流網を築くのが当たり前と考え、同じ物流企業や物流機能を使おうとしないのが一般的だ。

しかし、その考え方が正解かどうかを、今こそ冷静に考えてみる必要がある。

自分の会社は市場シェアが非常に高いから独自路線で行く、業界トップではないが自社より低いシェアの企業と同じ物流網は使いたくない、という企業もあるだろう。しかし、1よりも10、10よりも１００、１００よりも１０００のモノをまとめて運ぶほうが効率的なのは自明だ。例えば、その効率化によって生まれた投資余力を自動化などに活用すれば、その企業が属する業界自体の強化にもつながる。人手不足による物流クライシスの影響はどの業界にも及んでくるので、業界を挙げて物流自動化に取り組めば、その業界は物流クライシスの影響を受けずに済むかもしれない。

「競争領域」と「非競争領域」の話をすでにしたが、メーカーの方々には、製品開発や製造、マーケティングなどでどんどん競争していただき、物流に関しては「非競争領域」として業界でタッグを組んで効率化を進めるというように、メリハリのある戦略的思考を持っていただきたいと思っている。

特に、これからの時代は、サステナビリティが非常に重要視される。企業が図表7−1のように個別に物流網を持っていることは、CO_2排出などサステナビリティ面から見ると、社会からイエローカードを出されてもおかしくない。サステナビリティ経営に本気で取り組みたいと考えている企業であれば、物流の基本機能を業界別に集約した物流プラットフォーム（図表7−1の「次世代型」）を検討すべきだろう。

この物流プラットフォームに参加するメーカーは、プラットフォームの機能を取捨選択して活用できるが、注意してほしいのは、このプラットフォームはデジタルの世界観によって形成されていることだ。

図には「倉庫」「配送」と示されているが、プラットフォーマーが倉庫やトラックを所有している必要はない。プラットフォーマーが複数の倉庫会社や運送会社と連携して、倉庫やトラックのアセット情報・空き情報・運送情報などをデジタルで把握し、プラットフォームの参加者とシェアする。また、第三者の視点でそれを「最適化」したうえで、情報や計画をメーカーに提案していくことも考えられる。

図表7-1　従来型と次世代型の違い

・従来型——企業がそれぞれ物流網を持ってしのぎを削る

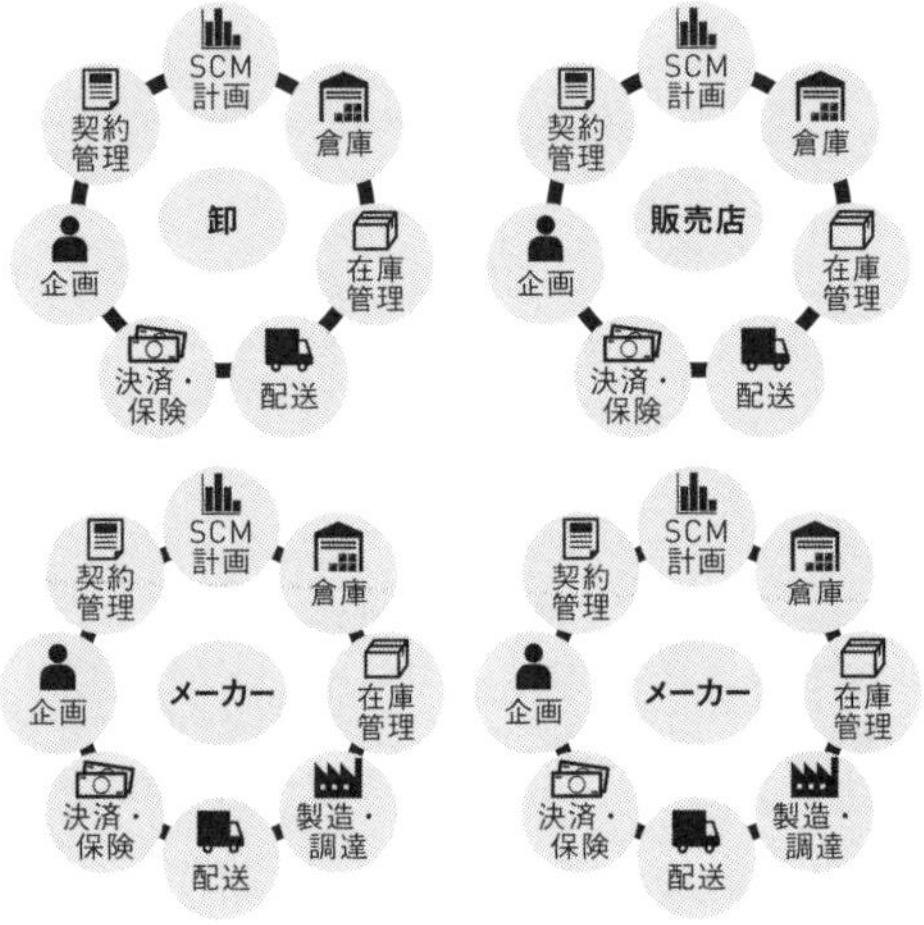

・次世代型——業界別の次世代物流プラットフォームに共通機能が集約される

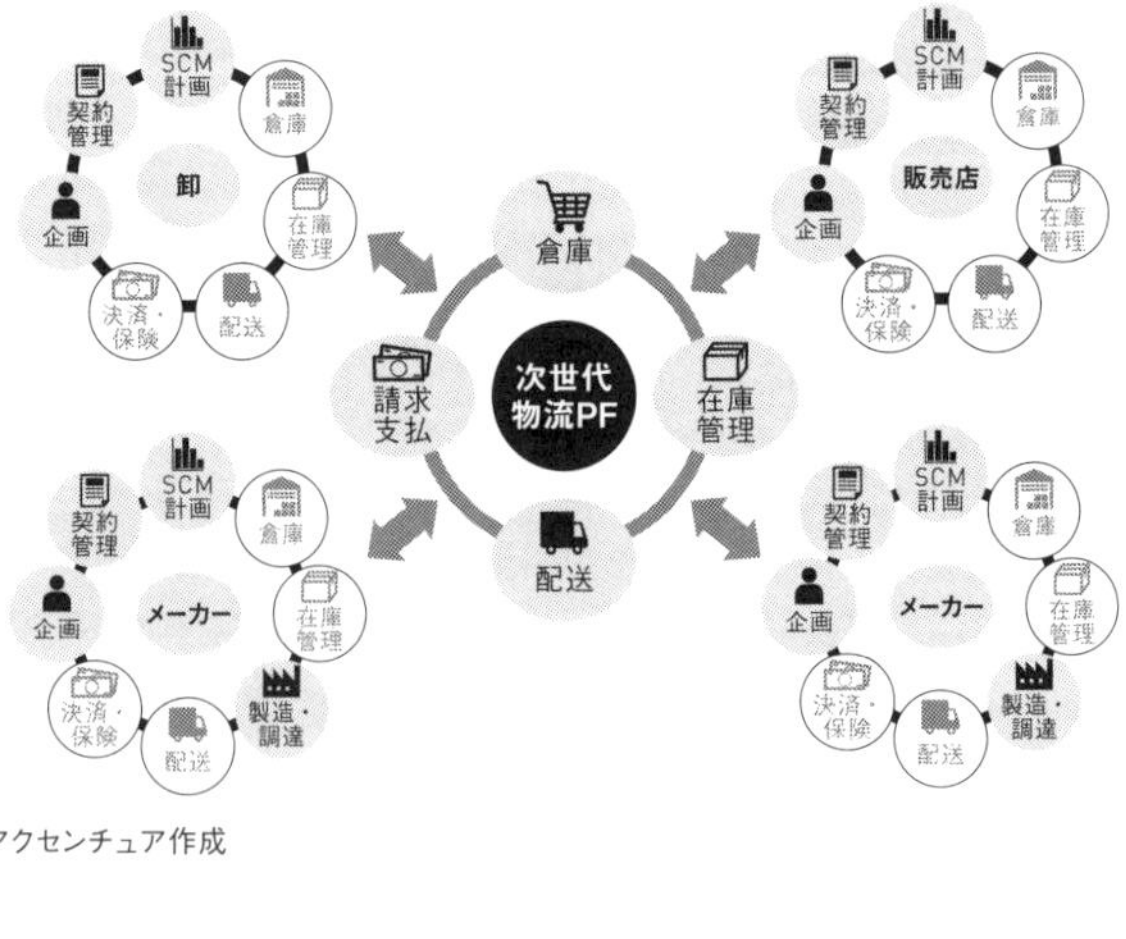

（出典）アクセンチュア作成

プラットフォーム時代に備え、製造業はどのように準備すべきか？

未来のある日、各業界に次世代物流プラットフォームが実現したとしよう。そのときメーカーは、それをどのように活用すればよいのだろうか。それには、「丸投げパターン」と「コントロール保持パターン」の二つが考えられる。

①丸投げパターン

プラットフォームを運営する企業を物流の元請けとし、倉庫管理、配送管理、配送先との調整など様々な業務をすべて任せてしまう。つまり、「本物の３ＰＬ」として委託するやり方だ。

ただ、その場合においても、マーケットの需要や販売状況の分析、それに基づく生産や在庫調整など、物流やサプライチェーンのコントロールをどこまで委託できるかは、プラットフォームの機能やプラットフォーマーの運営能力による。充実した機能を持つハイレベルな物流プラットフォームであれば、メーカー側の製品に関する製造・在庫などの詳細データを受け取り、ＡＩなどを活用してマーケットの需要や販売状況などを分析したうえで、メーカーに計画系で必要な最適解などを提供できるかもしれない。ただし、このような形でプラットフォームを活用するには、そこにデータを丸投げできるレベルのデジタル化を進めることがメーカー側にも求められる。

②コントロール保持パターン

このパターンは、プラットフォームに丸投げするのではなく、自社のサプライチェーンの特長を生かしながら、能動的にプラットフォームの機能を使う。自社で主体的にコントロールするのは、次の3点だ。

1―コストコントロール
2―サービスレベルコントロール
3―在庫保有方法や拠点配置コントロール

まず、サプライチェーン上でつながっている調達先や得意先との間で、コストやサービスレベルについて交渉のうえで合意し連携を図る。そして、在庫保有方法や拠点配置と拠点間移動などについても、地域別・製品別の販売状況や今後計画しているキャンペーン、さらにはＳＮＳの情報などを踏まえて作成した需要予測と連動させられるように、コントロール下に置くことが望ましい。

前述のように、このプラットフォームはデジタルの世界観を前提にしている。プラットフォームを利用したい企業は、自社の様々な情報がデジタル化されているほど、このプラットフォームの利点を存分に享受できる。

業界別次世代プラットフォームに自社のデジタル化が不十分なまま参加しても、メリットは共同物流によるコスト削減くらいにとどまり、デジタル化が進んでいるライバル社との差は拡大していくだろう。

コントロールタワーとは？

業界別次世代物流プラットフォームは、物流、商流、金流、情報流の通り道であり、それを利用するメーカーなどの企業は、そこから様々な情報を取り出して、自社の経営改善に生かしていくことができる。そのため、このプラットフォームを十二分に活用するためには、データの判断能力やコントロール能力をいかに高めていけるかが課題になる。理想の姿は、メーカーの中にサプライチェーンのコントロールタワーがあり、その司令室に経営コックピットがあるイメージだ。

業界別次世代物流プラットフォームの最大の目的の一つは、モノと情報の見える化だ。飛行機のコックピットでは、機体の状況や運行情報、気象情報など飛行機を安全に飛ばすために必要なありとあらゆる情報を計器やモニターを通じて見ることができる。また、機体に異常が生じれば、即座にアラームが点灯し、パイロットは対策を講じる。

コントロールタワーや経営コックピットも、イメージするところは同じだ。

情報化、データ化の三つのレベル

情報化、データ化には三つのレベルがある。レベル1はサプライチェーン上の様々な情報がリアルタイムで見える（見える化）、レベル2は集めた情報を分析することができる（データ分析）、レベル3は分析結果を踏まえて問題点を把握し改善策の実行できる状態（実行）のことを指す。それぞれについて詳しく見ていこう。

レベル1　見える化

ＥＲＰ（統合基幹業務システム）導入などを通じて、部門ごとにばらばらだった経営管理情報を一元化することにより、見える化をそれなりに実現している企業もある。ただ、グローバルで標準化を推し進め、全拠点の状態が一元的に見えるようになっている企業はまだ少ない。

ＥＲＰを導入していたとしても、特に、製造現場や調達の詳細、人員コストの状況などＥＲＰが取り扱うレベルから1層深い情報となると、実は何も把握できておらず、それらの情報は各担当者が持っているエクセルファイルの中にあるというケースは、大企業であってもいまだに多い。

また、物流に関して全体でかかるおおよそのコストは把握できているが、委託先の物流企業における積載効率や品質状況はブラックボックスで、商品別や配送単位別のコストが見えないなど、外部委託企業のデータ化が進んでいないことが要因で見える化が進んでいないという課題もある。

デジタル化、ＤＸ化の必要性が叫ばれているが、自社内だけでなくサプライチェーンを

図表7-2　情報化、データ化の三つのレベル

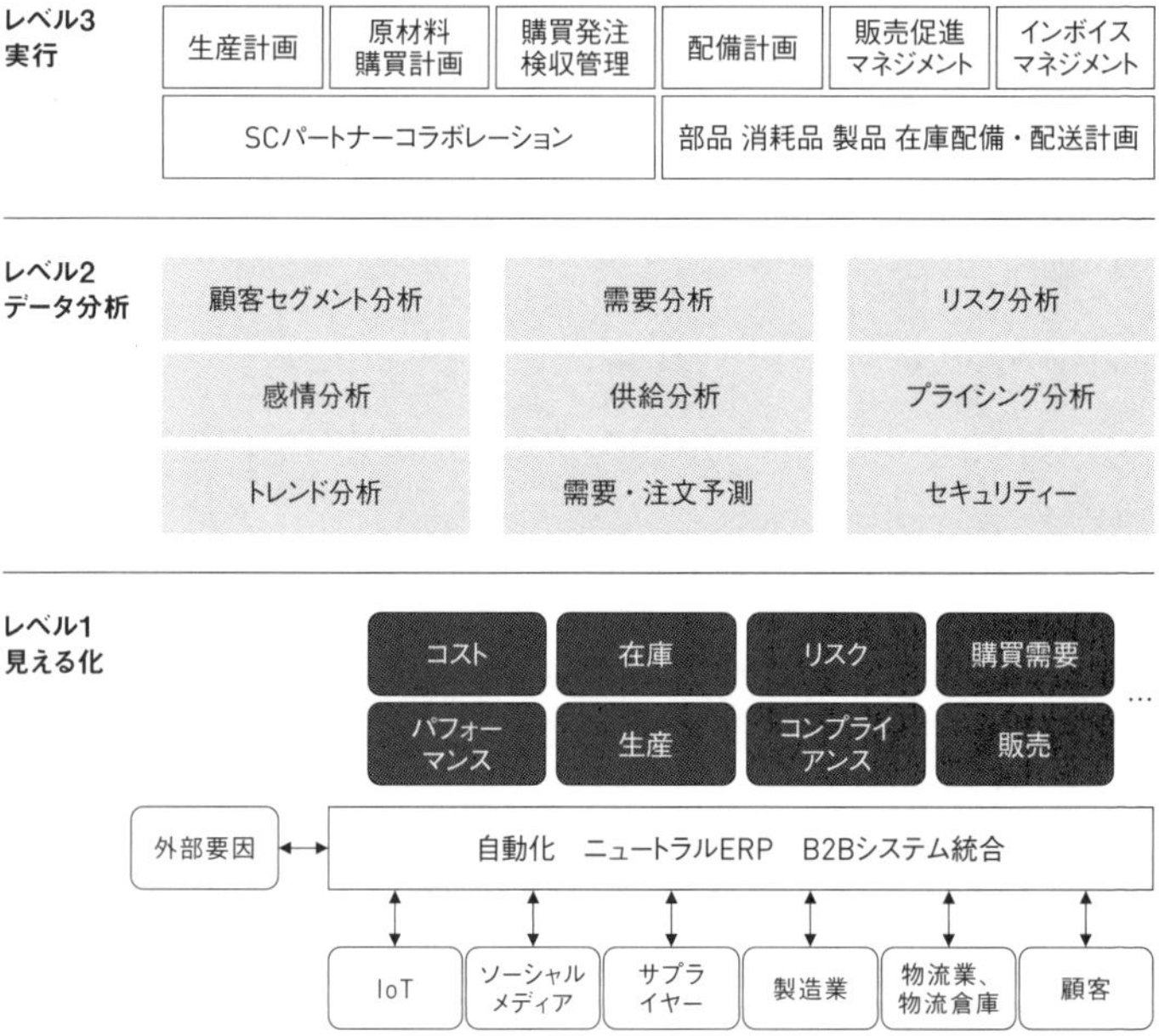

（出典）アクセンチュア作成

含めての見える化が企業に求められている。さらに、サステナビリティへの注目が高まり、CO_2排出量の捕捉や原材料生産に人権問題がないかなど、サプライチェーン全体の情報把握は重要性を増す一方だ。「自社のサプライチェーンの実態がデータで見えないなどもってのほかだ」という認識で改革を進めていってほしい。

レベル2 ―― データ分析

レベル1で、サプライチェーン上で連携するパートナー（例えば、物流会社や卸会社、原材料や部品のサプライヤーなど）のコスト、品質、納期、在庫などの情報の見える化ができたら、次のステップは、見える化によって得られる様々な情報を分析し、需要予測などの計画系に生かしたり、どこにどのような問題があるのかをあぶり出したりするのが、レベル2「データ分析」だ。ビックデータの活用ではアナリティクスの良し悪しが鍵を握る。サプライチェーン上の情報は膨大で常に変動するため、ここでの分析は、人ではなくＡＩやアルゴリズムを活用することが大前提だ。

現状では、レベル１に到達している企業が少ないため、レベル２までできている企業は先進企業と言える。

レベル3 実行

この段階では、レベル２の分析をもとに作成した計画の実行とともに、サプライチェーンの各プレーヤーと連携を深め、全体最適を追求する。レベル２で述べたように、サプライチェーン全体を見渡すと、そこから取れる各種データは大量かつ変動性が高いため、人間が過去の改善施策の効果をすべて頭に入れてデータを読み解き、何が最善策かを導き出すのは不可能だ。いまだにＡＩの活用に対して「ブラックボックス化を招く」との理由で抵抗を示す人も少なくないが、人間を介したほうがよりブラックボックス化（判断の根拠が記録されない、など）することを肝に銘じてほしい。

コントロールタワーの三つのレベルを見てきたが、次世代物流プラットフォームのメリットを十分引き出すために、レベル１「見える化」までは最低限達成できるようにしたい。間違ってほしくないのは、プラットフォームを活用することは、それ自体が目的ではなく、サプライチェーン改革のスタート地点であるということだ。製造業の経営課題は山積している。そこに取りかかる下準備としてレベル１をまずクリアしてほしい。

製造業の物流子会社はどうすべきか

ここまで次世代物流プラットフォーム時代に、製造業がどのような取り組み・準備をしなければならないかを述べてきたが、すでに物流子会社を持っているメーカーは、どんな選択をすべきだろうか。その候補は、二つあると考えられる。

(1) 物流子会社を保持し続ける

プラットフォームには、物流など様々なファンクションがある。この「物流ファンクション」の一部を提供する会社として、物流子会社を参画させる方法がある。ただし、この形で物流子会社が参画する場合には、親会社だけでなくプラットフォームを利用する他の企業にも等しくアセット情報を解放し、受注する義務を負う。また、その物流子会社に競争力がなければ、プラットフォームのファンクションとして参加する他の物流会社に受注を奪われて、淘汰されるかもしれない。

逆に、現段階において物流子会社の機能が業界をリードするポジションにある場合は、次世代物流プラットフォームの中核的な機能を果たしていくことが期待される。いきなりプラットフォームの形態にはいかず、F-LINEのようなジョイントベンチャー的な形からスタートすることも考えられる。

いずれにしても、単に経営の自由度が高いからとの理由で物流子会社を保持している企業は、物流クライシスやサステナビリティ経営のニーズの高まりなどによってコストや効率の悪さが顕在化し、物流子会社に関して早晩見直しを迫られるだろう。

（2）プラットフォームに売却する

その意味では、物流子会社を思い切ってプラットフォーム側に売却し、自社の経営から切り離すというのも有力な選択肢となるだろう。物流を「競争領域」ではなく「非競争領域」と捉え、業界内のライバル企業と協調していくことに足並みがある程度揃えば、その業界は本来の競争領域（開発、製造、マーケティングなど）に経営資源を集中投入でき、業界全体の競争力の底上げが期待される。

プラットフォームは、物流に関して確かに「非競争」を前提にしているが、プラットフォーム上を飛び交う大量のデータを活用できるかできないかによって、プラットフォームを利用する企業の競争優位性に非常に大きな差がつく。つまり、「データの分析・活用」という意味において、次世代物流プラットフォームは「競争領域」でもあるのだ。

物流DXに効くコラム❼

変化の兆しが出てきた大手小売りの物流

メーカーにとって、小売りはお客様であり、最終顧客を握っている存在であり、両者の力関係は歴然としている。少し大げさに言えば、メーカーにとって小売りは「王様」であり「逆らえない存在」だ。

そうした主従のような力関係があるため、小売りから要求されたことに対しては、たとえ理不尽と思えることであっても、メーカーは必死に応えてきた。ただ、メーカー側のそうした涙ぐましい努力は、経済や社会という大きな視点で見ると、残念ながら無駄の温床をどんどんつくり出しているのに等しい。前述のように、翌日配送を実現しようと、夜を徹してトラックを走らせ、本来30分で荷下ろしできるのに、大手小売りの配送センターに到着後、何時間も待たされる。

翌日配送を翌々日配送（つまり、1日余裕を持たせる）に変えるだけで、物流現場の無理や無駄は大幅に改善されるのだが、力関係ゆえに、メーカー側から強く要求することはできず現在に至っている。サプライチェーン・マネジメントという視点で見ると、この川下の部分の歪みを是正しないと、全体最適はなかなか達成されない。

メーカー側からの働きかけが難しいため打つ手はほとんどないと思っていたのだが、ここに来て一部の大手流通企業に、従来のやり方を変えようとする動きが出始めている。大手小売業の中ではマーチャンダイジング（商品政策）を担うバイヤーの力が非常に強く、いわば、大量購入による値引きを実現するため物流現場の非効率性や納品時の混乱などお構いなしに発注していた。小売り側ではマーチャンダイジング部門においての部分最適が追及され、物流を含めた全体最適が図られていなかったわけだ。

小売り側は大量購入の代わりに低価格を要求するが、小売り側が計画的に発注しないため、メーカーは生産量の大きな変動に四苦八苦しながら対応する。また、小売り側は在庫を持ちたくないために納期を限界まで引きつけようとする。こうした動きを冷静に分析すると、小売り側がメーカーに突きつける無理難題によって、メーカー側の負荷が大きくなり効率性が損なわれるため、サプライチェーン全体では結果的にコスト高になっている。関与する全員が「負けている」イメージだ。

歪み解消のモデルケースになることを期待

そのことに気づいたある大手流通企業は、マーチャンダイジング偏重を改めてメーカーとウィン・ウィンの協調関係を築き、無駄な在庫や待ち時間、配送費用を発生させないために物流再構築に向けて動き出している。実はこの企業は、ここ数年で店舗数も業態も増え、EC拡大にも取り組んでいるが、自社の配送拠点の配置はこの20年でほとんど変わっていない。メーカーとの取引だけでなく、自社グループ内の物流に関しても改革が長期間放置され、高コストで非効率な状態が続いている。そこで物流拠点の再配置なども含め、社内外の物流に関して問題点や課題を洗い出し、一気に改革を進めようとしている。

もちろん、大手小売店がライバルの大手小売店も利用できる次世代物流プラットフォームをつくることはあり得ない。ただし、大手小売店に商品を納める食品業界や日用雑貨業界、衣料品業界などが、それぞれ業界別に次世代物流プラットフォームをつくり、大手小売店が再構築したその会社専用の物流ネットワークと連携・連動できれば、これまで課題だった川下部分の歪みを解消して、サプライチェーン全体の最適化を実現する道が拓けてくる。この大手流通企業が、現状の川下部分の歪み解消のモデルケースとなり、ほかの大手流通企業も追従し、業界全体が変わっていくことを私は期待している。

第8章

加速するサプライチェーンの自動化とデータ化

前章でも述べたが、日本は本当に人不足だ。私が関与させていただいているどの企業も「人が足りない。かつてない深刻さだ」と言っている。中でも、物流やサプライチェーン・マネジメントに豊富な経験があり、正しい判断ができる人が非常に少ない。

現在のサプライチェーンはひと昔前のようにシンプルではない。かつては一つの商品を１人のプロダクトマネジャーが資材の調達や生産から販売までトータルにマネジメントするケースもあったが、販売チャネルの増加に伴うＳＫＵの急増などにより、人を多少増やしても需給調整などの対応が追いつかない。そのうえ、有能な人材もいないという状況が各企業で頻発している。

そんな中で、トレーサビリティーの担保や、サステナビリティ対応のための調達先や製造工程の見直し、サプライチェーンにおけるCO_2排出量の集計や削減計画の立案など課題が山積している。

足りないのは、物流やサプライチェーンのマネジャーだけではなく、メーカーは工場で働く人の採用も苦労している。工場周辺だけでは働き手が十分に集まらず別の地域に採用活動を広げる必要があり、また以前と違って、働き方改革やジェンダーフリーを意識した体制づくりが求められるなど、労務管理も難しくなっている。

意外と進めづらい欧米の物流自動化

こうした日本の状況は、欧米とはかなり違う。

欧米はＡＩ化、デジタル化、自動化が日本よりもずっと進んでいる、と思っている人が多いと思う。確かに、アマゾンやウォルマートはＤＸの先頭を走っている。しかし、欧米では労働組合の力が強く、現場の自動化はレイオフの脅威と見なされ強い反発が起きやすい。その一方で、米国は中南米から、欧州は東欧やアフリカから安価な労働力を調達できるため、日本の人不足ほど緊急性はない。そのため一部の企業を除いて、自動化は日本ほど喫緊の問題ではない。多くの人々の印象とは異なり、物流現場や製造現場の自動化は日本がリードしていく領域となるだろう。

次世代物流プラットフォームは、業界ごとに物流機能を集約し、競合関係を超えて効率

図表8-1　日本の物流は中小事業者で支えられている

	営業収入	事業者数	従業員数	中小企業率
トラック運送事業	16兆3571億円	6万2068	194万人	99.9%
JR貨物	1355億円	1	5000人	——
内航海運業	9138億円	3408	6万9000人	99.7%
外航海運業	3兆3360億円	192	7000人	54.4%
港湾運送業	1兆611億円	861	5万1000人	88.4%
航空貨物運送事業	2909億円	22	4万1000人	45.5%
鉄道利用運送事業	2841億円	1133	7000人	88.8%
外航利用運送事業	3311億円	1069	4000人	80.8%
航空利用運送事業	7131億円	203	1万2000人	70.4%
倉庫業	2兆2448億円	6557	11万2000人	91.0%
トラックターミナル業	305億円	16	500人	93.8%

（出典）国土交通省統計資料ほか、データは平成30年度（一部例外、推計値あり）

化を促していくものだ。このプラットフォームには、ファンクションを提供するパートナーとして、様々な物流企業も参加することが想定されている。トラック運送事業、倉庫業などは中小の企業が多く、自動化に向けての投資が非常に難しい。その点、次世代物流プラットフォームでは、大手商社や物流会社がビジネスを統括していくことによって投資余力を生み出し、物流現場の自動化を進めていくことが想定される。

物流業界の業種別の営業収入と規模の関係を見たのが図表8-1だ。このように、中小企業率が80%を超える業種が大半を占める。これだけ中小企業率が高いと、投資余力もなければ、労働力の調達力も低い。人口減社会の中で、残念ながらすべての企業が生き残ることは難しいと言わざるを得ない。

中小の物流企業が生き残るためにも、次世代物流プラットフォームは必要だ。受発注やトラック手配、バース管理などの最適化はプラットフォーム側で行われ、さらに煩雑な決済業務の大半もプラットフォーム側に任せられる。ファンクションを提供する物流会社は、プラットフォームとの情報のやり取りに必要な最低限のデジタル化に対応しなくてはならないが、「運ぶ」「保管する」という本来の業務に集中できる。資金回収や事務手続きの負担軽減は中小企業にとって大きなメリットであり、ファンクションの提供者として経営努力をしていけば、現状よりも収益性が向上する可能性も高い。そうなれば、自動化への投資余力も出てくるかもしれない。

AIの導入は「ゴール」ではなく「スタート」

すでに見てきたように、ファーストリテイリングなどの一部の物流先進企業はサプライチェーンの見える化、データ化に積極的に投資して、自前で物流の自動化を進める体制を整えようとしている。ポイントは、倉庫などに自動化機器を入れてほぼ全自動にするだけでなく、サプライチェーン全体でデータ化を進めている点だ。そのデータを活用して需要予測や在庫配置計画のAI化などにも数年前から取り組んでおり、蓄積された情報に基づいてＡＩアルゴリズムの高度化も進めている。ＡＩというのは、導入しても最初のうちはＡＩが出す予測は当てにならない。なぜ、予測が外れるのかを分析したうえでアルゴリズムを修正しながら、少なくとも数年かけて実践で使えるようになっていく。つまり、ＡＩの導入は「ゴール」ではなく「スタート」と言える。

　サプライチェーン上には、自動化機器が吸い上げてくる大量のデータのほか、サプライヤーや小売店などが持つ調達・生産・在庫・販売に関わる様々な情報や、気象予測やイベント情報などのように商品の売り上げに影響を及ぼすデータもある。これらのデータをＡＩで処理して需要予測をつくり、それを計画系の立案・作成に生かし、実行段階で実績値と確認・照合し、異常値の把握やそれに対しての判断と対策の実行を仕組み化することが鍵となる。

　また、自動化やＡＩの導入によって、サプライチェーン・マネジメントに人が介在する余地を減らすことで、ノウハウのブラックボックス化を防げる。これは自動化やデータ化の仕組みを標準化すれば、日本国内だけでなくグローバル展開が容易になることを意味している。海外の進出先で物流人材を苦労して育成しなくても、自動化ロボットやＡＩがその代わりをしてくれるため、スピード感をもってグローバル展開が可能になる。

大手飲料メーカーの事例

ある大手飲料メーカーは、自社単独で物流部門の自動化を進めてきた。今後のサプライチェーン・マネジメントには、データ化が鍵となることを、このメーカーの経営者は強く意識している。

この会社では、オペレーション全体を管理する「コックピット層」と、各計画系業務を自動化させる「計画管理層」と、「現場オペレーションの自動化・データ化」の3層に分けて、データ化やAI導入を進めようとしている。

この3層の中でも、「現場オペレーションの自動化・データ化」では、工場での製造と倉庫への配送を連動させ、個別最適に陥らないようにするため、部門共通で標準化するべき領域と、部門ごとに個別化するべき領域を分け、アーキテクチャー構成も自動化機器に依存しない形にしようとしている。

ちなみに、拠点ごとに自動化機器のベンダーを変えてしまうと、ベンダーごとに強み・弱みがあるうえ、倉庫自動化に関するシステム構成もばらばらになるため統一的にデータが取れなくなり、拠点間の情報連携が取りづらくなる（倉庫管理システム（WCS）のプラッ

図表8-2　システム構成の課題——WCSのブラックボックス化

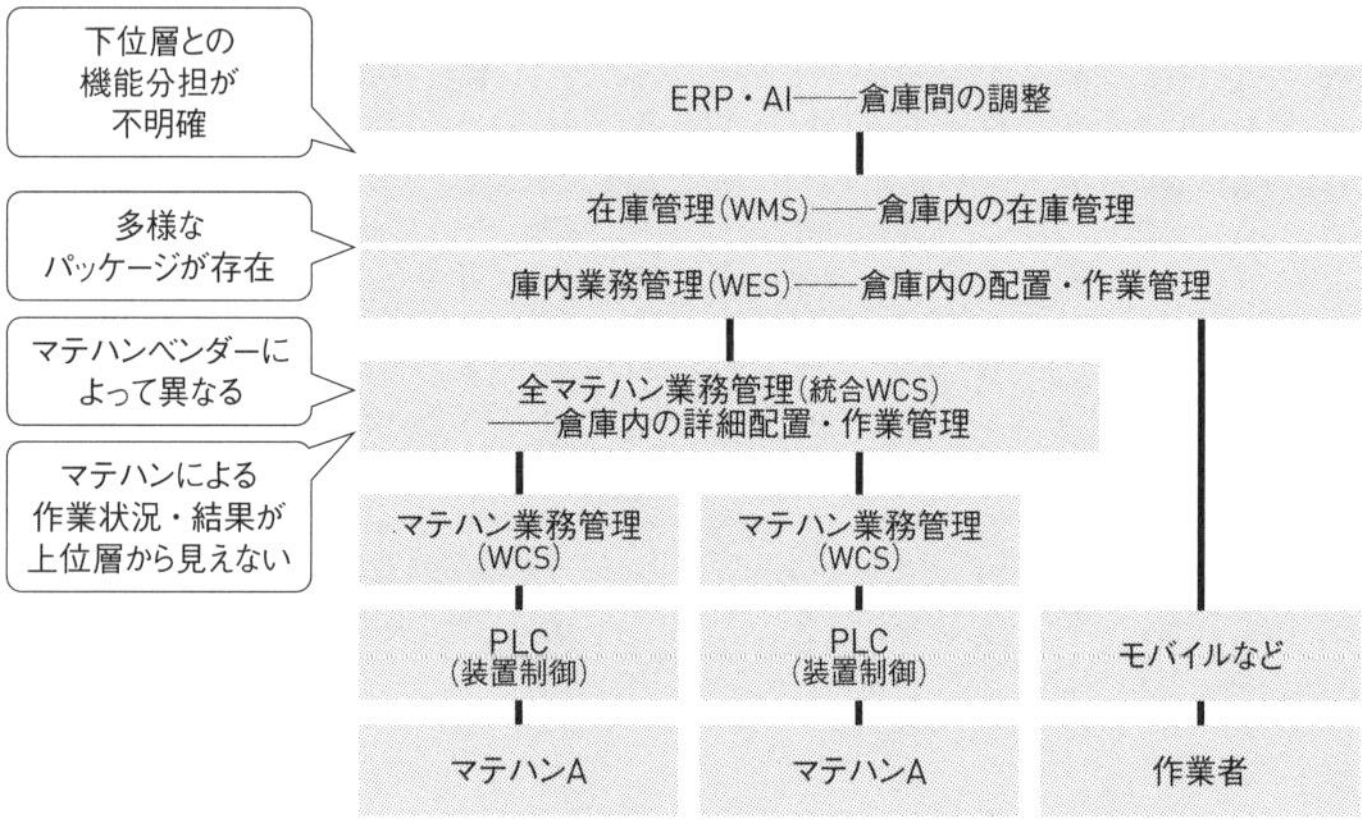

(出典) アクセンチュア作成

クボックス化が起きやすくなる)。これを防ぐには、マテハン業者に依存しない倉庫管理・プロセス制御システムを構築することが必要だ(図表8-3参照)。

参考までに、マテハンやコンベアから取得すべき情報の例を挙げる(図表8-4参照)。自動化したシステムから取得すべき(見たい)情報を図のように分類して、取得目的を整理して一覧化したうえで優先順位をつけていくと、自動化やデータ化でやるべきことが明確になる。

ここまで述べてきたように、メーカーの中でも経営体力のある業界リーダー的な企業は、自社が主導権を握りながらハード領域(機器)とソフト領域(ソフトウェア)の両面で自動化を積極的に推し進めている。

図表8-3　あるべきシステム構成（例）

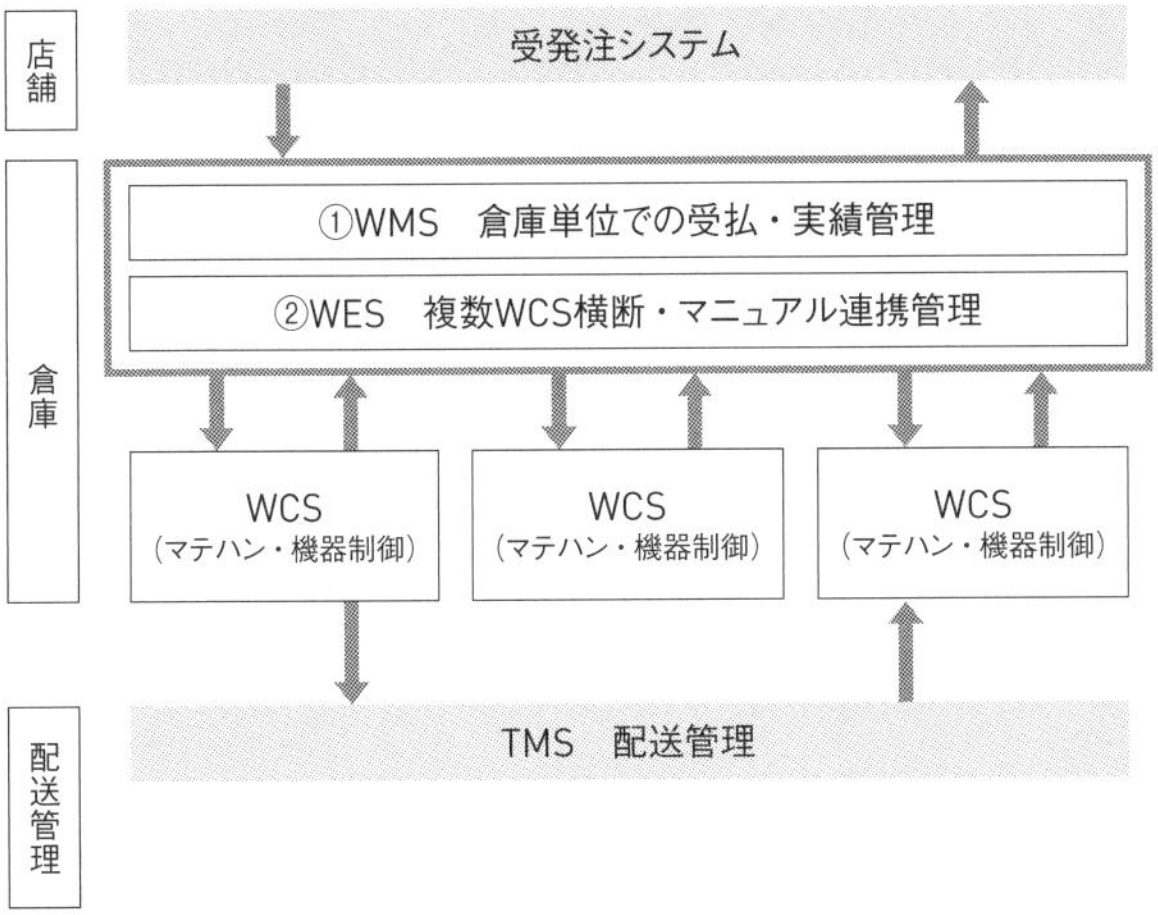

システム構成のポイント

①WMS（Warehouse Management System）

- 倉庫単位で店舗からの入出荷指示に基づく在庫の受払・実績を一元管理
- 入出荷指示・実績連携、在庫実績・ステータス管理を一元化

②WES（Warehouse Execution System）

- WCSがマテハンを統合管理する複数エリアの横断管理を実現
- 日進月歩での技術革新への随時対応を可能とするために、複数のWCSとの連携を統合・一元化

③WCS（Warehouse Control System）

- 個々のマテハン・自動化機器を制御するシステム
- 最新技術の随時適用に対応するために、WESとの連動が可能であることを前提に、個々のマテハン・自動化機器に最適化されたシステムを構築

（出典）アクセンチュア作成

図表8-4　マテハンやコンベアから取得すべき情報（例）

分類	見たい情報			取得目的
生産性の検証・改善	マテハン別 作業者別	×	生産性 （作業量÷ 作業人時）	時間帯別の機器別や1人当たりの生産性を他の作業者や倉庫などと比較することで改善点を特定する
進捗状況把握・改善	工程別 マテハン別	×	進捗状況 処理実績	作業工程別の進捗状況や処理実績を見ることで作業が期限通り完了できる見通しかを確認する
	商品別 オリコン別	×	稼働状況	商品やオリコン別の稼働状況・移動実績から、オリコン配置が適切な状態になっているかを分析し、必要に応じて配置を変更する
	コンベア別	×	混雑状況	混雑状況を見て、下流工程に流す流量を調整する
異常検知・追跡	マテハン別 コンベア別	×	異常通知 満杯通知 予知保全通知	異常が発生したことにすぐに気づく
	オリコン別	×	位置情報	オリコンが行方不明になったときに容易に捜索できる
品質改善	マテハン別 作業者別	×	品質（作業ミス率など）	品質が悪化している要因を特定し、改善する

（出典）アクセンチュア作成

一方、そこまで経営体力がない企業は、どうすればいいのだろうか？　人口減少に直面する日本のどの企業にとっても自動化やデータ化は不可避である。自社単独でできないなら、やはり３ＰＬ事業者と組んで進めていくしかないだろう。

３ＰＬ事業者は「単に物流を安く請け負う」ことから脱し、荷主のＲＦＰを超えてサプライチェーン全体の課題解決を提案できる存在に脱皮すべきだが、荷主であるメーカーのほうも、３ＰＬ事業者をサプライチェーン改革の重要な経営パートナーと位置づけ、しっかり連携していく姿勢が欠かせない。つまり、両者の意識改革が求められる。

物流自動化の業界動向

ここで、物流の自動化の現状を整理しておこう。現在のマテハン業界の各プレーヤーのポジショニングをまとめたのが図表8-5だ。マテハン機器の部品供給から、製造、システム構築・販売、顧客までの各段階で、どんなプレーヤーが関わっているかを競合企業の動きや荷主のニーズとともに示したものだ。

この中で、非常に弱いのは「インテグレーション」の領域だ。システムの構築に当たって、自分たちのニーズを明確に示すことができない荷主企業が多い中、そうした企業をリードして経営全体のバランスを考えて自動化をインテグレートできるプレーヤーが非常に少ない。マテハン機器ベンダーはどうしても自社製品を押し込もうとするので、システム構築でベンダーに主導権を渡すと、前述のように倉庫システムのブラックボックス化を招くことになりかねない。

もう一度、図表8-3「あるべきシステム構成（例）」を見てほしい。自動化機器は日進月歩で進化しているため、それらの機器を新しいものに入れ替えても、上位のシステム（WESやWMSなど）との連動に影響を及ぼさないような設計をしておくことが欠かせない

図表8-5　マテハン業界のポジショニング

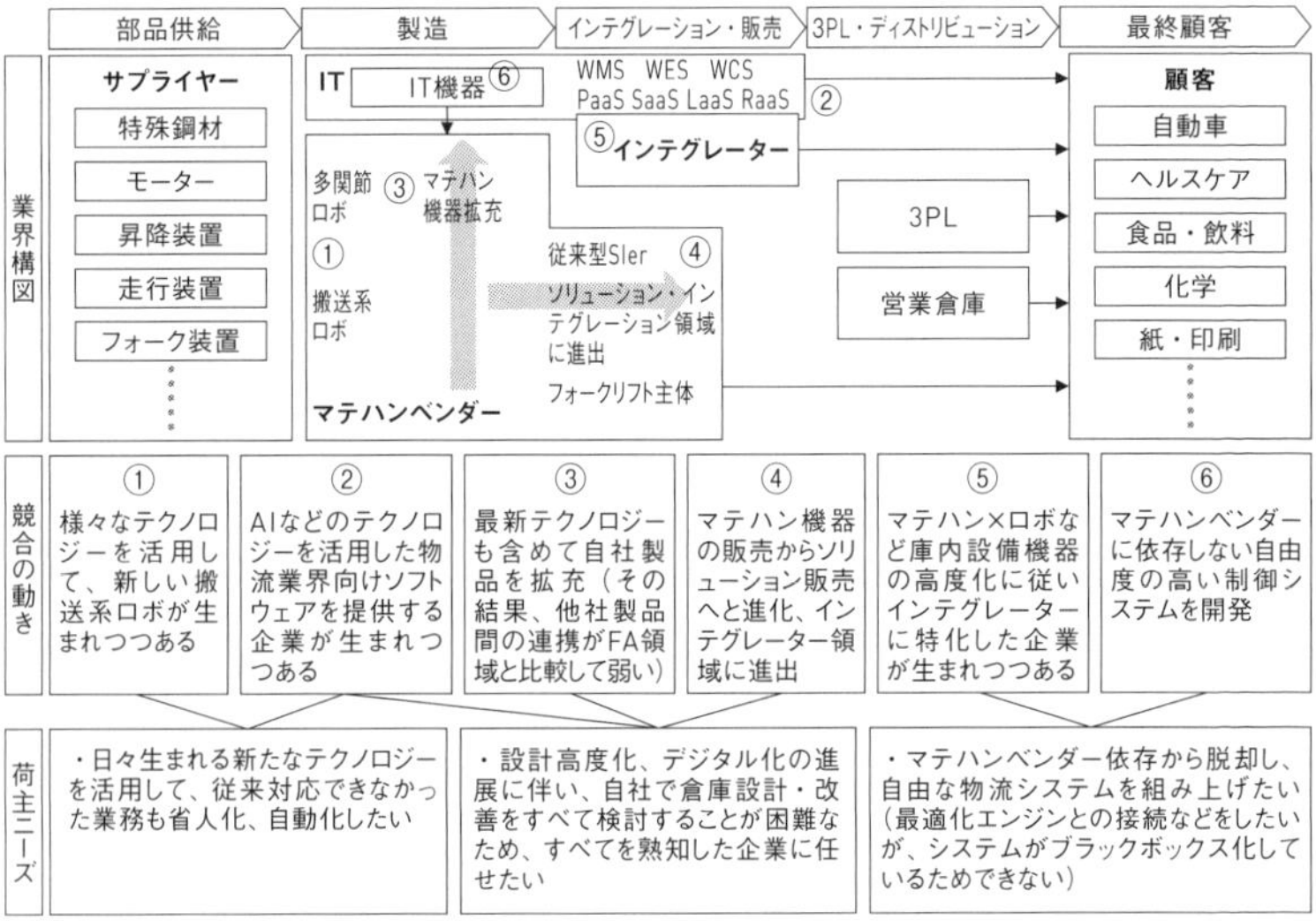

（出典）アクセンチュア作成

のだが、残念ながら現状は、マテハン機器ベンダーがシステム構築の主導権を握っているケースが多いようだ。

一般の基幹系情報システムであれば、NECや富士通、日本IBMといった大手ITベンダーや、大手コンサルティング会社が強みを発揮しているが、こうした企業群は物流領域にはまだ十分に進出できていない。オペレーション・テクノロジーと呼ばれる現場系の情報システムはハードメーカーへの依存度が高く、大手ITベンダーが手を出せない領域だという認識がこれまで一般的だった。

しかし、ＩｏＴ（モノのインターネット）やインダストリーＸのような製造現場の情報化の機運がここ数年で一気に高まり、メーカーの現場におけるセンサー設置によるデータ取得や各オペレーションにおける自動化の適用が大手ＩＴベンダーによって部分的に実行され、その知見がようやくたまってきている。今後、インテグレーションの領域に本格的に進出してくる可能性があるため、荷主企業にとって状況は好転していくだろう。そうなれば、ハードに依存しない形で全体のシステムが構築されるようになり、自動化機器ごとの管理から、倉庫全体のシステム管理や配送との連動、倉庫間の連動、工場との連動へとサプライチェーンの上流へ広げていくことができる。そこにＡＩを活用した最適化や情報分析、予測を加えていけば、情報コックピットの原形ができあがる。

自動化やデータ化、見える化に欠かせない四つの知見

・インダストリーＸの知見
・ＡＩの知見
・システムアーキテクチャーの知見
・現場オペレーションの業務知見

日本の技術力が再び世界から注目される日が来る

ここで少しだけ、アクセンチュアのことについて触れさせてほしい。当社では、インダストリーＸ、サプライチェーン・マネジメント戦略、ＡＩ、システムアーキテクチャーの検討に関して、日本において２０００人超のプロフェッショナル人材を揃え、様々なクライアントにサービスを提供している。

また、産業用ロボットソフトウェア企業Ｍｕｊｉｎとも連携し、自動化におけるインテグレーション機能を強化している。従来の産業用ロボットは、導入時にプログラミングした動きを反復するもので、繰り返し作業の自動化には適しているものの、扱う対象物や周辺状況が変動するような場面では、導入が難しいとされていた。Ｍｕｊｉｎは、モーションプランニングというＡＩ技術を基軸に、ロボットを知能化するソフトウェアを開発し、その場で臨機応変に考えて動く知能ロボットを実現させた。それにより、これまで人力で行わざるを得なかった重労働や単純作業をロボットで自動化するソリューションを提供している。

日本の技術力は低下したとよく言われるが、ロボットに関しては先進国であり、

Ｍｕｊｉｎの技術と結びつければ、日本初の物流自動化モデルを世界展開できる可能性もある。

次世代物流プラットフォームでは、荷主の物流ニーズを業界単位で取りまとめて、拠点集約、大型化を実現し、コスト効率化を進め、それにより自動化へ投資するための体力をつけていくことが可能になる。この次世代物流プラットフォームの仕組みが日本国内で広まるだけでなく、世界最高のロボット自動化技術とともに、数年後には世界へ展開されていき、日本の技術力が再び世界から注目される日が来ることを私は期待している。

第9章

さらに広がるAIの適用範囲

すでに多くの企業が、ＡＩをサプライチェーン・マネジメントに導入し始めている。これまで述べてきたように、今後のサプライチェーン・マネジメントは、データを根拠に行われていくことが求められているが、そのデータの扱いに関しては、量の多さと変動性の大きさから、もはや人がマネジメントできる限界を超えており、ＡＩの活用は必然となりつつある。ところが、自分の身近なところでＡＩと接している人なら理解していると思うが、ＡＩは決して万能ではなく、導入直後から目の前の課題が次々と解決されていくわけではない。また、ＡＩを導入すれば人間は何もしなくてもいいというものではない。使いながら育てていく姿勢が重要であり、アルゴリズムの継続的なメンテナンスが欠かせない。

ＡＩは、製品の需要予測や需給調整、生産管理、購買発注、物流手配の最適化など、幅広い分野で活用されている。これらの業務分野はこれまで、人の判断がない限り何も始まらない状態だった。

図表9-1　サプライチェーン・マネジメントに対する経営層の意識

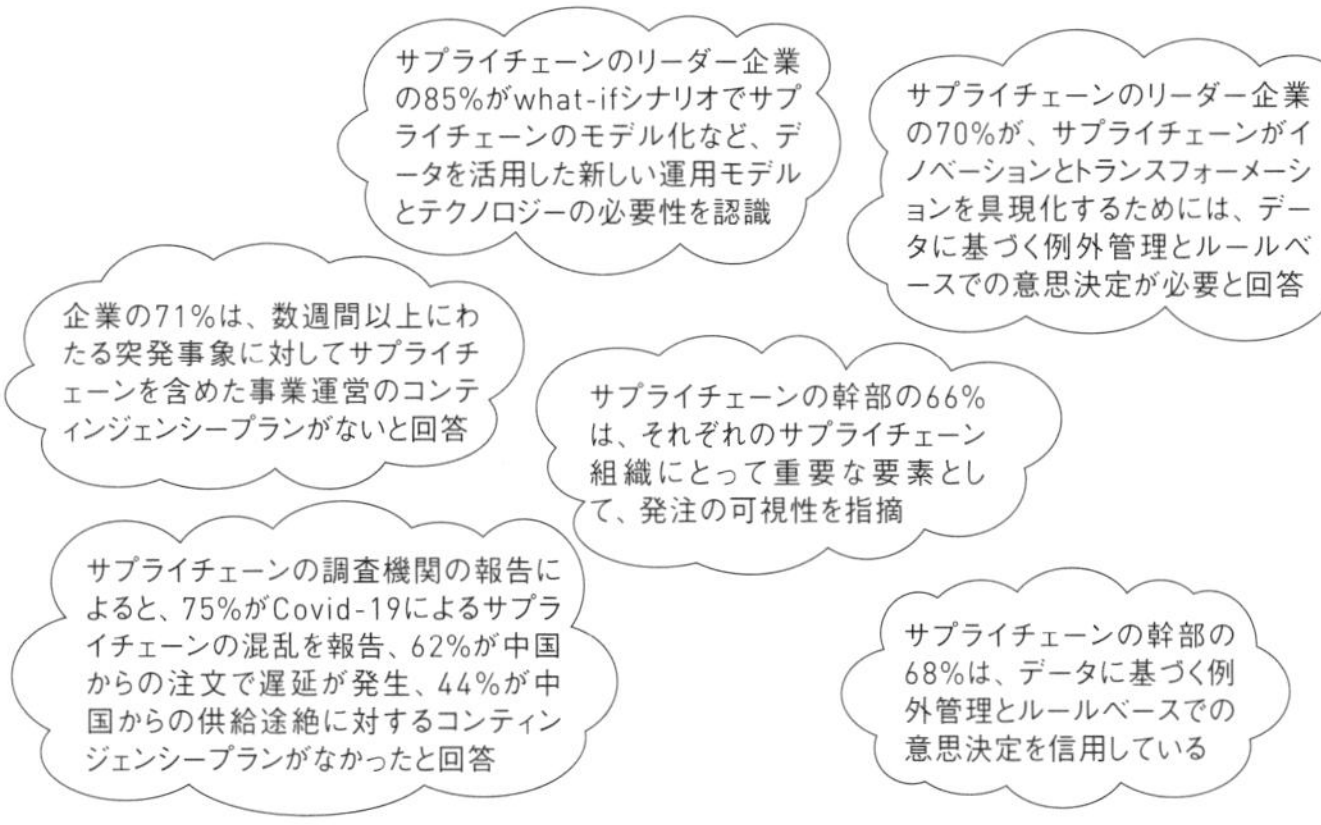

（出典）2018年に6業界、200人のサプライチェーン責任者にACCENTURE CONDUCTED RESEARCHとして実施した調査をもとにアクセンチュア作成

もちろん、いくつかの業務においては、単なるアルゴリズム予測では役に立たず、人間による意思入れが必要な領域もあるが、業務の大部分はそうではなく、データとアルゴリズムに基づいて実行されるほうが適切であることが実証されつつある。

図表9-1は、アクセンチュアが六つの業界のサプライチェーン責任者200人に対してサプライチェーン・マネジメントやデータ戦略について調査した結果だ（2018年）。この図が示すように、経営層の多くは、データに基づく客観的な判断やアルゴリズムを活用した意思決定の必要性を強く感じている。

次世代物流プラットフォームでのＡＩ活用術

次世代物流プラットフォームでＡＩを活用するには、次の二つの方法が考えられる。

1　自社内の意思決定、業務効率化に適用

2　プラットフォームが荷主側に提供する機能としてＡＩサービスを提供

第5章で述べたように、サプライチェーン・マネジメントのコントロールは、ネットワーク型コントロール（サプライヤー、小売りなどパートナーからの情報）、内部ＳＣＭコントロール（意思決定のためのコントロール）、神経系コントロール（自社の各部門の詳細情報）の3層で行う考え方がある。

図表9-2は、ネットワーク型コントロール（社外）と神経系コントロール（社内の各部門）から自動的に吸い上げたデータを、内部ＳＣＭコントロール（自社の意思決定）につなげていくことを示している。これらの三つの層に応じて、自動化やアルゴリズム化を考える必要がある。

図表9-2　3層でのデータコントロール（再掲）

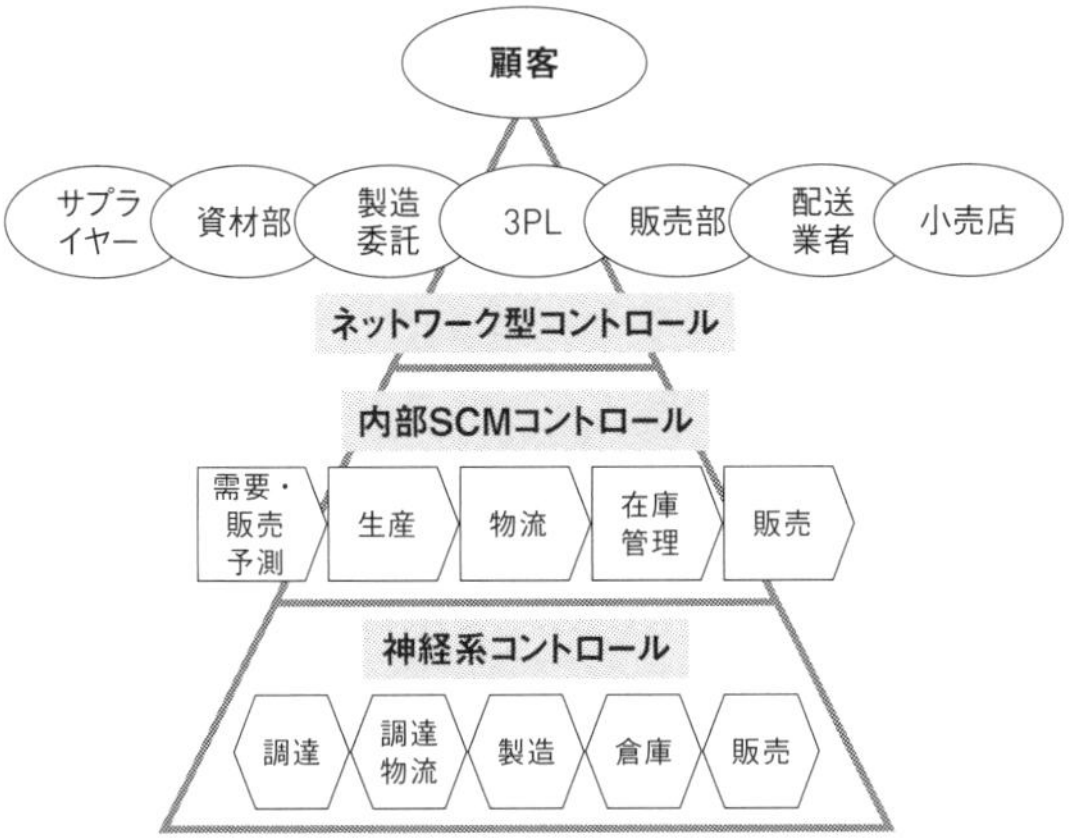

ネットワーク型コントロール

ポイント	挑戦
・パートナーからの情報取得 ・パートナーへの有益情報の提供	SCMネットワークに入るパートナーとの疎結合アーキテクチャー

内部SCMコントロール

ポイント	挑戦
・機能単位を連携した情報一元化 ・計画系と実行系の情報連動	計画から実行までのデータ一元化とAIコントロール実装（計画系職人技からの脱却）

神経系コントロール

ポイント	挑戦
・各現場処理のデータ化 ・個別最適ではない全体設計	全体設計ケイパビリティー不足と自動化と連動したデータ化

（出典）アクセンチュア作成

内部ＳＣＭコントロールにおいては、部門単位、業務単位でそれぞれの意思決定を支えるためにＡＩを導入している企業もある。しかし、サプライチェーン全体の意思決定を情報コックピットレベルに持っていきたいのであれば、部門間の連携を前提にデータアーキテクチャーの設計やアルゴリズムの適用を検討すべきだろう。

各部門が同じ目標数字を追う

ただし、従来のように人中心のままで3層のコントロールを実行するのは難しい。その状態を図にしてみると、図表9-3のようになる。社内のすべての部門から「サプライチェーン部門」に情報がエクセルデータなどで送られるが、それを整理し、理解するだけでも重い負荷がかかる。サプライチェーン部門が全体最適の実現に向けて部門間の調整役となるためには、各部門からの情報収集や分析をできるだけ自動化し、判断に関わる部分に人が重点的に取り組めるよう仕組みを整える必要がある。それが実現できれば、サプライチェーン部門がコントロールタワーになり、各部門が同じ目標数字を追えるようになる。

今までは、会社の大方針はあっても、基本的には各部門が自分たちにとって最適な意思決定を行うケースがほとんどだ。設計開発、企画購買、製造、販売などの各部門が、計画

図表9-3　分断された各部門のデータを人がつなぐのには限界がある

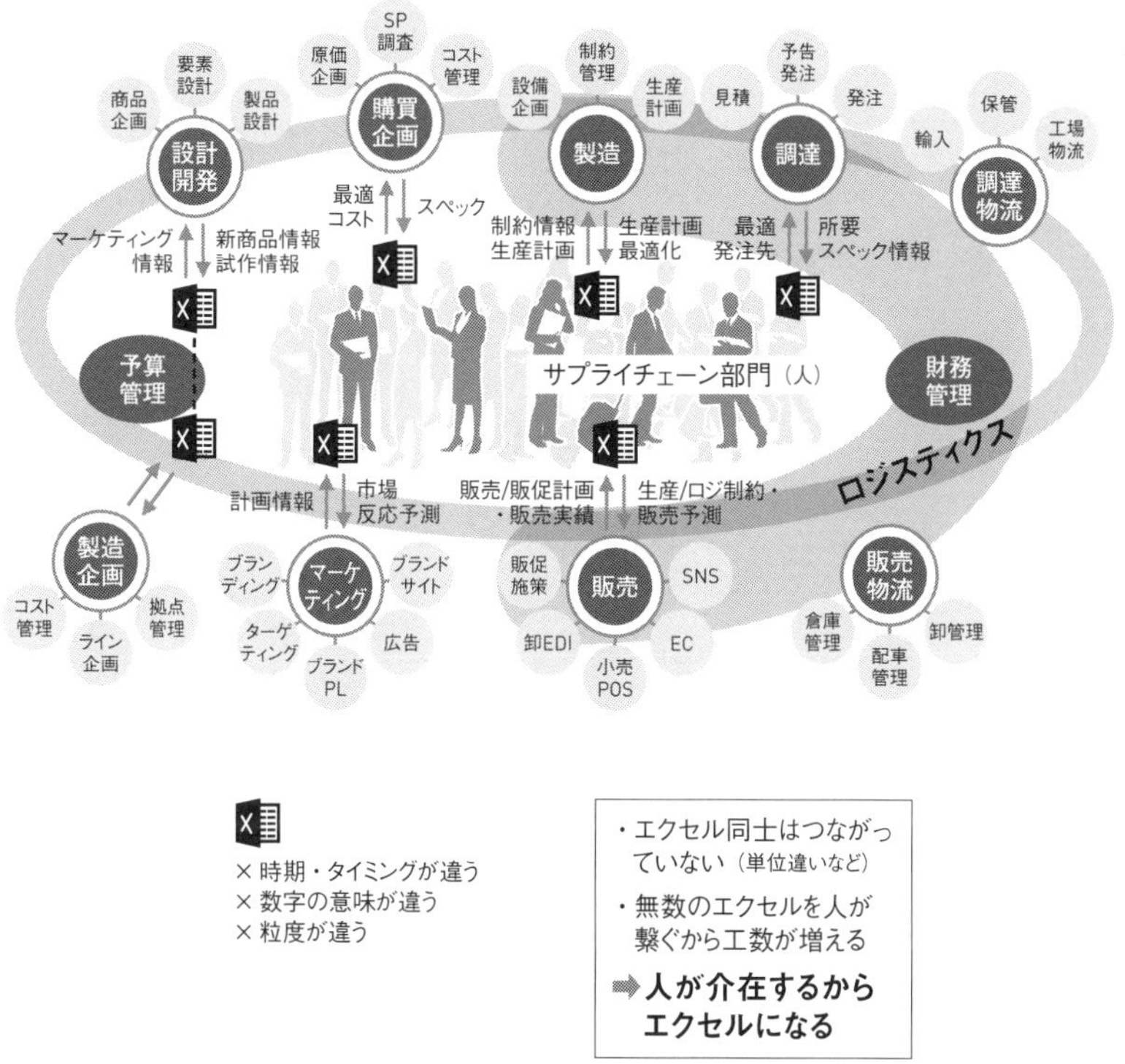

（出典）アクセンチュア作成

系に関して意思決定した結果を基幹システムのＥＲＰに入れ、それらをベースに人間が判断し実行に移していく。

　ここで何が起きるかというと、例えば、販売部門は「この商品は3カ月で1万個売る」と計画を立てる。その計画を受けて調達部門は、「1万個と言っているけど、欠品したら怒られるから30%上積みして1万３０００個にしておこうか」と動く。一方、製造部門は、「販売は3カ月で1万個売ると言っているけれど、そんなには売れないだろうから、８０００個くらいで準備しておけば、2カ月たったら数字がきっと変更になるはず」と判断して実行に動く。つまり、「部門の論理」や「部門間の駆け引き」が強く働き、部門ごとに異なる想定のもとに動くという部分最適の弊害が現れる。情報システムを構築するときも、各部門が自分たちにとって便利な仕組みを入れようとするので、部分最適は達成される。けれども、最終的に3カ月で９０００個しか売れなかったとき、どこに判断ミスの原因があり、どのタイミングで計画を変更すべきだったのかをあとで検証できないと、同じ失敗を何度も繰り返すことになる。

　各部門がそれぞれの「予測」で動くのではなく、先述の3層でのコントロールで言えば、内部ＳＣＭコントロールで会社としての「予測」を出すべきだ。各部門で人が予測していたものをＡＩ化する企業は増えてきているが、サプライチェーンと企業内の神経系コントロールからデータを収集し、それをもとにＡＩを活用して予測を出し、実績との差を分析している企業は非常に少ない。

予測・最適化にＡＩをフル活用

「ＡＩの活用など、まだ先の話でしょ？」と思う人がいるかもしれない。だが、サプライチェーン・マネジメントでのＡＩ活用はすでに始まっており、決して新しい話ではない。最も多く使われているのは、「需要予測」と「在庫量の最適化」だろう。アクセンチュアでも多くの事例でＡＩを導入し、人間の判断よりも高精度で科学的なマネジメントの実行を手助けしている。

図表9-4は、在庫の最適化を目的にＡＩを導入した小売業の事例だ。導入前は、仕入先への発注や倉庫の補充・発注業務、店舗への補充業務などを、すべて人の指示で行っていた。課題となっていたのは、店舗での在庫の偏在だった。来客数の多い店舗では人気商品がすぐに品切れになり機会損失が起きていた半面、来客数の少ない店舗では在庫が積み上がっていた。そこに、アクセンチュア・フルフィルメント・サービス（ＡＦＳ）というＡＩを活用したシステムを導入した。

図表9-4　データ化による在庫最適化の例

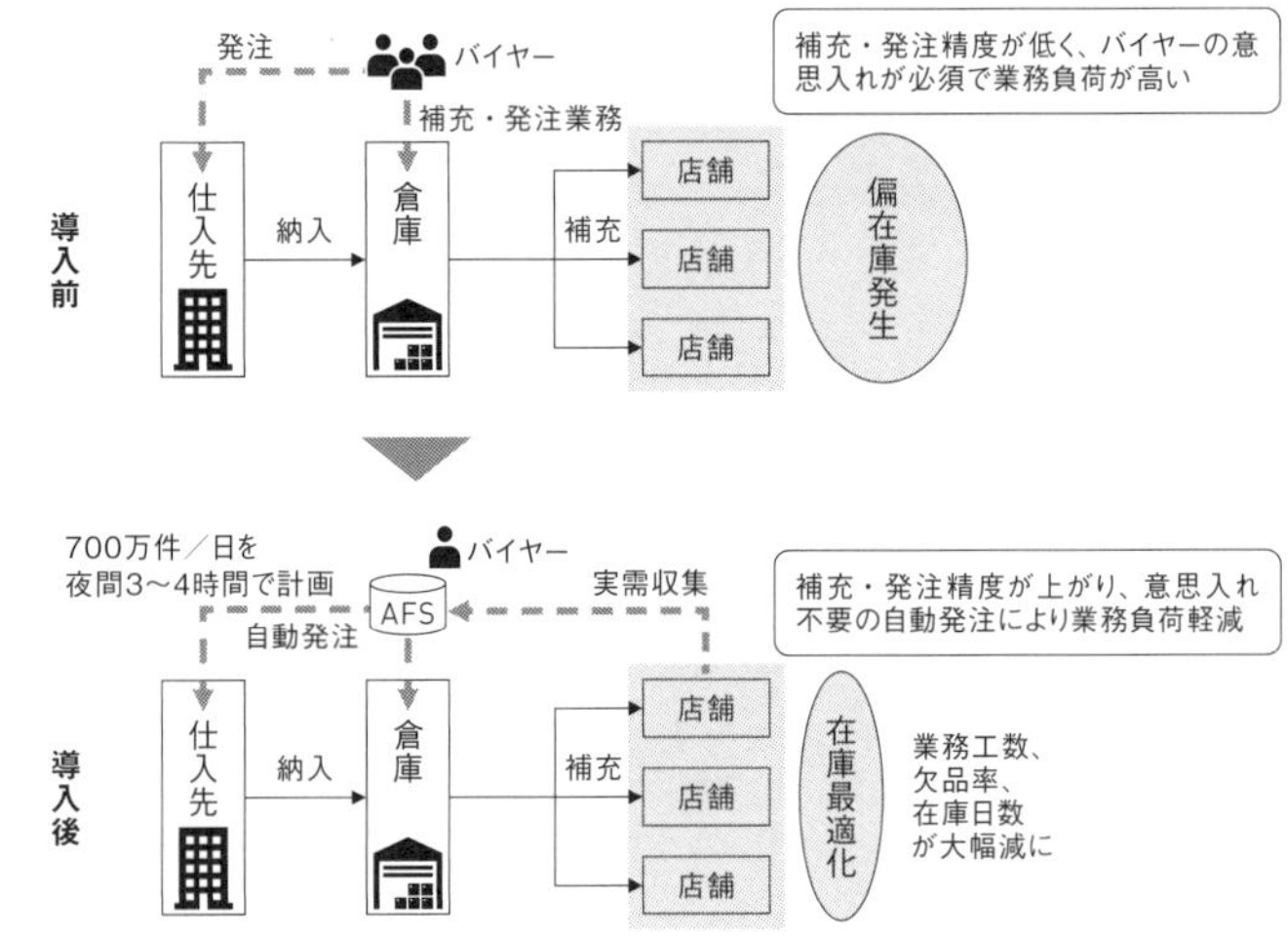

（出典）アクセンチュア作成

フルフィルメント・サービスとは、一般的には、通信販売やＥＣサイトなどでの受注、決済、ピッキング、配送などの一連の業務を指す。ＡＦＳは、一言でいうとＡＩを活用した在庫・補充最適化サービスであり、店舗から収集したリアルタイムの販売データなどの実需をもとにＡＩが需要を予測して、仕入先に自動で発注するほか、倉庫や各店舗の適正在庫数を割り出し出入庫の指示を出すなど、サプライチェーン・マネジメントの最適化とシンプル化を実現する仕組みだ。この例では、ＡＦＳ導入の結果、業務工数が86％減、欠品率も35％減となった。ＡＦＳは様々な商材に柔軟に対応できるのが特

図表9-5　AFS導入効果の例

導入企業例		主な事業	処理件数	導入効果（改善率）		
				欠品率	在庫保有日数	業務工数
通信・ハイテク	A社	携帯電話、端末付属品	200SKU×5000店舗＝100万件／日	▼62%	▼43%	▼83%
	B社	携帯電話	160SKU×2700店舗＝43.2万件／日	▼62%	▼24%	▼75%
	C社	携帯アクセサリ、端末付属品	1000SKU×78店舗＝7.8万件／日	▼80%	▼25%	▼75%
	D社	乾電池	50SKU×20店舗＝1000件／日	▼75%	▼30%	▼80%
製造・流通	E社	AV機器、生活家電、文房具ほか	3.4万SKU×100店舗＝340万件／日	▼35%	▼7%	▼86%
	F社	AV機器、生活家電、スポーツ用品ほか	2万SKU×180店舗＝360万件／日	▼69%	▼49%	▼80%
	G社	アパレル、衣類小物・靴	3000SKU×150店舗＝45万件／日	▼42%	▼15%	▼40%
	H社	アパレル、アクセサリ	170万SKU×1倉庫＝170万件／日	現状維持	▼10%	現状維持
	I社	デイリー食品	600SKU×1万2000店舗＝720万件／日	▼90%	現状維持	▼42%
	J社	コンテナ	6SKU×650在庫拠点＝0.4万件／週	現状維持	▼9%	現状維持

（出典）アクセンチュア作成

長であり、図表9-5のように、ハイテクからアパレル、食品まで幅広い業種で導入が進んでいる。ＡＩ活用の効果は多くの企業で実証済みだ。

業界視点でのマーケット分析が可能に

もう一度、図表9-2の3層でのデータコントロールの図を見ていただきたい。「ネットワーク型コントロール」で大きな貢献をしてくれるのが、次世代物流プラットフォームからの情報提供である。ここが重要なポイントだ。

サプライチェーン全体の情報は、メーカー単独では取りきれないことが多い。例えば、自社の視点だけで需要変動を見ていると、売り上げが伸びた場合、自社の商品のポジションが競合商品よりも上がったのか、それとも自社商品のポジションは変わらず消費全体が伸びたのかの判別がつかない。

次世代物流プラットフォームのもとに業界がまとまっていけば、単一の企業視点だけではなく、業界視点でのマーケットの変動状況に関する情報提供が可能になるだろう。マーケット全体の伸びや業界内での商品別シェアなどの情報を、リアルタイムに近い形で見ることができるようになる。

図表9-6　AIを活用した予測最適化

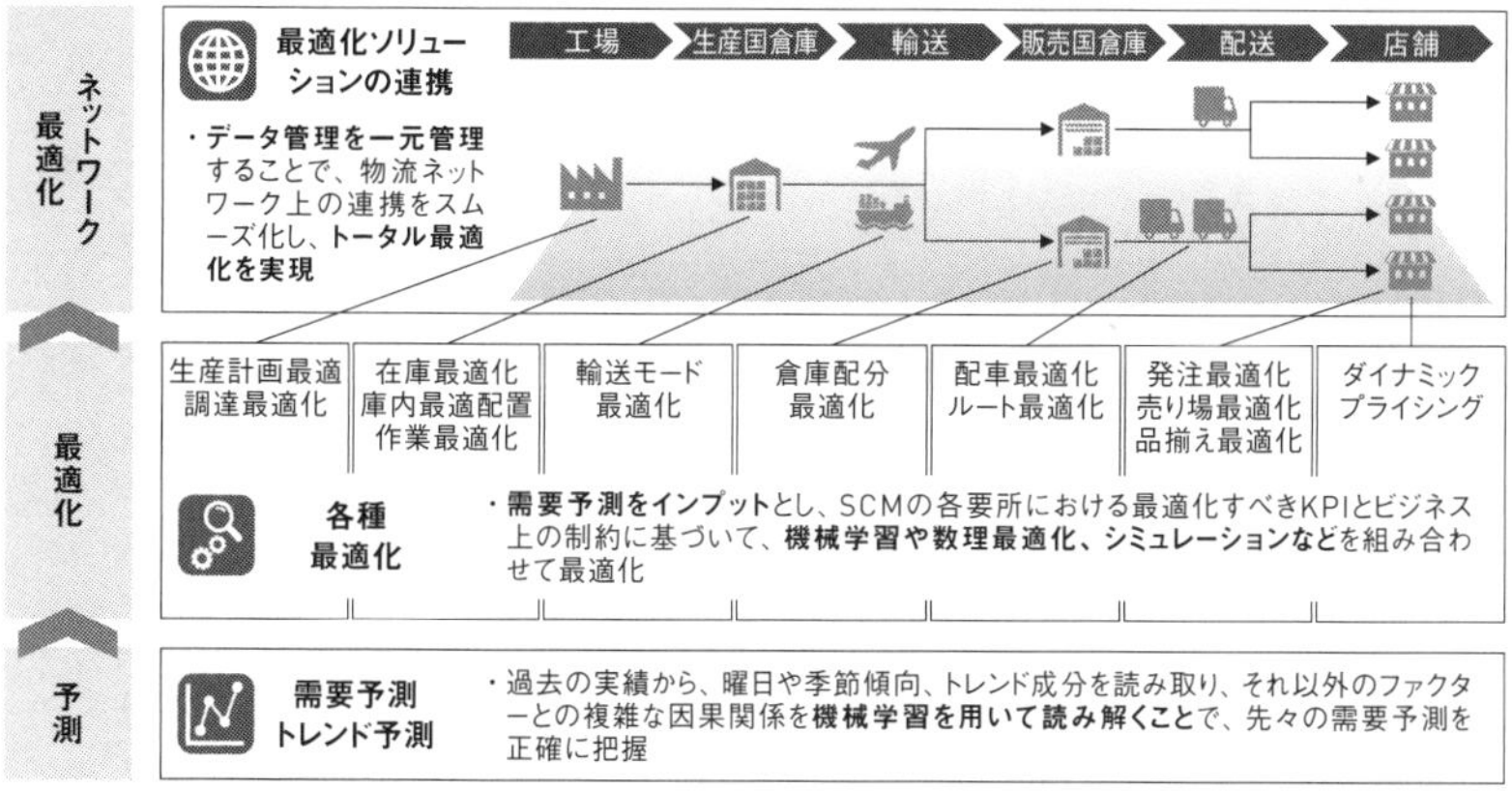

（出典）アクセンチュア作成

また、プラットフォームにたまっていく大量のデータをＡＩを使って分析すれば、需要予測やトレンド予測が可能になり、それをベースに各部門（生産・調達計画、部品在庫、輸送、倉庫配分、発注など）での業務最適化が可能になり、これらをトータルで一元管理することによって、ネットワーク全体の最適化が実現可能となる（図表9－6）。

プラットフォームから入手する情報の活用と、データを見える化することにより、企業は様々なデータを根拠に、戦略的な業務に専念できるようになるだろう。

第10章

「次世代物流プラットフォーム」を実現するためのキーワード

次世代物流プラットフォームは、本書執筆時点（２０２１年10月）ではまだ姿を完全に現しているわけではないが、２０２２年以降、徐々に全貌が明らかになっていくだろう。

プラットフォームは様々な機能やサービスを有するが、提供するサービスを1社ですべて行うのは困難であり、様々な特長を持つ事業者との連携が欠かせないが、連携先は物流関連の企業とは限らない。

例えば、損害保険大手の損保ジャパンは、子会社を通じて介護事業に進出しているほか、自動運転ソフトウェア開発のティアフォーという会社と資本提携している。ティアフォーは、完全自動運転の小型電気自動車（ＥＶ）を開発するなど、自動運転技術の開発と実証実験を推進している。こうした企業が大手物流会社と組めば、完全自動運転の車両が物流のラストワンマイルを担う可能性もある。

プラットフォームを組成するうえで、様々な特長を持つ企業同士が組み合わさると、今までになかったような相乗効果が生まれる可能性がある。

損保ジャパンとともに面白いプレーヤーとして注目しているのは、リクルートのような情報集約型の企業だ。例えば、リクルートは不動産・住宅に関する総合情報サイトＳＵＭＯ（スーモ）を運営しており、中小工務店に幅広いネットワークを持っている。このサイトは、施主にとっては工務店を探す重要な情報源、工務店にとっては施主に選んでもらうための情報提供基盤となっている。このような情報基盤と物流プラットフォームを担う企業が連合すれば、非常にユニークな相乗効果が生まれる。

例えば、施主のリフォーム依頼情報と工務店情報をプラットフォーム上でマッチングできるようにすれば、それぞれが情報を集める時間が省ける。さらに、プラットフォームのファンクションとして、クラウドによる工事現場の工程管理サービスのほか、工務店から建設資材メーカーに対しての資材発注や物流最適化の各種サービスなどを連携させれば、工務店などのプレーヤーは自社でＩＴなどに多額の投資をしなくても、プラットフォーム上のデジタルサービスを利用することで工事のリードタイムの大幅な短縮や効率化を図れるようになる。

また、建材メーカーも同様にプラットフォームを通じて資材情報を工務店などに常時提供することで、個別の営業網や情報網に頼ることなく、自社の製品やサービスの情報を届けることができる。このように1社だけではなく業界全体の構造改革を見据えたプラットフォーム化の取り組みにより、ライバル企業との新しい関係（競争領域と非競争領域のバランス）の中で既存のサプライチェーンの非効率性（ライバル企業との不毛な競争）を解消していくことが可能になる。

物流に関してはプラットフォーム化の動きも含め、各業界で企業連携が一段と加速しそうだ。

食品流通では、２０２１年3月に大手食品卸4社が、受発注の標準化などで連携すると発表した。各社がそれぞれつくっていたシステムを業界で集約し、情報処理関連費の削減につなげる狙いがある。共通化すれば各社のシステム対応にかかる作業量が4分の1程度削減できるという。また、これまで手作業で行っていたメーカーとの入出金照合にＡＩを導入し、大幅な効率化も目指す。食品卸の上位企業がこぞってこの連携に参加するため、ここで新たにつくられる受発注システムがデファクト・スタンダードとなりそうだ。

食品卸は小売り各社の受発注システムに対応しており、消費税のアップや小売り側のシステム変更があるたびに、システムをつくり直す必要がある。卸各社がそれぞれ対応するのは無駄でありシステムを一つに集約しようとなった。同じような発想（客先が同じなのに、ばらばらに運んでいるのは無駄）で、今後、この動きが物流の集約化に発展していっても不思議ではない。そうなれば、すでに共通のシステムがあるため、メーカーを巻き込んで食品業界の次世代物流プラットフォームに発展していく可能性を秘めている。

こうした動きは他業界にも広がっていくだろう。今後の物流やサプライチェーンの動向を占ううえで、そして、本書で述べてきたことのまとめとして、次世代物流プラットフォームの時代を読み解くうえで欠かせないキーワードを次の六つにまとめた。

キーワード1　業界全体で「痛み」を共有する

業界全体の市場の伸び率がマイナスで、利益率がほぼゼロに近づいている業界は危機感が大きく、自社内の業務プロセスの最適化だけでは効率化やコスト削減に限界があることに気づき始めている。そのため、次世代物流プラットフォームのコンセプトを提案すると、すぐに理解してくれる。

しかし、危機感が希薄な業界に対して次世代物流プラットフォーム導入の合意形成を図るためには、何らかの大義名分やムーブメントをつくっていくことが欠かせない。規制対応、ＢＣＰ（事業継続計画）対応、トレーサビリティー確保、品質維持、サステナビリティ対応など、様々なことが考えられる。その業界が抱えている根本的な課題を探って、その解決につながるテーマ（業界・社会課題を解決する価値提供につながるもの）を業界で共有し、参画する全プレーヤーにベネフィットがあるようにプラットフォームを設計し、当初はあまり欲張らず最小単位で始めると、次世代物流プラットフォームへの流れをつくりやすい（図表10－1）。

キーワード2　リーダー企業の存在（裏方リーダーでもいい）

次世代物流プラットフォームは業界別に形成されることを想定しており、その業界を束ねるリーダー的な企業の存在が不可欠だ。リーダーとなるのは、その業界で大きなシェアを握る企業か、業界外で直接商流には関わっていないが強い力を持つ企業（大手商社や強力な3PL機能を持つ物流会社など）の、二つのパターンが考えられる。残念ながら、リーダー不在で誰かが主導してくれるのを待っているような業界は、衰退していくおそれがある。

キーワード3　業界団体が中核にはなりにくい

物流の共同化に関しては、業界団体などで共通課題をあぶり出し、団体に属する企業の

図表10-1　まずは改革意欲の高い少数メンバーで小さくスタート

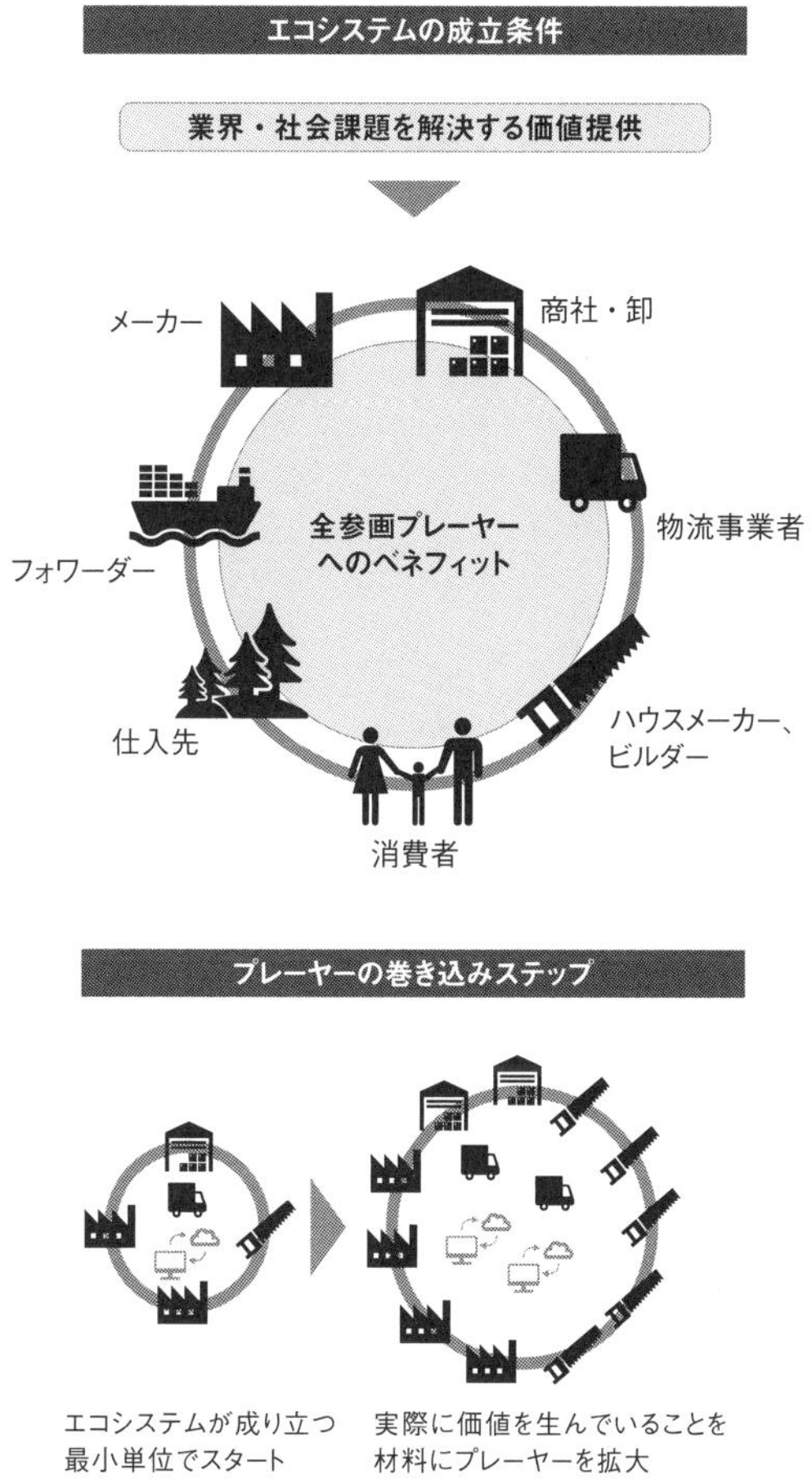

（出典）アクセンチュア作成

知恵を集結し解決していこうという動きがある。もちろん、それは意義のあることだが、共同物流やプラットフォームのように突っ込んだ話になると、競合企業同士が牽制し合って本音ベースでの課題の共有が進まないことがしばしばある。

業界団体では、参加企業の発言権が比較的平等に保たれているため、従来のやり方と大きく異なる事象に対しては全員の合意が得られにくい。そのため、プラットフォームの構築を目指すなら、キーワード2に挙げた業界全体をリードできる実力企業が先頭に立って進めることが望ましい。

キーワード4　ゼロからすべてつくらなくてもいい

業界によって商流構造も違えば、商習慣、登場するプレーヤーも違い、サプライチェーン自体の思想も異なっている。そのため、物流プラットフォームのデータ基盤も業界によって異なる。ただ、輸配送のシェアリング機能や運送ニーズとトラックのマッチング機能、物流リソースの空き情報管理、ファイナンス機能、与信管理機能など、共通で使えるものも多い（図表10-2の「ファンクション軸」で示した部分）。

このため、ある業界で次世代物流プラットフォームができれば、それをベースに別の業

図表10-2　業界と物流ファンクションの関係

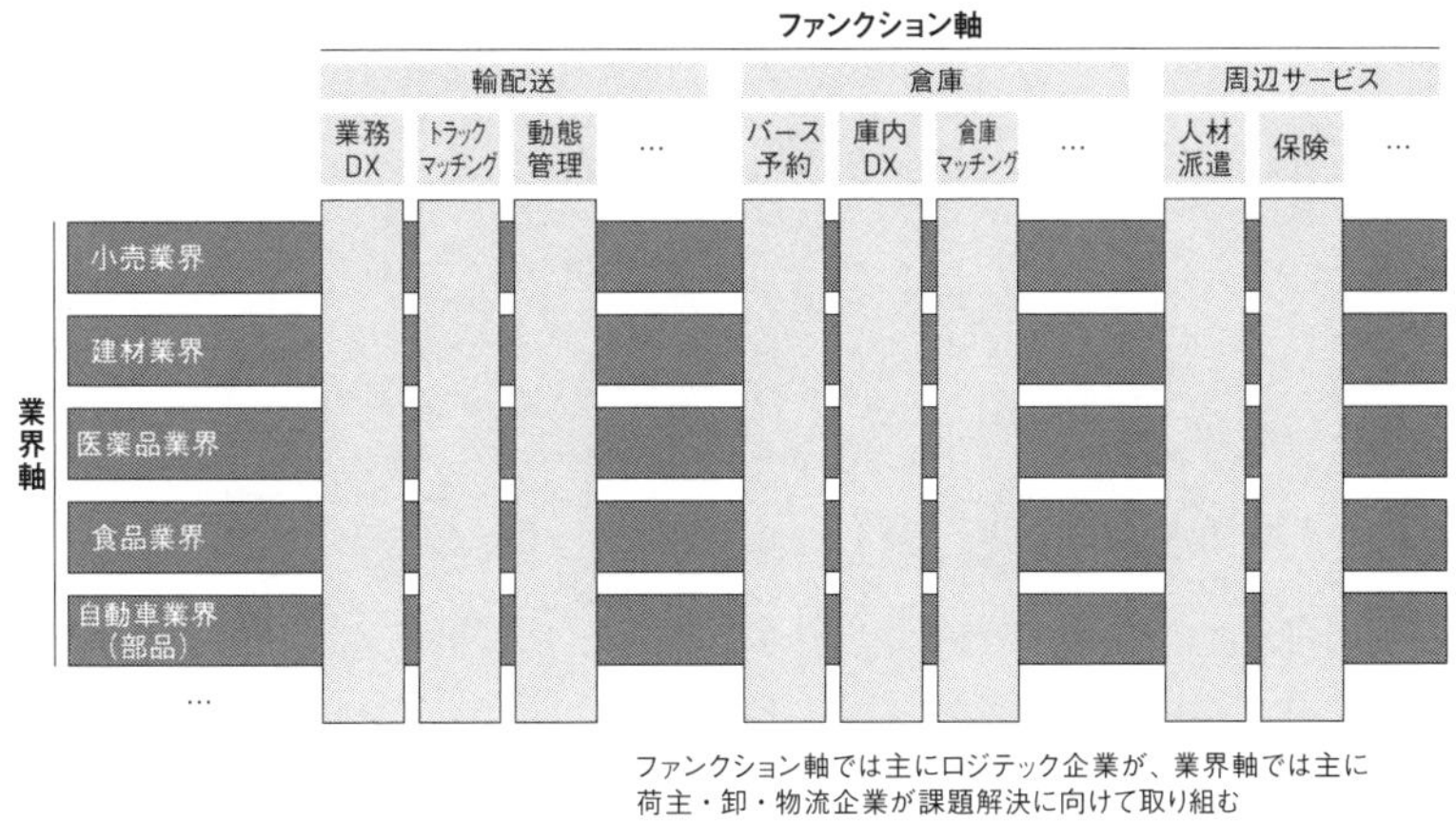

（出典）アクセンチュア作成

界でもスピード感を持って展開できる。すべてゼロからつくらなくてもいい。大手商社や物流会社がプラットフォーマーになる場合、この点は非常に大きなメリットだ。

キーワード5　スタンダードになるように立ち回る

仮に、同じ業界内にプラットフォームが複数できると、業界を束ねることによるスケールメリットが大きく損なわれ、プラットフォームに参加することで得られる効率化やコスト削減などのベネフィットが激減してしまう。「非競争領域」という認識のもとで各業界に一つのプラットフォームが形成されていくべきだ。業界内の複数のプラットフォーム間で「競争」することになれば本末転倒で、何のためにつくったのかわからなくなってしまう。

キーワード6 今の優位性は過去のもの

物流に関して特定の業界で優位性があったり、ある物流領域でのシェアが現段階で非常に高かったとしても、次世代物流プラットフォームという新しい仕組みの登場によって、その優位性は一気に崩れるおそれがある。これまで見てきたように、次世代物流プラットフォームは様々な企業との連携によってサービスが構築される。自社で物流に関するアセットを用意する必要は必ずしもない。業界をまとめる力と他社との連携力があれば、既得権益にあぐらをかいていた物流企業が一掃され、「下剋上」が当たり前のように発生するかもしれない。

第11章

「フィジカルインターネット」と次世代物流プラットフォームの共通点

本書では、企業の物流に関して「非競争領域」と位置づけ、「競争」ではなく「協調」を目指して、共同化やプラットフォーム化に取り組むべきだと主張してきた。物流に関するアセット情報がオープン化され、荷主として参加する企業が意識することなく、自社の商品がライバル会社の商品とともに客先に運ばれるようになるのが、目指す姿だ。仮に一つの業界に10社あるとして、同じ客先に商品を納めるため、10社がそれぞれトラックなどを仕立て別々に運ぶのはきわめて無駄が多い。それならば、業界別に物流機能を一つにまとめてしまおうとの発想で生まれたのが次世代物流プラットフォームだ。

従来の考え方に比べかなり大胆な発想に思えるかもしれないが、世の中にはもっと過激なことを考える人たちがいる。その一つが、「フィジカルインターネット」という考え方だ。日本語にそのまま訳せば「物理的インターネット」となる。これは、米国ジョージア工科大学のブノア・モントルイユ教授やフランスのパリ国立高等鉱山大学のエリック・バロー教授らの研究者が提唱する、物流にインターネットの発想を取り入れた概念のことだ。
インターネットは、全世界の通信事業者のネットワークを一定のルールの下で相互接続したもので、世界中のどこにいても情報がつながるようになった。この仕組みを物流にも生かせないかとの視点で研究されているのがフィジカルインターネットだ。非常に簡単に言うと、世界中の企業などが個別に持っている物流網を一定のルールの下で相互に乗り入れ可能にして、物流施設やトラックなどのアセット情報とともに、利用状況や空き情報などをシェアリングしようという考え方だ。

インターネットの場合、データはパケットと呼ばれる通信単位に分解され、最適なルートを通って受信者に届き、もとのデータに復元される。フィジカルインターネットの場合も、コンテナ標準化で荷姿を統一することなどにより効率性を上げ、さらに最適なルートを経て客先に荷物が届く。大量の荷物を自社の倉庫に集めてから自社が手配した車両で配送するのではなく、相互に乗り入れた物流網の中で最も効率的なルート上にある車両や施設を利用して荷物を運ぶ。事業者ごとに物流網を築いている場合は災害時などに物流ルートが寸断しがちだが、相互に物流網が乗り入れているフィジカルインターネットの場合は、そうした災害時などの冗長性も備えているという。

業界別フィジカルインターネット

細かな定義による違いはいろいろとあるかもしれないが、実は本書で見てきた次世代物流プラットフォームは、いわば「業界別フィジカルインターネット」とも言える。次世代物流プラットフォームは、フィジカルインターネットの概念とも連動しながら、各業界が抱えている課題を解決していくアプローチなのだ。

業界が一丸となって物流を改革していくためには、プラットフォームのサービスや機能を提供するパートナーとしてその業界外のプレーヤーも広く巻き込んでいくことが重要となる。なぜなら、業界内のプレーヤーだけで課題解決に取り組むと新しい視点が生まれず、従来の延長線上でしか発想できないためだ。

物流リソースの不足により製品が思い通りに運べなくなることは、どの業界にとっても深刻な問題であり、その解決には大きな社会的意義がある。本来は、物流危機を解決するために、フィジカルインターネットの構想のように、業界を超えてすべてのプレーヤーを巻き込んでいくことが理想だが、一気にそこに向かうのは困難だ。

課題解決という意味では、すべてのプレーヤーを巻き込むよりも、業界別にアプローチしたほうがより効果的と言える。その理由は、物流以外の観点でも各業界には共通の課題があるからだ。それらをまとめて解決しようというのが業界別次世代物流プラットフォームだ。物流はサプライチェーンのハブとなるため、各社が個別に持っているアセットをシェアすることで非稼働アセットの有効活用を図り、これにマッチングの機能を連携させて、フィジカルインターネットのコンセプトも実現させていくことを狙っている。

すでに述べたように、この改革をリードするためには、物流課題とともに各業界が抱えている課題の解決も重要となるため、物流企業だけでなくインダストリー側の企業もキープレーヤーとなってくる。

つまり、物流課題の解決だけがミッションではない。インダストリー側の意思が入ることによって業界課題と物流課題の両方を解決できることが最大の特徴であり、各プレーヤーがプラットフォームを利用する動機づけにもなる。フィジカルインターネットは野心的な構想だが、いきなり全業界において物流網のオープン化やアセット情報の共有化などを始めるのはハードルがかなり高い。本書で述べてきたように、物流企業や大手商社や卸企業、大手小売りなどが、特定の業界を取りまとめながら、その中でフィジカルインターネット構想の中で掲げられているコンセプトの一部を実現していくほうがより現実的ではないだろうか。

ある業種で成功したプラットフォームのモデルが別の業種に広がっていく可能性も大きい。そして、各業界のプラットフォームが一定ルールの下で相互に乗り入れる流れができていけば（インターネットは、ネットワークが相互乗り入れをしたもの）、フィジカルインターネットという形に発展していくかもしれない。

物流領域でアマゾンの攻勢が始まる？

フィジカルインターネットというコンセプトとともに、今後の物流革新のキープレーヤーとして注目されているのがアマゾンだ。アマゾンは倉庫の自動化など最新技術を投入して自社の物流網を世界中に構築している。その物流網を他の企業にも解放して、物流分野を席巻するのではないかと恐れられているのだ。

おそらくアマゾンがそうしたビジネスを開始するのは確実で、時間の問題だろう。ＥＣの世界で大成功を収めているが、物流を起点にサプライチェーン・マネジメントに関するサービスを企業に提供し、Ｂ２ＣだけでなくＢ２Ｂの商流も握ってしまおうという野望が見え隠れする。

確かに、荷主企業から見れば、アマゾンは最も信頼できる３ＰＬになり得る。アマゾンのクラウドサービス（ＡＷＳ）が一気に広がっていったように、物流サービスも普及していく可能性がある。ただ、その先に何が待ち受けているかというと、競争にさらされる大手物流企業、中間物流を担う卸企業、商社などへの大打撃だ。ライバルが次々と消滅し、実質的な選択肢がアマゾンしかなくなったあと、多くの企業はアマゾンに価格決定権を握られてしまっていることに気づくだろう。

私としては、そうした状況が本格的に訪れる前に、日本初の業界別次世代プラットフォームを軌道に乗せて、世界にも広めていきたいと思っている。様々なビジネス分野で、世界における日本の地位低下が危惧されているが、実は、業界別に物流網を束ねていく発想は意外にも日本独自のものであり、欧米にはなかなかないものだ。さらに、前述のように倉庫内の自動化やロボット技術に関して、日本は世界最先端を走っている。つまり、物流改革を起点とする業界別次世代プラットフォームのコンセプトとソリューションは世界に通用するものであり、日本企業の存在感を世界に示すことができる貴重な機会がまさに今到来していると確信している。

おわりに

「キャパシティーフリー時代」の店舗と物流

本書の最終章となるこの章では、これまでとはかなり違う角度から話を始めたい。

私たちは都市再開発のお手伝いもしている。メディアにも出ている会津若松のスーパーシティ構想や都市の再開発におけるサポートである。都市の機能自体を活性化し、新たな価値を生み出すために、コンサルティングチームのみならず、事業戦略チームやデザインに長けたインタラクティブチーム、デジタルツールに強いテクノロジーチームの混成チームでサポートを行っている。例えば、東京・渋谷や原宿という若者の街に目を向けてみよう。この5年ほどで、ショッピングやエンタテインメントの「常識」は大きく変わった。渋谷はかつて若者の文化を生み出す場所だったが、その発信力が衰えつつあると言われている。また、モノを売る手段としてECのシェアは年々高まり、リアル店舗の存在意義が問われている中で、ファッション関連のリアル店舗の聖地とも言える渋谷が、消費者のリード役としての地位をどうすれば維持していけるのか。これらは、都市の盛衰に直結する図表A-1　東京・渋谷を再活性化させるための「三つのヒント」

渋谷はこの20年文化を生み出していない	デジタルのスピード感で流動化することが鍵
「渋谷=変化の速さ、完成を楽しみにする未完成」が価値	場や枠ではなく「コンテンツ」になることが必要
街が日常（デジタル上）の変化にまったく追いつけていない	リアルでも主役になれること

▼

- **「流動性」であることが人を引き寄せる**
- **「流動性」の要素を備えたコンテンツが必要**
- **「流動性」こそが渋谷そのもののあり方**

（出典）アクセンチュア作成

重要な問題だ。

その解決策を探るため、私たちは様々なインフルエンサーの声に耳を傾けた。それを整理したのが図表Ａ－１だ。

多様な指摘を分析していくと「デジタルの変化のスピードに追いつけていない」ことが課題であり、それを解決するためのアプローチとして「流動性」がヒントになるのではないか、という結論に至った。

例えば、ＥＣ店舗と実際の店舗を比較すると、ＥＣ店舗のほうはいつでもコンテンツを変えることが可能で撤退や出店も自在だが、リアル店舗ではそうはいかない。一度店を出せば数年は固定化され、時間の経過とともに鮮度も落ちていく。水にたとえれば、流れがないのでどんどん淀んでいってしまう。足りないのは「流動性」だ。

こうした調査を踏まえて、私たちは新しい都市再開発のコンセプトを生み出した。それは「リキッド・スタジオ」というものだ。商業ビルを「固定化した店」として捉えるのではなく、「流動化するコンテンツ（ヒト・モノ・コト）が集まり、新たな価値とチャンスが生まれるスタジオ」と捉え直す。例えば、ネット上で人気の様々なECサイトが、この場所に代わるがわる期間限定で1週間だけコンセプチュアルな店を出す。この場所を訪れると、常に最新の店でエクスペリエンスが得られるようにするわけだ。イメージとしては、英国・ロンドンの東部にあるボックスパークに似ているかもしれない。ボックスパークはコンテナを積み重ねた簡易なつくりだが、とてもおしゃれな内装のショッピングモールだ。これからブレイクするかもしれない無名ブランドの店から有名ブランドの期間限定店舗などが軒を連ね、テナントがしょっちゅう入れ替わる。例えば、大手オークションサイトのイーベイは、新しい顧客開発のためクリスマスの5日間だけこの場所に出店し、ユーザーのサインアップ数を増加させた。その際には、イーベイ用にコンテナ全体を塗り直して、側面に大きくロゴデザインをあしらい、強烈なインパクトを出した。

これまでリアル店舗は、「売り上げを確保するために押さえる場所」だったが、「期間限定で一時的に使う場所」と定義し直すと、店舗という考え方が根本的に変わってくる。

出店期間中の店の売り上げが多いかどうかはあまり重要ではない。店は顧客にそのブランドのエクスペリエンスを味わってもらう場であり、デザイン性とインパクトをどれだけ出せるか、そして話題になるかの勝負になる。インスタグラムなどで情報が拡散されれば、顧客層が広がりＥＣの売り上げが増加する。

渋谷にこうした新しいエクスペリエンスの場をつくり、リアルとバーチャルを連動させて新しい文化を発信する試みは、日本の最先端の街づくりにつながると思っている。渋谷が世界に若者文化を広める最先端拠点になり、「物理的キャパシティー」の制約にとらわれることなく、インターネットで世界中から参画できる場を提供することも可能になる。これは、東京などの大都市だけでなく地方都市においても応用できる。海外が注目する伝統的な日本文化を発信することなどを通じて、リアルとバーチャルを連動した都市再開発をどう進めていけばよいかの参考事例になるはずだと自負している。

すでに述べたように、プロデューサー的発想というのは、既存の常識（店には「立地・面積という物理的スペース」の制約がある）を破って、こうした未知の領域に踏み出していく力である。物理的限界のあるリアルと、リミットレスのバーチャルをどのように組み合わせて活用できるかが腕の見せどころだ。

＊　＊　＊

なぜ、この話を本書の最後にしたかというと、物流に関して現在の延長線上だけで思考しているとすぐに行き詰まることを強調したかったからだ。「リアル店舗」を「モノを売る場」から「体験の場」にするという変革は、丸井などでも進められており、「例外的な話」ではなくなっている。当然、店舗での販売を主力としているメーカーは、店の役割の変化とともに、否が応でも、サプライチェーンの体制をリアル店舗向けからＥＣ向けにシフトしていかなければならなくなる。

リアル店舗に比べてＥＣの場合は、より一層可変的な対応が求められる。例えば、消費者の欠品に対する許容度は、リアル店舗よりもＥＣのほうが数段シビアだ。従来のような人が中心になって差配する硬直的なサプライチェーン・マネジメントを続けていたら、「次世代小売り」に対応できなくなるおそれがある。

店のキャパシティーを無限大にする物流とは？

本書で述べてきたように、企業の物流やサプライチェーンを取り巻く状況は、大きく変化している。物流領域には様々な問題が山積しているにもかかわらずほぼ手つかずのまま解決が先送りされてきた。ＥＣ化が進み、ＳＫＵの増加や流通構造の複雑化が進んだことなどで、人中心のサプライチェーン・マネジメントの限界が露呈し、さらに、物流に関わる人々の高齢化やドライバー不足という環境変化も起きている。これらが負の側面だ。

一方で、自動化機器やＡＩの高度化・ユーザービリティの向上や、物流から視野を広げてサプライチェーン全体をＩｏＴなどで見直す動きも出始めている。サステナビリティ経営が注目され、サプライチェーンでのCO_2排出量のコントロールや集計などのニーズも高まっている。これらが追い風となりそうな側面だ。

もっと将来を見ると、店舗の役割も変わる可能性がある。

これらの状況認識はいずれも、柔軟性の高い物流網やサプライチェーンの必要性を指し示している。

先ほど店舗に「流動性」というコンセプトを当てはめて、リアル店舗はモノを売る場所から体験する場所に変化し、ブランドイメージ向上や話題性の喚起、顧客層の拡大を狙い、実際に商品を売るのはＥＣに変化していくだろうという見通しを述べた。その先には、「キャパシティーフリー」という考え方がある。

リアル店舗で商品を売るという発想だと、「売り上げの最高額＝店内の全在庫の販売額」

となる。これだと、1店舗のキャパシティーの上限を超えられない。一方、店は体験を提供する場で実際に売るのはECと発想を変えれば、「売り上げの最高額」は1店舗のキャパシティーの上限を超えて一気に跳ね上がる。店での仕掛けがSNSなどで話題になり世界に拡散されれば、顧客もワールドワイドで拡大し、顧客数の面でも1店舗のキャパシティーを超える。つまり、うまく仕掛けていけば、リアル店舗の限界をはるかに超えた「キャパシティーフリー」が実現可能となる。

実のところ、現在でもメーカーの多くはオウンドECを展開しているが、たいていはECもリアル店舗と同様に「1店舗の扱い」になっている。リアル店舗で売ることがメーンであり、ECでも売れたらいいよねという考えで取り組んでいるため、仮にネットなどで話題になってECに注文が集中した結果、たちまち品切れになってしまうことがよく起きる。

最先端の店舗コンセプトを考える人々は、どんどん新しいことを思いつく。けれども、どんなに斬新なアイデアでも、物流が伴わなければ絵に描いた餅に終わってしまう。現実の世界はリアルにモノを運ばなければならないので、店舗開発や販売部隊がキャパシティーフリーでどんどん動いても、トラックが足りなかったら運べない。物流が伴わなかったら意味がない。現段階では、そこに大きなギャップがある。

「キャパシティーフリーの概念」でＥＣやリアル店舗を運営しようと思ったら、当然、物流やサプライチェーンをデータ主導型の柔軟性の高い仕組みに整備することが欠かせない。その意味でも、「キャパシティーフリー」の時代を見据えて、戦略的に物流網やサプライチェーン・マネジメントを変革できた企業だけが、今後大きな飛躍を遂げられるのではないだろうか。今まで、多くの企業が放置してきた物流領域に、将来の成長源が隠されていることに気づいてほしい。

著者紹介

北川 寛樹　Hiroki Kitagawa

アクセンチュア株式会社　製造・流通本部　マネジング・ディレクター。日系、外資コンサルティング会社を経て、アクセンチュア参画。香港・中国7年、インドネシア3年の海外経験を通じ、様々な日系企業の海外進出、新規事業開拓コンサルティングを実施。また、アクセンチュアでは、サプライチェーン・コンサルティングに集中し、大手商社、消費財、物流企業、自動車部品サプライヤーなど、様々な業界の新規事業、トランスフォーメーションに携わる。最近では、物流を起点としたサプライチェーン改革や次世代物流プラットフォームの形成に関して、複数の大手企業と取り組んでいる。

テクノロジー×プラットフォームで実現する
物流DX革命

2021年11月22日　第1版第1刷発行

著　者　　北川 寛樹
発行者　　村上 広樹
発　行　　日経BP
発　売　　日経BPマーケティング
〒105-8308
東京都港区虎ノ門4-3-12
https://www.nikkeibp.co.jp/books/
カバー・本文デザイン
小口 翔平＋後藤司(tobufune)
DTP・制作　　河野 真次
編　集　　沖本 健二
印刷・製本　　中央精版印刷株式会社

ISBN 978-4-296-00025-8
Printed in Japan

本書籍に関するお問い合わせ、ご連絡は下記にて承ります。
https://nkbp.jp/booksQA